JN145459

前進

Pushing to the Front

Orison Swett Marden

究極の楽観主義」が
なたを成功へと導く

るのみ

オリソン・S・マーデン

関岡孝平 訳

世界は、決意をもった者に道をつくる

PUSHING TO THE FRONT
OR, SUCCESS UNDER DIFFICULTIES
by ORISON SWETT MARDEN
Originally published in 1894

本書について

本書『前進あるのみ――「究極の楽観主義」があなたを成功へと導く』は、アメリカで１８９４年に刊行された『Pushing to the Front』を新たに翻訳したものである。著者オリソン・Ｓ・マーデンが執筆してから実に１２０年以上の時を経ていることになるが、メッセージの力強さ、読者に与える影響力とともに、まったく色褪せることはない。

原書が刊行された当時のアメリカは、第24代大統領グロバー・クリーブランドの時代だ。エイブラハム・リンカーンが奴隷解放宣言を発してから30年ほどしか経っておらず、まだ多くの差別と階級格差のあった時代だと言える。また、イギリスに始まった産業革命がアメリカにも広がり、さまざまな技術革新によってアメリカが工業力を上げていった時代でもある。

言うまでもなく、21世紀を迎えた現在の社会状況とはまったく異なっている。しかしながら、それでもなお本書が新鮮さを失わず、高度にグローバル化・情報化された複雑な現代社会に生きるわれわれにも大いに役立つのは、「成功」という目標に達するために必要な思考や行動、あるいは習慣といったものが、どれも本質的な要素であり、けっして時代の影響を受けないからであろう。

著者のマーデンは当時の若者たち（著者が想定しているのは「白人の若者」だが）に、繰り返しこう述べる――チャンスにあふれたこの時代に生きながら、なぜもっと努力しようとしないのか、と。それはそのまま、現代のわれわれの心にも突き刺さるメッセージではないだろうか。

なお、新訳にあたっては１９１１年刊行版を底本とし、全66章から35章を抄訳収録した。

■目次

前進あるのみ

第1章 チャンスをとらえよ

いかなる人間にも生まれ持った役割がある。

――ジェームズ・ラッセル・ローウェル（イギリスの詩人）

誰かが変えるまで世の中は変わらない。

――ジェームズ・ガーフィールド（第20代アメリカ大統領）

チャンスを見逃さない目、チャンスをつかみ取るそつのなさと勇気、チャンスを最大限に生かす力と根気――それこそが成功を手にする勇者の徳である。

――オースティン・フェルプス（アメリカの聖職者）

「道がなければ、作るまでだ」

――古代スカンジナビアの言い伝え

これまで行われてもおらず、これからも行われないような善行を行うチャンスは、毎日のようにある。

——Ｗ・Ｈ・バーリー（アメリカのユニテリアン派の聖職者にして詩人）

「本気で言っているか？　今この瞬間をつかめ。できること、夢見ることがあるなら、今すぐ始めるのだ」

——ゲーテ

「もしわれわれが勝利したら、世界は何と言うでしょう？」

ベリー艦長は意気揚々と問いかけた。ネルソン提督が、ナポレオン率いるフランス海軍とのナイルの海戦に向けた綿密な作戦を説明し終えたときのことだった。

「この戦いに『もし』などない」とネルソンは答えた。「われわれが勝利するのは確定事項だ。誰が生き延びて手柄話をできるかは、また別の話だが」

作戦会議を終え、艦長たちがそれぞれの軍艦に乗りこむとき、ネルソンはこうつけ加えた。

「明日の今頃には、貴族の称号を手にしているか、ウェストミンスター寺院に葬られているかだ」

周囲からの敗北の予想をよそに、彼の鋭いまなざしと勇敢な心は輝かしい勝利のチャンスを見てとっていたのである。

「この峠を越えることは可能か？」

イタリア遠征途中のナポレオンは、グラン・サン・ベルナール峠を通ってアルプス越えする、死と隣り合わせの道を調査していた工兵たちに意見を求めた。

「何と申し上げますか……」とためらいがちな返事が返ってきた。「可能な範囲内ではあります」

「では、前進せよ！」

ナポレオンは、工兵たちが言いつのる困難の数々に耳を貸すことなく、そう告げた。

イギリスとオーストリアの同盟軍は、峠を越えるというナポレオンの考えを嘲笑った。「いかなる車輪も越えたことがなく、越えられる可能性もない」アルプスを、6万の兵を率い、重い武器や大砲、そして物資を持って越えるなど無謀のきわみだと。しかし、イタリアのジェノバでは、ナポレオン配下のマッセナ将軍が兵糧攻めされて食糧が尽きようとしており、勢いづいたオーストリア軍はニースへ攻め入ろうとしていた。ナポレオンは、窮地に陥った仲間を見殺しにできる男ではなかったのだ。

この「不可能」とも思える行為が成し遂げられたとき、ある者は「ずっと昔に誰かがやっていてもおかしくなかった」と言い、またある者は「自分が挑戦しなかったのは、とても乗り越えられそうにない障害に見えたからだ」と言い訳した。多くの指揮官は、必要な物資や道具やたくましい兵士を持ち合わせていながら、いかなる困難にもひるまず、必要とあらば自らチャンスを作り自分のものにするナポレオンのような気概と覚悟を持ち合わせていないのである。

南北戦争で北軍を率いたグラント将軍は、チャタヌーガの戦いの指揮を執るよう命じられたときニユーオーリンズにいたが、落馬して重傷を負ったばかりだった。

チャタヌーガでは、南軍からの激しい攻撃により北軍の降伏が目前に迫っていた。辺りの丘は、野営する敵軍のたき火で明々と燃え、物資の補給路は分断されていた。グラントは激痛に耐えながら、すぐさま新たなる戦地に向けての進軍を指示した。

ミシシッピ川、オハイオ川、そして、その支流に沿って行軍するあいだ、グラントは馬が引く担架に乗せられて果てしない荒野を進み、最後には４人の男の肩にかつがれてチャタヌーガへと運びこまれた。これにより戦地の状況は一変した。この難局を打開できる指導者が到着したのだ。北軍は統制を取り戻した。馬に乗ることもままならないなかグラントは進軍を命じ、敵軍は陣地を奪われまいと必死に抵抗したものの、周囲の丘はほどなく北軍の手に落ちた。

この勝利は偶然の賜物だろうか？　それとも、負傷した指揮官の不屈の闘志がもたらした必然だろうか？

敵のエトルリア軍が渡れないようにローマへと続く橋を壊すあいだ、古代ローマの勇者ホラティウスがふたりの仲間とともに９万のエトルリア軍を足止めできたのは、偶然の出来事だったのだろうか？

スパルタ王レオニダスがテルモピュライの戦いでペルシャ王クセルクセスの猛攻を数日食い止められたのは？

アテネの将軍テミストクレスがギリシャの近海でペルシャの艦隊を打ち破ったのは？

カエサルが、自軍が追いこまれたことを悟り、盾と槍を手に取って戦いながら自軍を立て直し、負け戦を勝ち戦に変えることができたのは？

スイスの伝説的英雄ウィンケルリートが、ハプスブルク軍の槍の束に心臓を貫かれながらも、仲間の自由への道を開いたのは？

ナポレオンが何年ものあいだ、自ら指揮を執った戦いで負け知らずだったのは？

ウェリントン公爵が、各地でさまざまな戦いを続けながらけっして敵に屈しなかったのは？

ナポレオンの側近ミシェル・ネイ元帥が、さまざまな戦場において、明らかな負け戦を栄光ある勝利へと変えることができたのは？

ペリー大佐がエリー湖の湖上戦において、破損したローレンス号からナイアガラ号へと移り、イギリス軍を打ち破ったのは？

シェリダン少将が、シーダークリークの戦いで北軍の撤退が壊滅的な敗走へと変わりつつあるとき、ウィンチェスターから馬に乗って駆けつけ、戦場を駆け抜けることによって形勢を一変させたのは？

ウィリアム・シャーマン将軍が、南北戦争のアラトゥーナの戦いで追いこまれた状態にありながら、兵士たちに対して「砦を守れ」と伝え、兵士たちが、将軍がすぐに駆けつけることを信じて砦を守りぬいたのは？

歴史はこのように、チャンスをとらえ、意志の弱い者たちには不可能とも思える結果を出した人間たちの実例に満ちている。迅速な決断と強い意志を備えた行動が、世界を席巻するのだ。

たしかに、ナポレオンのような人間は歴史上ひとりしかいない。だがその一方で、アメリカの若者たちの前に立ちはだかる山は、ナポレオンが乗り越えたアルプスほど高くもなければ危険でもない。千載一遇のチャンスを待っていてはいけない。誰の目の前にも転がっている平凡なチャンスをとらえ、それを最大限に生かすのだ。

１８３８年９月６日の朝、イングランドとスコットランドの境界付近にあるロングストーン灯台にいた若い女性は、風と波がうなり声を上げるなか、それを押し分けて響いてくる悲痛な叫び声で目を覚ました。荒れ狂う嵐のせいで、彼女の両親にはその叫び声が聞こえていなかった。ところが望遠鏡をのぞいてみると、９人の人影が壊れた船の巻き上げ機にしがみついており、船首が半マイル先の岩場で座礁しているのが見えた。

「私たちにはどうしようもできない」

父親で灯台守のウィリアム・ダーリングがそう言った。

「だけど、助けに行かなきゃ」

娘がそう声を上げ、涙ながらに両親に向かって訴えると、父親が答えた。

「わかったよ、グレース、お前の言うとおりにしよう。私としてはよい判断だとは思えないが」

父娘が乗った小さなボートは、まるで竜巻に巻きこまれた羽のように荒れ狂う海に翻弄されたが、うねる波の上を吹きすさぶ突風に乗って運ばれてくる船員たちの助けを求める声が、弱気になった彼女の心を鋼の精神へと変えた。これまでにない力がどこからともなく湧いてきて、この勇敢な娘は父親と息を合わせてオールをこいだ。

そしてついに、9人は無事ボートに引き上げられた。救出された船員のひとりが、このあっぱれな娘を感嘆の目で見ながら言った。

「たまげたな、若く美しいイギリスのお嬢さんじゃないか！」

この日彼女がなした行いには、数ある君主たちの功績以上にイギリスの栄光を高める価値があった。


「任せていただけるなら、ご期待に添えるものを作れると思います」

そう言ったのは、ファリエロ氏の屋敷に台所の雑用係として雇われていた少年だ。

これは、作家ジョージ・ケアリー・エグルストンが語ったエピソードである。たくさんの人が招かれた晩餐会が始まる直前になって、テーブル用の大きな飾り菓子を担当していた職人が「飾りを壊してしまった」と報告してきた。そのとき少年が先ほどの発言をしたのだ。

「お前が？」

給仕長は驚き、あきれたように声を上げた。

「お前は一体誰だ？」

「ぼくはアントニオ・カノーヴァ、彫刻家のピサーノの孫です」

少年は生白い顔を上げて答えた。

「それで、何ができるというんだ？」と給仕長が聞いた。

「テーブルの中央に飾るのにふさわしいものを作れると思います。もし任せていただけるなら」

困り果てていた給仕長は「それならやってみろ」と答えた。

大きなバターのかたまりを持ってきてもらうと、少年はたちまちのうちに、うずくまるライオンの大きな像を作りあげた。給仕長は感心しながら、それをテーブルに置いた。

ディナーの準備完了が告げられると、名だたる商人たち、君主たち、そしてヴェネチアの貴族たちが、続々とダイニングへと案内されて来た。招待客のなかには目の肥えた美術評論家もいた。その目がバターでできたライオンにとまると、彼らは当初の目的すら忘れてしまい、ライオンの像に釘づけとなった。彼らは時間をかけて念入りに眺め、招待主のファリエロ氏に尋ねた。

「こんな使い捨てのものを作ることに同意してくれた巨匠は、一体誰なんですか？」

ファリエロは給仕長に水を向け、そしてアントニオが連れてこられた。

ライオンが台所係の少年の手によってわずかな時間で作られたものだと知れ渡ると、ディナーは彼を称える宴へと変わった。裕福なファリエロは、少年が最高の師のもとで学ぶための費用を負担すると宣言し、実際に約束を守った。

少年は、この幸運に気持ちをおごらせることなく、祖父ピサーノの工房で優れた彫刻家になるべく熱心に励んでいたときと同じように、まじめでひたむきで誠実な心を持ちつづけた。

アントニオ少年がこの最初の大きなチャンスを生かして、どのようにして偉大な彫刻家になったかについては知らない人もいるだろうが、史上最高の彫刻家のひとり、カノーヴァについて知らない人はいないだろう。

弱き人間はチャンスが来るのを待ち、強き人間はチャンスを自ら作る。

聖職者で詩人のE・H・チェイピンは言う。

「優れた人間とは、チャンスを待つ者ではなく、チャンスをつかむ者だ。チャンスにたたみかけ、チャンスを勝ちとり、チャンスを自らの僕《しもべ》に変えた者だ」

とてつもない幸運に巡り合うことなど、百万にひとつもないかもしれない。しかし、うまく生かせば大いに役立つチャンスなら、いくらでもある。それをつかむためには行動すること、それが必要だ。

「チャンスがない」というのは、弱くて優柔不断な人間の言い訳にすぎない。すべての人生がチャンスに満ちている。学校や大学で学ぶことすべてがチャンスであり、すべての試験が人生におけるチャンスである。訪れてくる患者も、新聞の記事も、顧客も、説教も、みなチャンスだ。商取引さえも、すべてがチャンスである――礼儀正しくなり、たくましくなり、誠実になり、友人を作ることのできるチャンスなのだ。

周囲から得る信頼も、すべてが大きなチャンスだ。あなたの実力や義侠心を見こんで任された責任も、すべてが金には換えられない貴重なチャンスである。

そもそもこの世に存在するということ自体、努力する特権を与えられたということであり、その特権をひるむことなく生かしさえすれば、あなたの進むべき道で成功するチャンスが、使いきれないほど次々とやって来るだろう。自分の体でさえ自由にならなかった奴隷のフレデリック・ダグラスさえもが、演説家となり、編集者となり、政治家となることができたのである。たとえどんなに貧しくとも、彼に比べてチャンスに恵まれている白人の少年ならば、何にだってなれるはずではないか。

怠け者にかぎって、いつも「時間がない」「チャンスがない」と不満をこぼす。チャンスにはチャンスの切れ端のようなものがあって、多くの者は気づかずに見逃してしまう。ところが、それを生かして、ほかの人間が一生かかっても得られないものを得てしまう若者もいる。まるでミツバチのように、あらゆる花から蜜を採集し、毎日出会う人、毎日起きる出来事を、有用な知識として、あるいは力として自分のなかに取りこんでしまうのだ。

ある枢機卿の言葉にこんなものがある。

「人生で一度も幸運の女神が訪れない人間はいない。しかし幸運の女神は、相手に自分を受け取る準備ができていないと見てとるや、玄関から入ってきたかと思うと、窓から出て行ってしまう」

若きフィリップ・アーマーは、金《きん》を探して西を目指す「フォーティナイナーズ」の大集団に加わり、ラバが引く幌馬車に全財産を詰めこんで中部カンザス州のアメリカ大砂漠を渡った。懸命に働き、金を掘って着実に貯金したおかげで、６年後にはミルウォーキーで穀物取引業と卸売業を始めることができた。９年のうちに彼は50万ドルを稼ぎ出した。

そんなとき、北軍総司令官のグラント将軍が「リッチモンドへ進撃」の指令を出し、彼はそこに大いなるチャンスを見いだした。１８６４年のある朝、彼は豚肉処理加工会社の創業パートナーであるプランキントンの家を訪れ、こう告げた。

「私は次の列車に乗ってニューヨークへ行く。豚肉を『空売り』するんだ。グラント将軍とシャーマン将軍が南軍を制圧すれば、豚肉の値段は１バレル12ドルにまで下がるはずだ」

これが彼の発見したチャンスだった。彼はニューヨークへと向かい、大量の豚肉に1バレル40ドルの値段をつけ、大いに売った。抜け目ないウォール街の投資家たちは、西部から来たこの若造を笑い、戦争は終わるはずがなく、豚肉は60ドルにまで値上がりすると伝えた。それでもアーマーは売りつづけ、グラント将軍は進軍を続けた。リッチモンドは陥落し、豚肉の値段も1バレル12ドルに下落し、アーマーは200万ドルを手にした。

ジョン・D・ロックフェラーは石油にチャンスを見いだした。彼は、この国の多くの人びとが満足に灯りを使えない状況にあることを見抜いていた。石油そのものは豊富にあったが、精製プロセスが未熟で製品としての質が悪く、安全性にも問題があった。そこに目をつけたのである。同じ機械工場で働いていた化学者サミュエル・アンドリュースと手を組み、1870年に小さな石油会社を始めた。アンドリュースが編み出した新しい精油プロセスを用いて作られる彼らの石油は品質がよく、会社は急速に発展していった。

その後、3人目の共同経営者としてフラグラー氏を受け入れたが、アンドリュースはほどなく不満を持つようになった。

「取り分としていくら欲しいんだ?」

ロックフェラーはアンドリュースに聞いた。アンドリュースはよく考えもせず紙きれに「100万ドル」と書いた。24時間とたたないうちにロックフェラーはその金額を彼に手渡し、こう言った。

「1000万ドルに比べれば、100万ドルなんて安いものだ」

その後20年のうちに、建物と設備を合わせても資産総額1000ドルにも満たなかった小さな石油会社は、資本金9000万ドル、株価170ドルとして時価総額1億5000万ドルのスタンダード・オイル社へと成長したのである。

以上述べたのは、富を築くためにチャンスをとらえた事例である。しかし幸いなことに、チャンスを単に富を蓄える機会としてではなく、もっと高尚な目的を達成するための機会ととらえる新しい世代が、電気、工学、学問、芸術、文学などさまざまな分野で登場してきている。富は苦労して手に入れる最終目的ではなく手段であり、人のキャリアの最高点ではなく、ひとつの通過点なのである。

エリザベス・フライ夫人というクエーカー教徒の女性は、イギリスの監獄にチャンスを見いだした。話は1813年にさかのぼる。300人から400人の半裸状態の女性囚人たちがロンドンのニューゲート監獄のひと部屋に押しこめられ、裁判を待っていた。ベッドも寝具もなく、年寄りも若い女性も、そして少女たちも、汚いぼろ切れにくるまって床の上にじかに寝ていた。彼女たちの面倒を見る者は誰もいないようで、政府も彼女たちに最低限の食事を与えているだけだった。

フライ夫人はニューゲート監獄を訪れ、騒ぎたてる囚人たちを落ち着かせると「若い女性や少女たちのための学校を作りたいのだ」と伝え、彼女たちのなかから教師を選ぶよう求めた。囚人たちはその提案に驚きつつも、時計の窃盗を働いたひとりの若い女性を教師に選んだ。3か月もすると、「ケダモノ」とまで呼ばれていた囚人たちは、無害で優しい女性へと変貌した。

この改革はほかの刑務所にも広まり、やがて政府が正式な制度として取り入れるまでになった。そして、イギリスじゅうの心ある女性たちが囚人の教育や衣服の提供に関心を持つようになった。それから80年がたち、彼女の取り組みは全世界の先進諸国に取り入れられている。

イギリスの少年が車にはねられ、切れた動脈から鮮血が吹き出していた。誰もが対処しかねていたところに、もうひとりの少年アストリー・クーパーが現れ、ハンカチを取り出して傷口を圧迫し止血した。こうして少年の命を救ったアストリーに周囲は惜しみない賛辞を送った。そのときのことがきっかけとなって彼は外科医となり、当代随一と呼ばれるまでになる。

「若い外科医に必ず訪れる瞬間というものがある。忍耐強く学び、訓練し、長く順番を待った後、唐突に最初の大きな手術に直面する。指導医はそばにいない。時間は迫っている。ひとりの人間の生と死が自分にかかっている。この緊急事態に対応する力はあるか？　指導医の穴を埋めてきちんとした仕事をできるか？　もしそれができれば、その人物は求められる人材だ。大いなるチャンスが目の前に転がり、そして立ちはだかってもいる。自分の知識のなさと無力さをさらけ出すか、それとも名声や富への一歩を踏み出すか？　それを決めるのは自分自身だ」

あなたは、大いなるチャンスへの準備ができているだろうか？

編集者のジェームズ・T・フィールズが、アメリカを代表する作家ホーソーンと詩人ロングフェローにまつわるこんなエピソードを語っている。

ホーソーンはある日、詩人のロングフェローと食事をしていた。彼はそこにセイラム出身の友人をひとり連れてきていた。ディナーの後で、その友人が言った。

「私はずっとホーソーンに、アカディアの伝説をもとにした物語を書いてくれと説得しているんです。アカディア人の離散で恋人と離ればなれになり、ずっと相手を待ち探しつづけた少女が、年をとってからようやく病院で死の床にある彼と再会するという言い伝えがあるんです」

ロングフェローは、その伝説がホーソーンの気には入らなかったのだろうと考え、こう言った。

「君がもし本当にそれを小説に書く気がないなら、私に詩にさせてくれないか？」

ホーソーンはこれに同意し、ロングフェローが詩にしてみるまでは、どんな書き物にも採り上げないと約束した。ロングフェローはチャンスをとらえ、名作『エヴァンジェリン』をこの世に送り出したのである。


目を開けば、あらゆる場所にチャンスは見つかる。耳をすませば、必死で助けを求める人びとの叫び声が必ず聞こえてくる。心を開けば、自らの能力を生かす貴重な機会にこと欠かない。手を伸ばせば、そこには崇高な仕事が必ず待っている。

誰もが、水で満たされた器に物体を入れると水があふれることは知っていたが、そのとき物体と同じ量の水があふれるという事実を活用した者はいなかった。しかしアルキメデスはそれを見て、それがどんな形の物体の体積でも測ることができる簡単な方法だと気づいた。

重りを吊るして動かすと左右に揺れ、摩擦や空気抵抗によって止まるまで休みなく動きつづけることは誰もが知っていたが、このことに実用的な価値があると考えた者はいなかった。しかしガリレオ少年は、揺れるランプをピサの大聖堂で偶然目にしたとき、その往復運動の規則性のなかに「振り子の等時性」という有益な原理があることに気づいた。

ずいぶん昔から天文学者たちは土星の環について知っていたが、単に惑星形成の法則における興味深い例外だと見なしていた。しかしラプラスは例外と見なすのではなく、惑星形成の不変のプロセスのある段階が目に見えて残っているものと見なし、その物言わぬ証拠から天地創造に関する科学の歴史に新たな一ページを追加したのである。

ヨーロッパの船乗りで、大西洋の向こうに何があるかに思いを馳せなかった者はいないが、果敢に未開の海へ進み出て新大陸を発見するには、コロンブスの登場を待たなければならなかった。

これまで木からリンゴが落ちることは数え切れないほどあったし、不注意な人間の頭を「このことについて何か考えよ」とでも言いたげに直撃することもしばしばだった。しかしリンゴが地面に落ちてくるときに、惑星を軌道につなぎ留め、全宇宙の原子が無秩序に動き出さないようにしているのと同じ法則が働いていることに気づいたのは、ニュートンが初めてだった。

アダムの時代から稲妻は人の目をくらまし、雷は耳をつんざいたが、誰もそのすさまじく圧倒的な電気の力には関心を向けず、天から放たれる雷撃を見たり聞いたりするたびにおびえるばかりだった。

そこへフランクリンが登場し、簡単な実験によって、稲妻が、止めることはできないが制御は可能な、空気や水のように豊富なエネルギーの一形態だと証明した。

ほかの偉人たちと同様、これらの人びとが偉大な人間とされているのは、ひとえに人間なら誰もが手にすることができるチャンスを生かしたからである。

成功者たちの物語を読み、その教訓を胸に刻めと、数千年の昔、賢者ソロモンが言っている。「技に熟練している人を観察せよ。彼は王侯に仕える」と。

チャンスを生かす人間は種を蒔き、それがやがて自身と他者のための新たなチャンスとなって花開く。誠実に働いてきた人はみな、増えつづける全世界の人びとのために新たなる知識と新たなる快適さとを用意してくれていたのである。

進む道はかつてないほど数が増え、広くなり、使いやすくなり、そして誰にも開かれている。まじめで堅実で元気で有能な職工にも、教育のある若者にも、雑用係の少年にも、そして事務員にも。歴史上かつてないほど大きな成功へとつながる道が、あらゆる階級の人の前に広がっているのである。少し前には専門的な職業は3つか4つしかなかった。それが今や50もある。そして商売に関して言えば、ひとつしかなかったのが、今では100もある。

「その作品の名前は？」

ある彫刻家のアトリエを訪問した人物が、さまざまな神を彫った彫刻を見た後で、顔を髪で隠し、足に翼がはえている神の像を見せられて、そう尋ねた。

「チャンスの神です」と彫刻家は答えた。

「どうして顔を隠しているんですか？」

「人間はチャンスが訪れていることにめったに気づかないからです」

「なぜ足に翼がはえているんですか？」

「チャンスはすぐに飛び去ってしまうからです。そして一旦飛び去ってしまったら、二度と取り返せません」


古代ローマのある作家はこう言っている。

「チャンスの女神に前髪はあるが、後ろ髪はない。前髪をつかめば捕まえることができるかもしれないが、一度逃がしてしまったら、神々の王ゼウスでさえ二度と捕まえることができない」


しかし、どんなによいチャンスであっても、それを生かせない、あるいは生かさない人間にとっては何の意味も持たない。

「それは私の運命だった」とある船長は言い、こう続けた。


あの不運な蒸気船セントラル・アメリカ号に遭遇するとは……。夜が迫り、波は高くなっていた。私は身動きがとれなくなっていたその蒸気船に呼びかけ、助けはいらないかと聞いた。

「沈没寸前だよ」

船長のハーンドンが大きな声で答えた。

「そっちの乗客をこっちに移したほうがよいのでは？」と私は尋ねた。

「朝まで待ってくれないか？」

ハーンドン船長は言った。

「それはいいが、今すぐそっちの乗客をこっちに移したほうがよくないか？」

「朝まで待ってくれ」

ハーンドン船長は繰り返しそう言った。

私はずっとそばに碇泊していようとしたが、そのときは夜で、波も非常に荒く、船の位置を保っていることができなかった。そして、あの蒸気船を目にすることは二度となかった。あの船長が「朝まで待ってくれ」と言った1時間半後、船は生きた人間を乗せたまま沈没した。船長と船員、乗客の多くは海の藻屑となってしまったのだ。

ハーンドン船長は逃したチャンスの大きさを、それが手の届かないところに行ってしまってから理解した。しかし、最期の瞬間が迫るときに後悔したところで何の意味があるだろう？　どれほどの命が彼の愚かな希望的観測と優柔不断とによって失われたことか。彼のように意志薄弱で緩慢で決断力のない人間は、絶好の機会を目の前にしても、その意味を悟らないことが多く、取り返しがつかなくなってから「覆水盆に返らず」という昔ながらの教訓を学ぶのである。

こうした人間は何をするにも少し遅すぎたり早すぎたりする。

「彼らは3つの手を持っている」と禁酒運動の指導者ジョン・B・ゴフは言った。「右手と、左手と、少し遅れてくる手だ」

子どもの頃は学校に遅刻し、家でもやるべきことを後回しにする。そうやって悪い習慣が身についてしまう。そして大人になって、責任に迫られたとき「昨日だったらできたのに」とか「明日ならできるかも」と考えるのである。金を稼ぐチャンスがあったことは覚えているし、今ではない別のときに金儲けする方法も心得ている。将来自身を向上させたり他人を助けたりする方法は知っているが、今ここでチャンスを見いだすことはない。彼らにはけっしてチャンスをとらえることはできない。

普通列車のブレーキ係をしているジョー・ストーカーは、鉄道員のあいだで非常に人気があった。乗客たちも彼のことを好きだった。彼は人を喜ばせるのが好きで、いつも愛想よく質問に答えてくれるからだ。しかし彼は自身の役職に伴う責任を十分に理解していなかった。「世の中を甘く見て」おり、ときどき仕事中に酒を飲んだりしていた。誰かがそのことを注意すると、とびきりの笑顔を作って「危険を重く考えすぎだ」とでも言うような気楽な調子でこう返事をする。

「ありがとう。大丈夫だから。心配しないで」

ある晩、ひどい吹雪となり、そのせいでジョーの列車は遅れていた。彼は「この吹雪のせいで仕事が増える」と不満をこぼしながら、携帯用のボトルに入った酒をときおりこっそり飲んだ。たちまち彼は上機嫌になったが、車掌や運転手は気を引きしめ警戒を怠らなかった。

駅と駅のあいだで列車が急停止した。蒸気機関のシリンダーヘッドが故障したのだったが、あと数分で同じ線路に急行列車がやって来る。車掌はあわてて後ろの車両へと向かい、ジョーに「赤いライトを持って後続列車に警告しろ」と命じた。ジョーは笑って言った。

「まあ、そうあわてないで。コートを着るまで待ってください」

車掌は切迫した顔で言った。

「1分も無駄にするな、ジョー。急行列車が来るんだぞ」

「わかりましたよ」とジョーは笑いながら言った。

車掌はそれから急いで機関車へと向かった。しかしジョーは、すぐには動かなかった。立ち止まったままコートをはおると、寒さをしのぐため酒をもうひと口飲んだ。それからゆっくりランプを手に取り、口笛を吹きながらのんびりと線路を下っていった。

10歩も進まないうちに、彼は急行列車が近づいてくる音を耳にした。それからあわててカーブに向かって走ったが、そのときはもう遅すぎた。1分とたたぬうちに、急行列車が立ち往生している列車を視界にとらえ、そしてブレーキのけたたましい音と混ざり合って、ずたずたにされる乗客たちのつんざくような悲鳴が辺りに響き渡った。

その後、車掌たちがジョーを探すと、彼は姿を消していた。翌日になって納屋で発見された彼は錯乱状態で、灯りの消えたランプをまるで列車が目の前にあるかのように振りかざしながら叫んでいた。

「ああ、何てことをしてしまったんだ！」

彼は家に帰されたが、しばらくして精神病院へ送られ、彼の口から繰り返される嘆きは、その悲しい場所で何よりも悲しく響いた。

「ああ、何てことをしてしまったんだ！　ああ、何てことをしてしまったんだ！」

この不憫なブレーキ係は、犯罪的とも言える認識の甘さから多くの命を奪う惨事をもたらしてしまった。「ああ、何てことをしてしまったんだ！」とか「ああ、なぜやらなかったんだ！」というのは、チャンスを自らの手に取り戻し、はるか昔のあやまちを挽回したいと心の底から願う人びとの静かなる叫びなのである。

「数年にまさる価値を持つ瞬間というものがある」とカンタベリー大聖堂の主任司祭ヘンリー・アルフォードは言う。「それは、われわれがどうこうできるものではない。重要性とか価値というものは時間の長さに比例しない。ひょっこりと予期しないときに現れる5分間に一生の一大事が詰まっているかもしれない。そして、この重要な瞬間がいつ訪れるかは誰にもわからない」

イギリスの聖職者で教育者のフレデリック・アーノルドは、こう言っている。

「われわれがターニングポイントと呼ぶ瞬間は、それまでの修練の蓄積が現れる機会にすぎない。偶然の出来事というのは、それを生かそうと修練してきた人間以外には何の意味も持たない」

若き男女たちよ、なぜ一日中ぼんやりとしてばかりいるのか？　かつてないほど知識とチャンスにあふれた時代と国に生まれながら、どうして手をこまねいて座ったまま、神の助けを待っているのか？　神はすでに十分な才能と力を与えてくれているというのに。「選ばれし民」が紅海を渡るため、モーセが主の救いを求めたときでさえ、主はこう言ったではないか。

「なぜ、私に向かって叫ぶのか。イスラエルの人びとに命じて出発させなさい」

世界には成すべきことがたくさんある。温かい言葉をかけたり、ささやかな手助けをしただけで、他人の悲惨な出来事を食い止めたり、自らの成功を切り開いたりする——人間はそういうふうにできている。誠実で、熱心で、不断の努力のうちに最高の善を見いだす——人間はそういうふうにできている。そして「勇気を出せ。やってみろ」と励ましてくれる高貴な実例も数え切れぬほどある。そんななかで、一瞬一瞬が新しいチャンスの入り口なのだ。

チャンスを待っていてはならない。チャンスを作れ。羊飼いのファーガソンがガラスのビーズに糸を通して星の距離を測り、チャンスを作ったように。スティーブンソンが炭坑で石炭を運ぶ台車の煤けた側面にわずかなチョークを使って文字を書き、数学を習得したように。ナポレオンが数々の「不可能な」状況でチャンスを作ったように。あらゆる指導者たちが、戦時中であれ平和なときであれ、成功へのチャンスを作ってきたように。

黄金のチャンスでさえも、怠け者にとっては何の価値もないが、勤勉な者はごくありふれたチャンスをも黄金に変える。

第2章

人間を求む

「求めらるるは人間だ。
役に立つ賢明な制度ではない、
何をも疑わぬ信念ではない、
山ほど積もる財産ではない、
寛大に微笑む権力ではない、
心服すべき知恵でもない。
求めらるるは人間だ」

世界は叫んでいる、われわれを救う人間はどこにいる？　われわれは人間を求めている！　その人間を遠くに探す必要はない。その人間はすぐそこにいる。その人間は、君であり、私であり、われわれだ！　いかにして人間となるか？　この上なく難しいことだ、人間となる方法を知らなければ。この上なく簡単なことだ、その方法を知ってさえいれば。

――アレクサンドル・デュマ

古代アテネの哲学者ディオゲネスは、昼日なかランプを手に持ち、正直いちずな人間を探したが、徒労に終わった。あるとき彼は市場のなかでこう叫んだ。

「聞いてくれ、人間たちよ」

周囲に人だかりができると、彼は蔑むように言った。

「私が求めたのは人間だ、人でなしではない」


どのような職業、どのような商売、どのような勤めでも、その扉の上にはこんな募集広告が高々と掲げられている。

「人間を求む」

求められているのは、集団のなかでも自分を失わない人間、己を信じる勇気を持った人間、世界中の誰もが「イエス」と言うときに「ノー」と言うことをためらわない人間だ。

求められているのは、志を高く持ちながらも、ひとつのことだけにとらわれて、自身の雄々しさを縮こませたり、抑えつけたり、捻じ曲げたり、損なったりしない人間だ。ひとつの能力を発達させすぎて、ほかの能力の成長が止まったり麻痺したりしてしまわない人間だ。

求められているのは、己の仕事を超えた視点を持つ人間であり、自身の職業を単なる生計の手段だなどとおとしめて考えない人間だ。求められているのは、自身の仕事のなかに自己成長の機会、学習と修養、規律と訓練、人格と人間性を見いだす人間だ。

ひとつの宗派においてさえ説教壇がたくさん空いており、たくさんの説教師が市場で暇を持て余している。その一方でたくさんの教会が、空いた説教壇に立つ人間を探し回りながら徒労に終わっている。このことひとつ取っても、今の世には大きなチャンスが転がっており、優れた人間を必死で求めていることがはっきりとわかる。

求む、勇気があって、どこを見ても臆病なところのない人間を。

求む、バランスの取れた人間を。ささいな欠点を気にして自身の有用性を損ない、力を発揮できなくなることのない人間を。

求む、均整が取れ、偏った成長をしていない人間を。自身の全精力を狭い特定の部分に注ぎこんで、そのほかの部分を枯らし死なせてしまうことのない人間を。

求む、ものごとの一部しか見ないのではなく、広い視野を持つ人間を。常識に照らしてものごとを考える人間、学校で学んだことを現実の日常的な生活を送るために犠牲にしてしまわない人間、見た目より中身を重んじる人間、自身の評判を貴重な財産だと考えられる人間を。

求む、「自制心を失うことなく、生命力と情熱にあふれ、しかし熱い感情に流されない強い意志を持ち、しなやかな心に従う人間を。あらゆる美を、それが自然のものであろうが人工のものであろうが愛することができ、あらゆる卑劣を憎み、他者を自分のように気づかう人間」を。

世界は幅広い知識を持つ人間を求めている。鋭敏な神経を持ち、教養があり、明晰で、俊敏で、多角的な頭脳を持つ人、器用な手先を持つ人、鋭く敏感で、小さな違いのわかる目を持つ人、優しく寛大で誠実な人を。

世界中がそういう人間を探している。仕事に就いていない人間は山のようにいるが、どんな分野においてもまさしく求める人間を見つけるのは、ほとんど不可能である。それなのに、どこへ行ってもこの広告を目にする。

「人間を求む」

ルソーは、教育についての有名なエッセイのなかでこう言っている。

自然の秩序のもとでは人間はみな平等であって、その共通の天職は人間であることだ。だから、そのために十分に教育された人は、人間に関係のあることならできないはずはない。私の生徒を、将来軍人にしようと、僧侶にしようと、法律家にしようと、それは私にはどうでもいいことだ。両親の身分にふさわしいことをする前に、人間としての生活をするように自然は命じている。生きること、それが私の生徒に教えたいと思っている職業だ。私の手を離れるとき、彼は、たしかに、役人でも軍人でも僧侶でもないだろう。彼は何よりもまず人間だろう。人間がそうなければならぬあらゆるものに、彼は必要に応じて、ほかのすべての人と同じようになることができるだろう。

エマソンが言うように、政治家タレーランの言葉は現在でも大きな意味を持っている。

その人間が、金持ちかどうかでもなく、どこかの党派に属しているかどうかでもなく、善意の持ち主かどうかでもなく、あれこれの能力の持ち主かどうかでもなく、あるいは、特定の運動か組織に属しているかどうかということでもなく――何かのとりえがあるのか、何かの役に立つのかということが重要であり、その人間は、その人の分野で有能な人間でなければならない。

これこそがタレーランの、そして人間一般が求めるものである。

第20代アメリカ大統領ジェームズ・ガーフィールドは少年の頃、将来何になるのか問われてこう答えた。

「何よりもまず、ひとりの人間にならねばなりません。それができなければ、何事もなすことはできません」

モンテーニュは、われわれのすべきことは精神のみを鍛えることでも、肉体のみを鍛えることでもなく、ひとりの人間として鍛え上げることだと言う。

今世界が切に求めているのは進化した動物としての人間である。苛烈な現代社会の重圧に耐えるべく、来るべき人間は健全な肉体とあふれる野性の精神を備えていなければならない。

画家アペレスは古代ギリシャを何年間も歩いて回り、美しい女性たちのとりわけ美しい箇所を研究し、あちらから目を、こちらから額を、鼻を、優雅さを、そして姿形を集め、名高い「完全なる女性」の肖像画を描いて世界を魅了した。同様にこれからの人間は、多くの要素を自らに取りこんだ複合的な存在となるだろう。その人間は自分とは異なるタイプの人間から、弱さや愚かさではなく、強さや美徳を吸収し、その力を最大限にまで高めるはずだ。その人間は自立し、均衡の取れた、己を知りつくす人間となり、感性も自然の法則を破って失われたり鈍ったりしない。全体として感受性が豊かになり、どんなにかすかな自然の機微にも反応するだろう。

いかなる教育や訓練にもまず求められるのは一個の材木を作りあげることである。太い材木が取れるのはよく育った頑丈な木である。そうした木は船のマストにも、ピアノの一部にも、見事な彫刻にもなる。しかし、そうなる前にまず材木にならなければならない。時間と忍耐が若木を木へと育てる。同じように若木たる子どもも、規律や教育や経験を通して、強い精神と道徳心と肉体を備えた木へと育っていくのである。

若者が世に一歩踏み出すとき、自ら口にすることはすべて真正なものでなければならず、交わした約束はすべて一字一句まで履行しなければならず、面会の約束はすべてこれ以上ない誠実さと相手の時間へのおもんばかりを持って果たさなければならないという固い決意を持ってさえいてくれれば。自らの名声を貴重な財産だととらえ、世界の目が自分に向けられていると感じて、ほんのわずかでも真実や正しい道から逸れてはならないと考えることができるならば。もし若者が出発の時点でそういう立脚点に立てるのなら、銀行家のジョージ・ピーボディがそうだったように、周りの者すべてからほとんど際限のない信用と信頼を得ることができるだろう。

豪華な家具つきの宮殿持ったり、一大陸を手のうちに収めたり、海をまたいで商業覇権を握ったりしても、それにいかほどの意味があろうか。そんなことよりも、正直でまっすぐな態度や、批判の声にもけっして青ざめない顔や、無防備な状態でもたじろがない精神や、どれだけ探られても一点の曇りなき心にこそ真の意味がある。

誰をも不当に扱わず、天使がけっして保証人にならない証文には署名をせず、身のほど過ぎたものには惑わされずに生き、自分の欲望とそれを満たすことのあいだに公正という目に見えない戒律だけを置いている人――それこそがまさに人間だ。

人類はこの宇宙で唯一無二の偉大な存在である。あらゆる時代を通じて完全なる規範を生み出そうと試みられてきたが、いまだ完全なる人間はひとりも生まれていない。完全なる人間など未来に対する予言のなかにしか存在しない。

第3章
チャンスなき少年たち

最も美しい花は最も黒き土壌に咲き、最も高くたくましい木は岩間から天に向かって突き出てくる。

――ジョサイア・ギルバート・ホランド（アメリカの作家）

貧困とは恐ろしいもので、時にわれわれの内にある魂を殺してしまう。その一方で、人を勇猛なヴァイキングへと駆り立てる北風でもあり、聖なる夢へと誘う優しく甘美な南風でもある。

――ウィーダ（イギリスの作家）

貧困とは第六の感覚である。

――ドイツの格言

すべての災難が不幸な出来事というわけではなく、早めにやって来る困難はしばしば天の恵みである。乗り越えた困難は教訓となるだけでなく、将来の苦労における励みになる。

――ジェイムズ・シャープ（スコットランドの大司教）

現代産業界のリーダーたちは、程度の差こそあれ、すべて貧しい少年として人生のスタートを切っている。

――セス・ロー（ニューヨーク市長）

ありがちなことだ、身を低きに置くのも、しょせんは若き野心が足をかける梯子のたぐい。

――シェイクスピア

「私のお父さんは王室に仕えているのよ」

愛らしいデンマークの少女が、子どもたちだけのパーティでこう言った。

「私のお父さんは宮内官って言ってすごく偉いの。名前が『セン』で終わる人は絶対に偉くなれないのよ。両手を腰において、肘をしっかりと張って、最後に『セン』のつく人たちを近づけないようにしておかなくちゃいけないの」

「でも私のパパだって、100ドルもするようなお菓子を買って、みんなにあげることだってできるのよ」

怒ったように声を上げたのは、ピーターセンという裕福な商人の娘だった。

「あなたのパパはそんなことできる？」

「できるわよ」

新聞編集長の娘が言い返した。

「私のパパは、あなたやみんなのパパを新聞に載せることができるわ。みんなパパを恐れているって言ってた。パパは新聞で思いどおりにできるから」

「ああ、ぼくもあそこにいられたらなあ！」

ドアのすきまからのぞいていた少年は思った。肉焼き係をしていた彼はコックの許可を得て抜け出していたのだった。しかし仲間に入るのは無理だった、彼の両親が出せる金は一銭もないし、しかも彼の名前は「セン」で終わっているのだ。

それから時がたち、あのパーティの子どもたちが大人になった頃、そのうちの何人かがある立派な家を訪問した。その家には美しく高価な作品がふんだんに飾られていた。彼らはそこで家主と対面した。その家主こそ、かつてドアのすきまから彼女たちをのぞき見していたあの少年だった。デンマークの誇る偉大な彫刻家トーヴァルセン、その人である。

このエピソードを披露しているのは、貧しいデンマークの靴屋の息子として生まれ、あの名前を持ちながらも有名になったもうひとりの人物、ハンス・クリスチャン・アンデルセンである。

雑誌ワシントンに掲載された記事によると、古代ギリシャの彫刻家クレオンはギリシャの奴隷だったが、芸術の神に仕える奴隷でもあった。美が彼の神であり、その神を心底崇拝していた。

事件が起きたのはペルシャ軍の侵略を撃退したばかりの頃で、奴隷が芸術に勤しむと死刑となる法律が施行されていた。法律が成立したとき、クレオンは群像彫刻の制作に取り組んでいた。いつの日か存命する偉大な彫刻家ペイディアスから賞賛され、果ては稀代の政治家ペリクレスからも褒められることを夢見ていた。

どうすればいいだろうか？　目の前の大理石に、これまでクレオンは知恵と心と魂と人生とを注いできた。毎日ひざまずいては、新たなひらめきが生まれること、新たな技術を手にすることを祈ってきた。彼は感謝の気持ちと誇りとを持って信じていた。芸術の神アポロンが祈りに応え、自分の手を導いて目の前の物体に命を吹きこませてくれたのだと。しかし今は……すべての神に見放されたかのように思えた。

そんな弟を愛する姉のクレオーネは、弟と同じように深く打ちひしがれていた。

「愛と美の女神アフロディーテよ！」

彼女は祈った。

「不滅のアフロディーテ、ゼウスの子たる天上の神にして私の女王、私の女神、私の守護者よ。私が毎日神殿に捧げ物をしているアフロディーテよ、どうか今、私の、そして弟の友にならせたまえ！」

それから弟に向かってこう言った。

「クレオン、地下の貯蔵室に行きなさい。暗いけど、灯りと食べ物を持って行くわ。作業を続けるのよ、神々はきっと味方してくださる」

クレオンは貯蔵室へ行き、日夜姉に守られ世話を受けながら、輝かしくも危険な作業を続けた。

一方その頃、アテネで芸術作品の展示会が行われ、国じゅうから人が招待された。展示はアテネの公共広場であるアゴラで行われた。ペリクレスも主催者として臨席しており、彼の傍らには愛人のアスパシアが寄り添っていた。また、ペイディアス、ソクラテス、ソフォクレスといった著名人も近くに陣取っていた。

偉大な巨匠たちの作品が並ぶなか、ひとつの群像彫刻がほかの作品をはるかに凌ぐ美しさで目を引いた。それはアポロンその人が彫ったかと見まがうような見事な作品であり、人びとの大きな注目を集めるとともに、ライバルの芸術家たちに興奮と、そして、少なからぬ嫉妬を抱かせていた。

「これを作ったのは誰だ？」

そんな質問が飛んだが、誰も答えられなかった。伝令官たちが質問を繰り返したが返事はなかった。

「不思議だな。奴隷の作品ということはないのか？」

人びとが大騒ぎするなか、美しい娘がアゴラへと引きずり出された。衣服も髪も乱れ、目には並々ならぬ決意を湛え、唇をぎゅっと結んでいた。

役人たちが声を上げた。

「この女が作者を知っている。それは確かだが、作者の名前をどうしても言おうとしないんだ」

クレオーネはいくら問い詰められても口を開こうとしない。答えないと処罰すると言われても彼女の唇は結ばれたままだった。

「それならば」とペリクレスは言った。「法とは命令であり、私は法の代理人だ。その娘を牢屋に連れて行け」

彼がそう言い放つと、ひとりの若者がアゴラへと飛び出してきた。髪を垂らし、ひどくやせていながらも、黒い瞳に天才の輝きを浮かべたその若者は身を投げ出すようにしてこう叫んだ。

「ペリクレス様、どうかその人を許して解放してあげてください！　私の姉なんです。私こそが罪人なんです。あの群像は私の手で作りました、この奴隷の手で」

憤慨した群衆は彼の話を遮って叫んだ。

「娘を牢屋へ連れて行け、この奴隷と一緒に牢屋に入れろ」

「それはならぬ！」

立ち上がってペリクレスは言った。

「あの彫刻を見よ！　アポロンは言っている。不当な法よりも重要なものがギリシャにはあると。法の究極の目的は美の発展であるべきだ。もしアテネが、人びとの記憶や愛着のなかに位置を占めているとするのなら、アテネをかように不滅たらしめているのはアテネの芸術への貢献である。牢屋ではなく、私のもとへその若者を連れて来るがいい」

そして、群衆の目の前でアスパシアは手に持っていたオリーブ冠をクレオンの頭に載せた。同時に、人びとの喝采のなか、アスパシアは弟思いのクレオンの姉に優しくキスをした。


アテネの人びとは奴隷に生まれたイソップの像を立てた。栄光への道は万人に開かれていると彼らは理解していたのであろう。ギリシャでは、芸術や文学や戦争で抜きん出た人間には富と不朽の名声という報酬が必ず与えられた。貧者の功績を称え、鼓舞するために、これほどのことをした国はほかにない。

副大統領のヘンリー・ウィルソンは自分の生い立ちについて次のように語っている。

私は貧しい家庭に生まれた。幼い頃からものがない生活が当たり前だった。何も出すものがない母にパンを求めるのがどういうことか私は知っている。私は10歳の頃に家を離れ、11年間奉公に出て、毎年1か月だけ学校に行って教育を受けた。そして、11年懸命に働いた末に雄牛1頭と羊6頭を手にし、それを売って手にすることができたのは84ドルだった。

1ドルも遊びに使うことなく、生まれてから21歳になるまで1ペニーたりとも無駄使いしなかった。何マイルも荒れた道を行き、友人たちにどんな仕事でもいいから分けてほしいと求めるのがどういうことかも知っている。

21歳になってから最初の1か月、私は森に入り、チームを率いて丸太を切り出した。日の出前に起きて暗くなるまで働き、その1か月の仕事で6ドルもの額を受け取った。その1ドル1ドルが、私には今宵の月のように大きく見えた。

ウィルソンは自己修養や自己向上の機会をけっして逃さないようにしようと心に決めていた。空き時間の価値をよく理解している人間は案外少ない。彼はそれをまさに黄金であるかのようにとらえ、一瞬たりとも無駄にせず、最後の一滴まで絞りとった。彼は21歳になるまでに無数の良書を読破した。農家の少年にとってそれがどれほど貴重な学習になったことか。

農家での奉公が終わると、ウィルソンは歩いて100マイル以上離れたマサチューセッツ州ネイティックへと、靴屋の仕事を学びに向かった。途中ボストンも通ったため、バンカーヒル記念塔やそのほかの歴史的建造物を目にしたかもしれない。その道中、彼は1ドル6セントしか使わなかった。

その後1年のうちに彼はネイティックの弁論クラブのリーダーになっていた。8年がたつ頃にはマサチューセッツ州議会にいて、奴隷制に反対する偉大なスピーチを行っていた。12年がたつ頃には、あの辣腕の政治家チャールズ・サムナーと肩を並べてアメリカ連邦議会に立っていた。彼にとって、すべての機会が偉大な機会だった。彼は人生のあらゆるチャンスを成功への糧に変えたのだ。

「これ以上その変わった恰好で街を歩き回るんじゃない。新しいのを買ってやろう。もう少しマシな恰好をしなさい、ホレス」

そう言われたホレス・グリーリーは、自分の服がどれほどみすぼらしいか初めて気づいたかのようにじっと見つめ、それからこう答えた。

「ステレットさん、父はこの新しい土地に来たばかりなんです。だから、ぼくは父を手助けできることならどんなことでもしたいんです」

彼は7か月間で生活費として6ドルしか使っておらず、さらにはエリー郡の新聞ガゼットの創刊者J・M・ステレット判事から手伝い料として135ドルを受け取ることになっていた。彼はそのなかから15ドルだけを手元に残し、残りを父親に渡した。そのとき彼は父親とともにバーモント州からペンシルベニア州西部に移ってきたばかりだった。羊たちを狼から守るため幾晩も外で寝泊まりしながらの移動だった。

ホレスはまもなく21歳になるところだった。背が高く不格好で、髪は亜麻色、顔は青白く鼻声だったが、彼はニューヨークで身を立てようと決意した。ヒモで括った服を吊るした棒を肩にかけ、60マイル森を歩いてバッファローへ向かうと、そこから運河船に乗ってオールバニへと進み、はしけでハドソン川を下り、１８３１年８月18日、日の出とともにニューヨークにたどり着いた。

彼は酒場の２階に週２ドル50セントの下宿を見つけた。ニューヨークまでの６００マイルの道中で彼は５ドルしか使っていなかった。ホレスは何日も街じゅうを歩き回り、あらゆる建物を訪れては「働き先」はないかと聞いて回ったが、どこも返事は「ノー」だった。彼の風変わりな様子から、多くの人は奉公先から逃げてきたのだろうと思ったのだ。

ある日曜日、彼はウエスト印刷が印刷工を募集していることを耳にした。月曜の朝５時に印刷所へ出向き、主任に７時から働かせてくれと頼んだ。主任は田舎の若造が、募集をかけていた多言語対訳聖書の植字をできるとは思えなかったが、こう言った。

「こいつに活字ケースを用意しろ。腕前を見てやろう」

やがて経営者がやって来たが、彼はこの新入りを気に入らず、主任に今日の仕事が終わったら追い返せと伝えた。その晩、ホレスはこれまでの誰よりも多くの、そして正確な仕事を示してみせた。

10年後、彼は小さな印刷所を共同経営していた。彼はアメリカ最良の週刊誌ニューヨーカーを創刊していたが、利益は上がっていなかった。ハリソンが大統領に任命された１８４０年、グリーリーは新聞ログ・キャビンを創刊し、発行部数は当時としては驚くべき９万部にも上った。しかし１部１セントのこの新聞で儲けは得られなかった。次に始めたニューヨーク・トリビューン紙も1部1セントだった。創刊にあたり彼は1000ドルを借り入れ、第1号を5000部印刷した。簡単に売りさばける数ではない。購読者数600から始まったが、その数は6週間で1万1000にまで増えていった。トリビューンの需要は、新しい機械でも印刷が追いつかないほどの勢いで増していった。それは、時に間違えることはあっても、常に正しくあろうとする編集者によって作られた新聞だった。

ジェームス・ゴードン・ベネットは1825年にニューヨーク・クーリエ紙、1832年にグローブ紙、その少し後にペンシルバニアン紙を発行して失敗しており、器用な書き手として業界で知られるのみだったが、14年間懸命に働くなかで、厳しく節約することによって数百ドルを貯めていた。

1835年、彼は新しい日刊紙ニューヨーク・ヘラルドを立ち上げるにあたってホレス・グリーリーを誘った。グリーリーはその誘いを断ったが、若い印刷業者をふたり紹介してくれた。彼らがベネットと手を組み、1835年5月6日に、10日分だけの経費しか賄えないわずかな現金を元手にヘラルドを創刊した。ベネットはウォール街に小さな部屋を借り、樽ふたつの上に板を渡しただけの机と椅子とを運びこむと、印刷以外のすべての作業をひとりで行い、当時のアメリカにはなかったような真の日刊紙を発行するという仕事を開始した。それまでアメリカで新聞と言えば政党機関紙の趣があったのである。

若きベネットは苦労しながらも着実に自分の理想へと向かっていき、さまざまな領域から新鮮で生きのいいニュースを報じつづけた。そして世界の現況を他紙に劣らず十全かつ迅速に伝えることで有名になっただけでなく、ほかの新聞よりはるかに徹底していて迅速だと言われることもしばしばだった。人びとの関心を引くあらゆる事柄について信頼できる情報を迅速に得るためならどんな苦労も費用も惜しまなかった。楽な仕事ではなかったが、ついにはブロードウェイとアン・ストリートの角に、新聞社としてはこれまでに例を見ない立派な建物を構えるまでになった。

フィラデルフィアにあるジョージ・Ｗ・チャイルズのオフィスに入って最初に目を引くもののひとつが、「チャンスのない」ところから始めた少年が成功をつかむカギとなったこのモットーだった。

「苦労なしには何もなし」

フィラデルフィア・レッジャー紙と、それを発行している大きな社屋を買収することがチャイルズの若い頃からの野望だったが、週２ドルで働く貧しい少年が大新聞を買収できる見込みなどどこにもなかった。しかしその少年には断固たる決意と無尽蔵のエネルギーがあった。書店の店員をして数百ドル貯めるとすぐに出版業へと乗り出した。彼が出版した作品の何点かは、『ケインの北極探検』などを筆頭に「大ヒット」を記録した。彼には大衆が喜ぶものに対する鋭い感覚があり、勤勉さにも底がないようだった。

レッジャー紙が日々損失を出しているという事実にもかかわらず、友人たちはチャイルズを説得して買収を思いとどまらせることができず、１８６４年に彼の幼い頃からの夢は現実のものとなった。彼は定期購読料を倍にする一方で、広告料を下げて周囲を驚かせたが、これにより経営状態は一気に改善し、収益は年に40万ドルを超えることもあった。フィラデルフィアのほかの新聞社がこぞって従業員の賃金を下げはじめたときでさえ、彼はけっして自らの従業員の給料を下げなかった。

およそ1世紀半前、リヨンで催された晩餐会で、ギリシャの神話ないしは歴史を題材にした絵画の解釈について議論が持ち上がった。やがて議論は白熱していき、主人は給仕のひとりに対し絵画の説明をしてくれないかと頼んだ。その場にいた誰もが驚いたことに、その給仕は作品の全体像についてきわめて簡潔な説明を行い、それがまたあまりに明快で説得力があったため、論争はたちまちのうちに収まってしまった。

「一体どこの学校で勉強したのかね、ムッシュー」

給仕に多大な敬意を払いながら、招待客のひとりが尋ねた。

「いろいろな学校で学びました、閣下」と若い給仕は答えた。「けれども、私が最も長く、そして最もたくさんのことを学んだ学校は、困難という学校です」

彼は貧しさという教訓を大いに役立てていたのである。当時はまだ若い給仕にすぎなかったが、その時代と国を代表する天才ジャン＝ジャック・ルソーが紡ぎ出す作品の名声は、やがてヨーロッパじゅうに響き渡ることとなる。

ジャーナリストで政治家のウィリアム・コベットは若い頃、8年間農家で働いた後、そこを逃げ出してロンドンへと向かった。ロンドンでは8か月ほど弁護士事務所で書記として働いたが、やがて志願して歩兵連隊へ入隊した。軍隊での最初の1年間、チャタムの巡回図書館に通ってあらゆる本を読んで学んだ。

その頃のことをコベット自身に語ってもらおう。

文法を学んだのは日当6ペンスの歩兵時代だった。寝台の隅が勉強場所で、リュックが本棚、膝の上に置いた板切れが机だった。文法の学習は1年ほどでやり終えた。ロウソクや灯油を買う金は持っていなかった。冬場に使える明かりは暖炉の火ぐらいしかなく、それさえも交代でしか使えなかった。

腹が減って仕方がない状態にありながら、ペンや紙を買うために食事を抜かざるを得なかった。自分の時間と呼べるものは一瞬たりともなく、任務を解かれて拘束されていない時間に、頭の空っぽなほかの連中が大勢で談笑したり、歌ったり、口笛を吹いたり、怒鳴り合ったりするなかで、読んだり書いたりせねばならなかった。

ペンやインクや紙を買うのに必要な金なんて大したことないと思うかもしれないが、とんでもない。そのわずかな金さえ私にとっては大金だった。身長はすでに今ほどあり、健康そのものだったし、体もよく鍛えてあった。給料は手取りでわずか週2ペンスだった。

その頃、忘れようにも忘れることができない出来事があった。あるときどうしても必要なものを買った後、何とかやりくりして半ペニーを残しておいた。翌朝それで燻製ニシンを買うつもりだったのだ。ところがその夜、耐え難いほどの空腹に襲われて服を脱いだとき、その半ペニーがなくなっていることに気づいた。私はボロボロのシーツとマットに顔をうずめ、子どものように泣きじゃくった。

しかしコベットは、自身の貧しさと厳しい境遇さえも旺盛な知識欲と成功への糧にした。彼は言う。

「そのような境遇のもとでこの私がそれに立ち向かい乗り越えることができたのだから、世界中の若者のなかに『できない』理由を見つけられる人がひとりでもいるだろうか？」

8月のある午後、少年は父親にそう聞いた。のちに牧師として奴隷解放運動で活躍することになるセオドア・パーカーの若き日のことである。

「明日休んでもいいかな、父さん」

レキシントンで賃金の安い機械組立工をしている父親は、忙しい時期であったため驚いたようにそのいちばん下の息子のほうを向いたが、息子の真剣な顔つきにただならぬ決意を感じ、申し出を承諾した。

翌朝、セオドアはずいぶんと早起きし、砂ぼこりの舞うなか10マイル歩いてハーバード大学へ向かい入学試験に臨んだ。彼は8歳の頃から普段は学校へ通えなかったが、毎年冬場の3か月間だけ何とかやりくりして通うようにし、畑仕事やその他の作業をするかたわら、学んだことを何度も繰り返し復習した。さらに暇さえあれば、借りてきた有益な本を読んで過ごした。1冊だけ借りることのできない本があって、それをどうしても手に入れたいと考えた彼は、夏のあいだじゅう日が昇るずっと前に起きていちごを収穫し、それをボストンへ出荷して得た金で待望のラテン語辞書を購入した。

「よくやったな！」

夜遅く帰ってきた息子が、試験がうまくいったことを伝えると、父親はそう言ってねぎらった。

「だがなセオドアよ、大学に通わせてやるだけの金がないんだ」

「わかっているよ、父さん。大学には通わないで、家で勉強するよ、空き時間に。それでも、きちんと最終試験の準備をして、受かりさえすれば卒業証明書をもらえるから」

彼はその言葉どおりに実行し、やがて年長になると大学で教鞭を取るようになり、それで得た金を資金にしてハーバードで２年間学び、主席で卒業した。

それから数年後、シーワード、チェイス、サムナー、ガリソン、ホーレス・マン、そしてウェンデル・フィリップスら奴隷解放運動家たちの信頼できる友人として、またアドバイザーとして、奴隷解放を願う彼の思いが国民の心に届いたとき、彼は喜びとともに、あの岩と低木しかないレキシントンでの苦闘と勝利とを思い出したのであった。

新聞売りの少年というのは、どの面から見ても成功や名誉の有力な候補者とは言いがたい。若者が人生を歩み出すにあたり、生活のため自ら新聞を作って売ること以上に成功の見込みが少ない状況はない。

しかし、アメリカ大陸の産業を刷新したその男は、グランド・トランク鉄道の新聞売りとして人生をスタートさせた。トーマス・エジソンは、そのとき15歳になるかならないかだった。すでに化学の実験に手を染めていて、列車も自前の小さな実験室に変えていた。ある日、彼が何か得体のしれない実験をしていると、列車がカーブを曲がった。その拍子に硫酸のビンが割れてしまい、この世のものとは思えない臭いと大混乱が発生した。これまでずっと我慢してきていた車掌も、今度ばかりはこの若者をつまみ出し、そのなかで頬に一発お見舞いすることになった。

その後もドラマチックな状況が次から次へと襲ったが、エジソンはそれらをねじ伏せ、若くして科学界の王座に就いた。のちに成功の秘訣を聞かれた彼は「仕事以外のことについては、何事にも慎ましく中庸を守ってきたことだ」と語った。

クリーブランド大統領の最初の選挙で参謀を務め、のちに財務長官となったダニエル・マニングも、世間に見捨てられた新聞売りの少年として出発した。サーロー・ウィード も、デイヴィッド・B・ヒルも同じである。ニューヨークには進取の精神を持つ新聞売りの少年たちがあふれているようだ。

これが暴挙でなければ何だろうか。ボストンの安い下宿屋で出会った無学で無名の若者ふたりは、信念と政治の区別もつかぬままに、学者や政治家や教会や富裕層や貴族たちが支持する、この国の根幹とも言える制度に立ち向かっていったのである。国じゅうの偏見や感情に対抗する彼らにどれほどのチャンスがあっただろうか?

しかしふたりの若者は高邁な大義に燃え、心の底から本気だった。そのひとり、ベンジャミン・ランディは、すでにオハイオで「普遍的解放の精神」という新聞を創刊しており、毎月20マイル離れた印刷所から、刷り上がった新聞をすべて背負って家まで運んでいた。彼は購読者数を増やすため、400マイル歩いてテネシー州まで行ったこともあった。尋常な若者ではなかった。志を同じくするウィリアム・ロイド・ガリソンと出会ったランディは、ボルティモアで以前にも増して力を入れて仕事に取り組むようになった。

大通り沿いに建てられた奴隷小屋。貨物船に乗せられ、家や家族から引き離されて南部の港に送られる不運な奴隷たち。彼らが奴隷オークションにかけられる胸の張り裂けるような光景。それらがガリソンにけっして忘れられない印象を残した。貧しさのために学校に通うことはできなかったが、幼い頃から母親に人を差別することはいけないと教えられて育った彼は、それら貧しく不運な人びとの自由を取り戻すために人生を捧げようと心に決めた。

自ら手がけた新聞の創刊号でガリソンは奴隷たちの即時解放を迫り、地域全体の憤激を買った。彼は逮捕され牢屋へと送られてしまう。北部に住む志高き友人のジョン・G・ウィッティアはそのニュースを聞いて驚いたが、自分では金を用意できないため、友人で政治家のヘンリー・クレイに手紙を書き、罰金を肩代わりしてもらった。収監されてから49日後、ガリソンは釈放された。

ガリソンの友人で同じく奴隷解放に尽くしたウェンデル・フィリップスは彼をこう評している。

「彼は24歳のときに自らの意見を表明して牢屋に入れられた。彼は青春の真っ盛りに国家というものに立ち向かったのだ」

ガリソンは、金も知己も力もないまま、ボストンの小さな2階部屋でリベレーターという新聞の発行を始めた。その創刊号に「チャンスなき」貧しい少年だった彼の決意表明が載っている。

「私は真実に劣らず厳格で、正義に劣らず頑固でいよう。私は本気だ。言葉をにごさず、言い訳もせず、一歩も引かず、世界の耳を開かせるのだ」

若くして世界に立ち向かう、なんと無鉄砲な若者であることか！

サウスカロライナ州選出の上院議員ロバート・Y・ヘインはボストン市長オーティスに手紙を書き、誰かがリベレーター紙を送ってきたことを伝え、発行人の名前を突き止めてほしいと依頼した。オーティスは発行人を突き止めこう返答した。

「（貧しい若者が）この取るに足らない紙切れを薄暗い穴ぐらで発行しており、唯一の手伝いは黒人の少年、わずかな支援者たちもみな有色人種であり、影響力は小さい」

しかしその「薄暗い穴ぐら」で食べ、眠り、発行する貧しい若者は、すでに世界に疑問を抱かせるようになっており、活動を鎮圧せねばならない対象だった。サウスカロライナ自警協会はリベレーター紙の発行に関わる人間の逮捕や告発に1500ドルの懸賞金をかけた。発行人の首に懸賞金をかけた州知事もひとりふたりいた。ジョージア州議会は彼の逮捕と有罪判決に5000ドルの懸賞金を提供した。

ガリソンと彼の支援者たちはどこへ行っても糾弾された。イリノイ州ではラブジョイという名の聖職者がリベレーター紙を擁護したとの理由で暴徒によって殺害された。そしてマサチューセッツ州の富と権力と文化の中心地ボストンでは、彼ら奴隷廃止論者に反対する声があまりに激しかったため、それまで傍観者にすぎなかった将来有望な若き弁護士ウェンデル・フィリップスがファニエル・ホールで許可を得て壇上に上がり、これまでその地で聞いたこともないような、奴隷廃止論者を弁護する演説を行った。彼は、壁にかかる愛国者たちの肖像画を指差しながらこう切り出した。

「ラブジョイを殺した者たちを、オーティスやハンコック、クインシーやアダムズといった愛国者たちになぞらえる男の演説を聞いたとき、あの肖像画の唇が動きだして不実なアメリカ人たちに対し『死者への冒瀆だ』と怒りの声を上げるのではないかと思った。清教徒たちの祈りと愛国者たちの血が捧げられたこの地であの演説を聞いた大地が、大きく口を開いて演説者を飲みこんでしまっても不思議ではなかった」

こうして運動は国じゅうに飛び火していった。

この北部の開拓精神と南部の旧弊な騎士道精神とのあいだの闘争は長く激しく続き、遠くカリフォルニアにも飛び火した。そしてその攻防は南北戦争によって最高潮を迎えた。南北戦争が終わると、35年におよび不断の英雄的闘争を続けてきたガリソンはリンカーン大統領から国賓として招かれた。南北戦争の発端となった南部のサムター要塞に再度星条旗が掲げられ、解放された奴隷のひとりが歓迎の挨拶をし、もはや奴隷でなくなった彼のふたり娘がガリソンに感謝を表して美しい花輪を送った。

同じ頃ロンドンでは、抑圧者たちを擁護するもうひとりの人物、政治家のリチャード・コブデンが息を引き取っていた。

彼の父親は9人の子どもたちを残し、ほとんど無一文でこの世を去っていた。少年リチャードは近所の人びとの羊の世話をして生活資金を得ていたが、10歳になってようやく学校へ通う機会を得た。彼は寄宿学校へ送られたが、そこでひどい仕打ちを受け、食事もろくに与えられず、3か月に一度しか家へ手紙を書かせてもらえなかった。

15歳のとき、彼はロンドンの叔父の店に事務員として入った。早起きをしてフランス語を習得し、同僚たちが寝ているあいだに勉強をした。彼はやがてセールスマンとして送り出され、馬車に乗ってあちこちを駆け巡るようになった。

当時イギリスには、穀物法という貧しい者からパンを奪い、豊かな者へと分け与えるような嘆かわしい悪法が施行されていた。その穀物法に対する反対運動に関わっていたコブデンは、運動への協力を仰ぐべく、のちに盟友となるジョン・ブライトを訪ねた。すると彼はブライト氏が大きな悲しみを湛えているのに気づいた。家で彼の妻が亡くなっていたのである。コブデンはブライトに言った。

「今この瞬間にも、イギリスでは何千もの家で妻や母や子どもたちが飢えて死にかけている。だからね、最初の悲しみの波が去ったら、私と一緒に前に進んでくれないか？　そして穀物法が廃止されるまでけっして歩みを止めないようにしよう」

穀物法のもと、貧しい人びとのためのパンが税関で止められ、地主や農業経営者の利益のために税金が上乗せされていた。それをコブデンはこれ以上見ていられず、この大改革に身を投じ、全身全霊を注いでいたのだった。コブデンは続けて言った。

「これは政党の問題ではない。あらゆる政党の人間が手を携えているのだから。これは生死の問題だ――何百万もの労働者か貴族階級かという問題だ」

彼らが結成した反穀物法同盟は、アイルランドで起きた飢饉が保護貿易政策に一石を投じるという後押しもあって、１８４６年に同法の廃止を達成した。

そのことについてブライトはこう言っている。

「リチャード・コブデンの活躍によって、イギリスの貧しき人びとの家に残らず大きく質がよく安いパンが行き渡るようになった」

ジョン・ブライト本人も貧しい労働者の息子で、当時は彼のような人間には高等教育への門が閉じられている時代だった。しかし偉大なクエーカー教徒の強い心を持ったこの若者は、穀物法のもとで飢えに苦しむ何百万ものイギリスとアイルランドの哀れな貧しい人びとを何とかしたいと考えていた。1年でアイルランドから200万もの人口を奪い去ったすさまじい飢饉のあいだ、ジョン・ブライトはイギリスのどんな貴族よりも大きな影響力を持った。貴族社会は彼の揺るぎない論理に、力強い言葉に、堂々たる人格にたじろいだ。おそらくコブデン以外に、これほどの短期間で労働者たちに安いパンや金銭をもたらした人間はほかにいないだろう。

ロンドンの馬小屋の上階にマイケル・ファラデーという名の貧しい少年が住んでおり、新聞を持って街を歩き回っては、1部1ペニーで客に貸していた。彼は製本と書籍販売を営む店に年季奉公に入り、それを7年続けた。

ブリタニカ百科事典の製本をしていたとき、電気についての記述が目に止まり、彼は夢中でそれを読んだ。彼はガラス瓶と古い鍋と簡素な実験道具をいくつか調達して、実験を開始した。

店の客のひとりがそんなファラデー少年に関心を寄せ、有名な化学者ハンフリー・デービーの化学講義を聞かせに連れて行ってくれた。ファラデーは勇気を振り絞ってその偉大な化学者に手紙を書き、講義中に取ったメモを送った。

それからほどないある晩、ファラデーがちょうど眠りに就こうとしているとき、ハンフリー・デービーの馬車がマイケルのみすぼらしい家の前に止まった。そして使いの者が彼に渡したのは、翌朝デービーへ会いに来るよう記された直筆の招待状だった。ファラデーはそれを読んだとき自分の目を疑わずにはいられなかった。

翌朝、言われたとおりデービーの家を訪問し、実験器具を洗ったり、それらを講義室へ運んだり回収したりして手伝った。彼はデービーが顔にガラスマスクをつけて安全灯を組み立てたり、危険な爆発物を扱う実験を行ったりするのを一挙一動にいたるまで熱心に観察した。その後ファラデーも勉強と実験を重ね、チャンスのなかったこの貧しい少年は、ほどなく有名な自然科学の学会で講義を頼まれるまでになった。

彼はロンドンにある王立研究所の教授に任命され、当代随一の科学者となった。ハンフリー・デービーは、自身の最も偉大な発見は何かと聞かれて「マイケル・ファラデーだ」と答えた。

ケプラーも貧困と苦難に立ち向かった人物のひとりである。彼の本は政府の命令により公然と焼き捨てられ、彼の書庫はイエズス会によって封鎖され、彼自身も民衆の非難によって追放の身となった。

17年間というもの、彼は黙々と研究に取り組み、数々の天文学上の重要な原理を証明した。惑星は太陽をひとつの焦点とした楕円軌道を公転すること、地球の中心と太陽の中心を結ぶ線が一定時間に描き出す面積は常に一定であること、そして惑星の公転周期の2乗は太陽からの平均距離の3乗に比例することである。このチャンスなき少年は世界の偉大な天文学者のひとりとなった。

文豪のアレクサンドル・デュマはこう言っている。

「自分の肌が黒いと知ったとき、私は白人のように生きようと決意した。肌の下にある自分を見てもらうために」

両親によって医学学校へ入れられたとき、ガリレオに物理や天文学の世界で名声を勝ちとるチャンスはどれほどあっただろうか？　しかし彼は、ヴェネチアの街が眠りに就いているあいだにサン・マルコ大聖堂の塔に上り、自家製の望遠鏡を使って木星の衛星と金星の満ち欠けを発見した。

自らが唱えた、地球が太陽の周りを公転しているという異端の理論を、ひざまずいて公に撤回することを求められたとき、異端審問の恐怖でさえも、この70歳の老人が「それでも地球は回っている」とつぶやくのを止めることはできなかった。投獄されてからも科学研究への熱意は冷めることなく、監房にあった藁を使い、空洞になった筒のほうが同じ直径の固い棒よりも強度が高いことを解き明かした。完全に目が見えなくなったときでさえ、彼は研究を続けた。

新約聖書と綴り方の教本がコーネリアス・ヴァンダービルトの唯一の教科書だったが、彼は読み書きと、それから計算を少しだけ身につけた。

彼は小さな船を買うことを望んでいたが、買うための資金がなかった。船乗りになりたいという彼の願いをあきらめさせたい母親は、必要な金を出す条件として、その月の27日までに父親所有の畑のなかでもいちばん荒れていて固く石だらけの10エーカーを耕してトウモロコシを植えるよう命じた。

ところがその作業は、指定の日付よりも前に、しかも見事に完了した。17歳の誕生日にヴァンダービルトは船を購入したが、帰り道で水中の瓦礫にぶつかり、浅瀬に着くと同時に沈んでしまった。

しかしコーネリアス・ヴァンダービルトは簡単にあきらめるような少年ではなかった。彼はすぐに前を向き、3年で3000ドルを貯めた。夜通し働くこともしばしばで、瞬く間にその港でほかの追随を許さないほどの顧客を獲得するまでになった。

1812年の米英戦争中には、主要都市近辺の軍事拠点に物資を運ぶ契約を政府と交わした。彼はその運搬を夜に行い、日中はフェリーボートを通常のニューヨーク～ブルックリン間の運航に使えるようにした。

昼の稼ぎのすべてと夜の稼ぎの半分を両親に渡していたこの少年は、35歳にして3万ドルを稼ぐまでになり、年を取ってこの世を去るときには、13人の子どもにアメリカ屈指の財産を残した。

ジョン・スコット・エルドンが少年の頃、「チャンスのなさ」を嘆いていたとしても不思議ではない。彼は貧しくて学校にも行けず、本さえ買うことができなかったのである。しかし彼は嘆かなかった。気概と強い意志とを持ち、成功への道を切り開いていったのだ。朝4時に起きては、借りてきた『リトルトン註釈』などの分厚い法律の本を書き写した。熱心なあまり、時として頭が働くのを拒否するくらいまで勉強しつづけ、眠ってしまわないように濡らしたタオルを頭に巻いて勉強することもあった。弁護士としての最初の年の収入は9シリングにしかならなかったが、彼はけっしてあきらめたりはしなかった。

勤めていた弁護事務所を辞めて去ろうとするとき、そこの弁護士がエルドンの肩を叩いて言った。
「若いの、君の将来は安泰だな」
「チャンスのなかった」少年は、イギリスの大法官となり、当時有数の法律家となった。

黒人奴隷として生を受けたフレデリック・ダグラスは無よりも苛酷な状況から人生を歩みはじめた。自分の体が自分のものではなく、生まれる前から借金を背負っていたのである。貧しい白人少年と同等の出発地点に立つには、その白人少年がアメリカ大統領となるほどの距離を這い上がっていかなければならなかった。

ダグラスは母親に2、3度だけ会ったことがある。それも夜のことで、母親は息子に1時間会うために12マイルもの距離を歩いてやって来て、夜明けまでには自分の住まいに戻れるよう帰って行くのだった。

教えてくれる人がいなかったため勉強するチャンスはないし、そもそもプランテーション農場の規則も奴隷が読み書きを学ぶのを禁じていた。それでも何とか主人に気づかれないうちに、新聞の切れ端や売薬年鑑を教材にしてアルファベットを学んだ。そうなれば彼の学習意欲を妨げるものは何もなかった。こうした彼の努力を見れば、多くの白人少年たちは恥じ入らざるを得ないだろう。

ダグラスは21歳のときに奴隷の境遇から逃れて北へ向かい、ニューヨークやニューベッドフォードで港湾労働者として働いた。マサチューセッツ州ナンタケットで開かれた奴隷制反対集会で演説をする機会を得た彼は聴衆に感銘を与える演説を行い、マサチューセッツの反奴隷制協会の委員に任命された。演説で各地を飛び回るあいだも、彼は熱心に勉強を続けた。ヨーロッパにも送られて演説を行い、そこで意気投合した数人のイギリス人から750ドルの支援金を受け取って、その金で身の自由を買いとった。

その後ニューヨークのロチェスターで新聞の編集に携わり、ワシントンではニュー・エラ紙の編集指揮を執った。さらには数年間、コロンビア特別区で連邦執行官を務めた。

丸太小屋に生まれ、教育も書物も恩師も当たり前のチャンスも与えられなかった少年が、南北戦争中の大統領として貧しさから得た素朴で実用的な知恵によって世界の賞賛を勝ちとり、400万もの奴隷を解放した。

この背が高くやせぎすで無骨な若者が、狭い場所に木を切り倒し、床も窓もない丸太小屋を建て、夜には暖炉の明かりを頼りに計算や文法を学ぶ姿を想像していただきたい。ブラックストーンの法律注釈をどうしても知りたいがために、44マイル歩いてその貴重な本を入手し、帰り道に100ページも読み進めた。エイブラハム・リンカーンは生まれつきいかなるチャンスも持ち合わせておらず、幸運によって得たこともない。彼の成功はひとえに彼の不断の努力と実直な心の賜物である。

オハイオ州の森深い別の丸太小屋では、貧しい未亡人が、この子を飢えから守れるだろうかと思いながら、18か月になる息子を抱いていた。やがてその少年は成長し、数年後には母親を助けるため、木を切り、森の小さな空地を耕すようになる。空き時間にはいつも、自分では買えない本をよそから借りてきて勉強していた。16歳のとき彼はラバに乗って運河沿いに船を曳く仕事というチャンスを得、それを喜んで引き受ける。長じては、ハイラム大学の床清掃とチャイム係という仕事に応募して採用されるというチャンスを得て、それにより学費を賄いながら大学で学ぶことができた。

ハイラム大学の前に学んだジアーガ神学校での最初の学期の学費はわずか17ドルだった。次の学期のために学校に戻ってきたとき、彼のポケットのなかには６ペンスしかなかったが、その６ペンスさえも次の日、教会の寄付箱に入れた。彼は、食事、洗濯、光熱費込みで週１ドル６セントという好条件の下宿部屋をある大工から提供してもらうことができ、その代わりに夜や土曜の空き時間はすべて大工の仕事を手伝うことになった。ある土曜日、大工の家に到着した彼はその日のうちに51枚の板を鉋《かんな》で削り、１ドル２セントを得た。その学期が終わる頃には、すべての学費を支払うことができ、手元に３ドルが残った。続く冬の期間は、学校で先生役をして１か月12ドル稼ぎ、下宿はいろいろな家を渡り歩いた。翌春までには48ドルが貯まり、再び学校に戻ったときには週31セントで自炊生活を始めた。

やがて彼はウィリアムズ大学に進み、２年後に首席で卒業した。26歳で上院議員となり、33歳で下院議員となった。ハイラム大学のチャイム係というチャンスをつかんでから27年を経て、ジェームズ・Ａ・ガーフィールドはアメリカの大統領となった。こうした例はアメリカの若者たちにとって、実業家アスターや、ヴァンダービルトや、グールドらの富よりも貴重な発奮材料となるだろう。

世界の名だたる英雄や篤志家たちのなかには、ほかにも、貧しい丸太小屋で生まれ育ちながら、神の慈悲と自らの気力以外には何にも頼らず、運命という荒波に立ち向かっていった者たちがたくさんいる。

「小さく陰気な丸太小屋こそが、かの国では偉人が生まれる場所のようである」

偉大なアメリカ人たちの伝記を読んだイギリス人作家はそう言っている。

両手にそれぞれ5つのチャンスを持ち、胸に揺るぎない目的意識を持ってさえいれば、どれほど貧しくとも絶望する必要はない。このアメリカでは、チャンスをとらえる気概と能力を持った若者なら誰でも富と成功を手にできる。丸太小屋で生まれようが大邸宅で生まれようが関係ない。強い目的意識を持ち、自らを磨きつづければ、周囲の人間も、そして悪魔でさえも、その人の前途を閉ざすことはできないのである。

第4章
チャンスはすぐそばに

どんな人生にも最高のときが訪れる。
ある日、ある晩、ある朝、もしくはある昼に、
ある出発のときに、ある適切な節目に、
大いなる充足感の光が差しこむ切れ目のときに、
運命が潮の流れに乗って進むしばしのあいだに、
「時すでに遅し」と「時期尚早」のはざまに。
恩恵が横切るその瞬間に備えよ、
その不確かな光をとらえるために。
備えの方法を知る人間の幸福なことよ。
いかにして目を見張り、体を動かし、足を構えるか。
人生という船の甲板の、その船首に立ち、
運命をはらみし過ぎゆく一瞬を

チャンスが差し伸べる手のなかからつかむため。

運命の時計が「今だ!」と告げるその瞬間に。

——メアリ・A・タウンセンド（アメリカの詩人）

チャンスとは、それを使わない者に一体何の意味があるだろう？　受精しない卵と同じで、時という波が無へと洗い流してしまう。

——ジョージ・エリオット（イギリスの小説家）

人生における成功の秘訣は来るべきチャンスに備えることだ。

——ディズレーリ（イギリスの首相）

「もはや若者には十分なチャンスがないんです」

法律を学ぶ若い学生が偉大な政治家であり法律家であるダニエル・ウェブスターに不満をこぼした。

ウェブスターは答えた。

「上のほうならいつでも空きがあるよ」


何千何万もの貧しい少年が裕福になり、新聞売りの少年が議員となり、最も低い地位に生まれた人間が最も高い地位に到達しているこの国において、チャンスも機会もないと言うのだろうか？　意志のある者には世界中どこにも入り口があり、チャンスがある。しかし、ジョン・バニヤンの『天路歴程』で巨人ディスペアの城の牢獄に入れられた巡礼者が、そこから抜け出す鍵を持っていたにもかかわらず、そのことを忘れていたのと同じように、われわれは強者だけでなく弱者にも前進する力が等しく与えられていることを忘れている。外部からの援助に頼りすぎているのだ。

ボルティモアのある婦人は、舞踏会で貴重なダイヤのブレスレットを失くし、コートのポケットから盗まれたのだろうと考えた。数年後、彼女はピーボディ音楽院の階段を掃除しながら、食費をどうやって捻出しようか悩んでいた。着古されてボロボロになったコートを裁断して、頭にかぶるフードを作ろうとしたら、何ということか！　コートの裏地からダイヤのブレスレットが出てきた。貧乏に苦しんでいるあいだじゅう、そばにいつも３５００ドル相当のダイヤがあったというのに、彼女は気づいていなかったのである。

自分を貧乏だと考えるわれわれの多くも実はチャンスに恵まれている。目を開きさえすれば、周りにはあらゆる可能性が転がっており、ダイヤのブレスレットよりも価値のあるさまざまな能力を手にしているのである。

調査の結果、東部の大都市では、１００人のうち少なくとも94人は、家のなかか身近なところでまず財産を築き、それで不足なく生活できていることがわかっている。若者が自分の周りにチャンスを見つけられず、どこか別の場所ならうまくやれると考えてしまうのは残念なことだ。

ブラジルの羊飼いたち何人かが集団でカリフォルニアへ金《きん》を掘りに向かい、道中でチェッカーゲームをするために半透明の小石をひと握りほど持っていった。サンフランシスコに着き、その小石をほとんど捨ててしまった後で、彼らはそれがダイヤモンドだったことを知った。彼らは急いでブラジルへと戻ったが、鉱山はすでにほかの人間の手に渡り、ダイヤモンドは政府へと売られていた。

数百年前、インダス川の岸辺にアリ・ハフェドという名のペルシャ人が住んでいた。川岸の小屋に暮らし、そこからは海にまで広がる美しい景色を眺めることができた。彼には妻と子どもがあり、広大な農地と、穀物畑、花々が咲く庭、果物のなる果樹園、そして何マイルも続く森を持っていた。財産も豊富にあり、欲しいものは何でも持ち合わせていて、何の不満もなく幸せに暮らしていた。

ある晩ひとりの仏教僧が彼のもとを訪れ、たき火の前に座りながら、いかに世界が創造されたか、いかに日光の筋が地上に凝縮してダイヤモンドとなったかを語った。その年老いた僧侶は、親指大のダイヤモンドでも銅や銀や金の大鉱脈よりも価値があること、それがひとつあれば、ここと同じような農場をいくつも買えるし、たくさんあれば一地方を、ダイヤモンドの鉱脈があれば王国さえも買うことができると言った。

それを聞いたアリ・ハフェドは、もう自分が裕福な人間だとは思えなくなった。満ち足りない思いが彼のなかに生まれ、その気持ちの前では今の裕福さが色あせるのだった。

翌朝彼は自分を満ち足りない思いにさせた僧侶を起こし、どこに行けばダイヤモンドの鉱脈があるのかと気もそぞろに尋ねた。

「ダイヤモンドを手に入れてどうしたいんじゃ？」

　僧侶は驚いて聞いた。

「裕福になって子どもたちを王様にしてあげたいんです」

「ならば、見つかるまで探しつづければいいだけの話じゃ」と僧侶は言った。

「でも、どこに行けばいいんでしょうか？」

「どこにでも行くがいい、北でも南でも東でも西でも」

「どうすれば、そこがその場所だとわかるんでしょうか？」

「高い山の山あいの白い砂の上を流れる川があれば、その白い砂のなかにダイヤモンドがあるじゃろう」と僧侶は答えた。

　満ち足りない思いを抱えた男は資金を得るために農地を売り、家族を隣人に預けると、農地を売って得た金を持って憧れの宝を探しに出かけた。

　アラブの山々を越え、パレスチナやエジプトを抜け、何年も歩き回ったがダイヤモンドは見つからなかった。金が底をつき、飢えが押し寄せてきたとき、自らの愚かさやみすぼらしさを恥じて、哀れなアリ・ハフェドは海に身を投じ、溺れ死んだ。

　一方、アリ・ハフェドの農地を買った男は足るを知る男であり、今自分にあるものを最大限に活用し、ダイヤモンドや成功を求めて遠く家を離れようとなどはしなかった。

　あるとき庭でラクダに水を飲ませていると、小川の白い砂のなかに何かきらりと光るものを見つけた。彼はその小さな粒を拾うと、輝きが気に入って家に持ち帰り、暖炉の近くの棚に置いたが、そのままそのことは忘れてしまった。

ある日、アリ・ハフェドをどうにも満ち足りない思いにさせたあの年寄りの僧侶が、農地の新しい持ち主のもとを訪ねた。部屋のなかに入るとすぐに、彼の目は小さな石の輝きをとらえた。

「ダイヤモンドではないか！　ダイヤモンドじゃ！」

僧侶はひどく興奮して叫んだ。

「アリ・ハフェドが戻ったのか？」

「違います」と男は答えた。「それに、ダイヤモンドとも違います。それはただの石ころです」

ふたりは庭へ出ると、白い砂を手でかきわけた。そして彼らの目に映ったのは、最初に出てきたものよりも美しいたくさんのダイヤモンドだった。こうして、かの有名なゴルコンダのダイヤモンド鉱脈が発見されたのである。

アリ・ハフェドが富を求めて外国を放浪したりせず、暮らしに満足して家にとどまり庭を掘っていれば、世界有数の資産家となっていただろう。その農地全体が宝石に満ちていたのだから。


人には自分だけの特別な場所があり、仕事がある。それを見つけ、それを満たすのだ。

少年少女にはまだ実感できないかもしれないが、君たちはかつてのガーフィールドや、ウィルソンや、フランクリンや、リンカーンや、ハリエット・ビーチャー・ストウや、フランシス・ウィラードや、その他大勢の偉人たちよりも成功を勝ちとるチャンスを持ち合わせている。

しかし成功するには、チャンスが訪れたときにそれをとらえて最大限に生かす準備をしていなければばならない。口にされた言葉、放たれた矢、過ぎ去った人生、つかみ損ねたチャンス。この４つは戻ってこないものだと覚えておくとよい。

チャンスは使えば使うほど、新たなチャンスが作られるというのが文明社会の逆説のひとつだ。最善を尽くす人間にとって新たなきっかけを見つけるのはどんどんたやすくなっているが、平均レベルが向上し競争が激しくなるなかで、ほかと一線を画すのはこれまでほどたやすいことではなくなっている。

エマソンは言っている。

「世界はもはや神が創りたもうた粘土ではない。むしろ労働者たちの手の内にある鉄だ。人びとはたゆまず徹底してハンマーを叩き、自らの足場を築かねばならない」

他人が見逃すようなささいなことから富を築いた人間が数多くいる。クモが毒を採る同じ花からミツバチが蜜を得るのと同じように、ほかの人間が貧困や失敗しか得られないような、革の切れ端や綿のくずや金くずや鉄くずといった、ありふれたつまらないものから富を築く人間がいる。人類の幸せや快適な生活に寄与するもので、改良の余地がないものはめったにない。家具１棹、台所の皿１枚、服１着、食料品１点のなかに大きな富が潜んでいるかもしれないのである。

チャンスなら周りのいたるところにある。自然の力は早く人間に使ってもらいたくてうずうずしている。たとえば雷ははるか昔から叫びつづけてきていた。「電気という大きな力に早く気づけ。お前のつらい仕事を肩代わりしてやるから、お前は神の与えたもうた自分の力を思う存分、育むがよい」と。

いたるところにこうした力が潜んでいて、見る目のある人間に発見されるのを待っている。

まず世界は何を必要としているかを知り、それを満たすものを供給しよう。煙突のなかで煙を逆流させる発明はかなり独創的ではあったとしても、人間には何の役にも立たない。ワシントンにある特許局はこうした独創的な仕掛けを持つ素晴らしい装置にあふれているが、発明家本人や世界にとって役に立つものは数百のうちひとつもない。それなのに、父親が役に立たない発明に取り組んでばかりいるために、一家が貧困にあえぎ、欠乏と苦悩のはざまで何年ももがきつづけている家庭がどれほど多いことか。


ある観察力の鋭い男は、靴ひもを通す穴のハトメが壊れてしまったが、新しい靴を買う余裕はなく、途方に暮れた。そこでこう考えた。

「穴にひもを通すのではなくフック式にしたらどうだろう。フックを鉄製にすれば革靴にだってつけることができる」

当時の彼は、家の前の草を刈るにも人から鎌を借りねばならないほど貧しかったが、やがて大変な金持ちになった。

ニューアークで床屋を営む観察力に富んだ男性は、髪を切るハサミに改善の余地があると考えてバリカンを開発し、それで大金を手にした。

メイン州で農業を営む男性は妻が病気になって寝込んでしまったので、自分で衣服を洗濯しなければならなくなった。それまで洗濯の何たるかを知らなかったが、実際にやってみると、手間と時間のかかる大変な作業だということがわかった。そこで、苦心と工夫を重ねて洗濯機を発明し、それで富を築いた。

この世の偉大な仕事は資金が豊富な人間の手でなされたわけではない。スウェーデン生まれの造船技師エリクソンが船舶用のスクリューを初めて作ったのは自宅の浴室だったし、綿花から綿の繊維を分離する綿繰り機は最初丸太小屋で製造された。船舶用のクロノメーターを発明したジョン・ハリソンの仕事人生は古い納屋の屋根裏から始まったし、アメリカで最初に就航した蒸気船の部品をフィッチが作ったのはフィラデルフィアにある教会の一室である。マコーミックがあの有名な刈り取り機を作りはじめたのは製粉所でのことだった。そしてエジソンは新聞売りの少年だった頃、グランド・トランク鉄道の貨物列車のなかで実験を始めた。

ミケランジェロはフィレンツェの道端に捨てられたくずのなかに、彫刻の材料になる質のよい大理石のかたまりがあるのを見つけた。腕のよくない職人が大理石を切るときに傷をつけ、使いものにならなくなって捨ててしまったのだ。多くの芸術家がその大理石の質のよさに気づき、傷ものになってしまったのを惜しんだはずだが、それを使おうとする者はいなかった。ひとりミケランジェロだけが、その瓦礫のなかに美しい天使を見いだし、ノミと木づちを使って、そこからイタリアで最も優れた彫刻のひとつを掘り出した。若きダビデ像である。

アメリカ独立運動の指導者パトリック・ヘンリーは若い頃「怠け者の少年」とか「役立たずの農民」と呼ばれ、商人としても失敗していた。いつもここではないどこかで成功することを夢見ており、生まれ育ったバージニア州で英雄になれるなどとは思っていなかった。

彼は法律の勉強を1か月半した後に弁護士事務所を開いた。周りはすぐ失敗するだろうと見ていたが、最初の裁判で見事な弁論の才能を発揮した。そのとき初めて、バージニアで英雄になれるかもしれないという気持ちがヘンリーの心のなかに湧いた。

悪法として有名な印紙法をイギリスが植民地であるアメリカに押しつけて来たときにはバージニア植民地議会の議員に選出されており、植民地への不当な税制だとして印紙法に反対する有名な決議案を提出して名をあげ、そのときからアメリカ有数の名演説家としての道を歩みはじめた。

この決議案に関する初期の演説で口にした言葉は、彼の力と勇気を示すものだった。

「カエサルはブルータスに裏切られた。チャールズ1世はクロムウェルに裏切られた。イギリス国王ジョージ3世はその史実に学ぶべきだ。もしこの決議が反逆だと言うのなら、大いに反逆しようではないか」


鍛冶屋の息子として生まれた偉大な科学者ファラデーは若い頃、有名な化学者ハンフリー・デービーに手紙を書き、王立研究所で雇ってほしいと願い出た。デービーはそのことについて友人に相談した。

「ファラデーという名の若者から手紙が来たんだ。私の講義に顔を出していて、王立研究所で雇ってほしいと言うんだが、何かしてあげられることはあるだろうか?」

「簡単だよ。実験器具を洗わせればいいんだ。見どころのある若者なら迷わず引き受けるだろう。断ったら見どころがないということだ」

それまでは仕事の合間に薬局の屋根裏で古い鍋やガラスの瓶を使って実験していた少年は、実験器具洗いにチャンスを見いだし、やがて王立研究所の教授の地位にまで昇ることになる。

物理学者のジョン・ティンダルはこのチャンスの乏しかった少年を「史上最高の実験科学者」と評している。彼は当代最高の科学者となったのである。


聖母マリア像を彫るために最高の木材を探し歩いた芸術家の話が残っている。最高の木材はなかなか見つからず、絶望に駆られた彼が人生をかけた夢をあきらめようとしたそのとき、夢のなかで薪に使われるオーク材から聖母像を彫るように告げられた。彼はそのお告げに従い、どこにでもある薪の丸太から傑作を生み出した。

われわれも最高の木材を見つけようとするあまり、大きなチャンスを逃している場合が多い。最高の木材は、薪に使うへんてつもない木材の山のなかに隠れているというのに。大きなチャンスを見つけることができない者もいれば、その傍らにいて、同じ状況のなかにチャンスを見いだし、大きなことを成し遂げる者もいる。

チャンスなどどこにでもある。いまだかつて、これほどのチャンス、これほどの機会に恵まれている時代はない。女性たちには特にそうだ。女性にとって新しい時代が幕を開けようとしている。数年前は閉ざされていた何百もの職業が、今では女性たちを迎えようとしている。

誰もが、ニュートンやファラデーやエジソンやトンプソンのような偉大な発見をしたり、ミケランジェロやラファエロのような不滅の絵画を生み出せたりするとは言わない。しかし誰もが、どこにでもあるチャンスをとらえ、それを大いに活用することで、人生を最高のものにすることができる。

草木も生えぬ岩場に立つ灯台で年老いた両親と暮らしていた若き女性グレース・ダーリングに、名をあげるチャンスが一体どれほどあっただろうか。兄弟姉妹が富や名声を求めて都市へ出て、無名な存在のままとなる一方、彼女は灯台にいながら王女よりも有名になった。この貧しい女性は、気高さを示すためにロンドンへ出る必要はなかった。気高さが灯台へ彼女を迎えに来たのだ。彼女は家にいながら、王家の子息さえもうらやむ名声を手にした。そしてその名前がこの地から消えてなくなることはけっしてないだろう。彼女は名声や富を求めて遠くまでふらふらとさまよい歩くのではなく、ただ義務の求めに応じて最善を尽くしたのである。

裕福になりたければ、自分を知り、自分の願望を知ることだ。何百万もの人が自分と同じ願望を持っていることに気づくはずだ。最も安全で確実な事業というのは常に人間の根源的な欲求に結びついている。人間には衣食住が必要だし、快適さを求め、娯楽や教育や文化を提供してくれるさまざまな施設を求める。人間の求めに応じたものを提供し、あらゆる道具を向上させ、あらゆる快適さを提供し、あらゆる幸福に貢献できれば、誰でも富を築くことができるのだ。

「黄金の機会は
またとは訪れない。
ならば捕まえるのだ。

幸運が微笑む瞬間に、
ここだと思う瞬間に」

何をそんなに待ちこがれ、ため息ばかりついているのか？
はるか遠くの、手の届かない暗がりばかりみつめて。
美しい者がそなたのすぐそばにいて、
美しい聖歌を奏でているというのに。
――ハリエット・ウィンズロー（女性伝道師）

第5章 空き時間の力

汝は人生を愛するか？　されば時間を浪費するなかれ。時間こそが人生を作るものなれば。

——ベンジャミン・フランクリン

永遠のときも、時間からこぼれ落ちた損失をもとに戻すことはできない。
——古代の詩人

時は消えゆく。その責めはわれらにあり。
——オックスフォード大学の日時計に刻まれた文字

おれは時を浪費した、今度は時がおれを浪費する番だ。
——シェイクスピア

保証してもよい。時間を節約すれば、その後の人生で、最高に楽観的な望み以上の高い利子がついて戻ってくる。時間を浪費すれば、知性面でも道徳面でも、想像しうる最悪の姿以上に小さな人間になってしまう。

——ウィリアム・グラッドストン（イギリスの首相）

失ってしまった！　日の出から夕暮れまでのどこかで、黄金の2時間を、ダイヤのような60分ずつを。そのお返しなどない、時間は永遠に失われたままなのだ。

——ホーレス・マン（アメリカの教育改革者）

「この本の値段はいかほどかな？」

ベンジャミン・フランクリンの新聞社の軒先の店で1時間ぶらついていた男が、ようやく尋ねた。

「1ドルです」と店員が答えると、「1ドルです、か……」と、時間を持て余す男は店員の返事をおうむ返しに繰り返す。「少し負けられないかな？」

「1ドルが定価なんです」

その客は売られている本をしばらく眺めてから、こう聞いた。

「フランクリン氏はいるかな？」

「はい」と店員は答えた。「オフィスでとても忙しくしていらっしゃいます」

「でも、会いたいんだ」

男は食い下がった。経営者のフランクリンが呼び出され、男が尋ねた。

「フランクリンさん、この本、どこまで負けられるかな？」

「1ドル25セントですね」

フランクリンは即座に返事した。

「1ドル25セント！　だって、あの店員はついさっき1ドルだって言ったぞ」

「ええ、そうです」とフランクリンは答えた。「仕事を邪魔されなければ1ドルでよかったんですが」

男は驚いた様子だったが、値切り交渉を思いどおりに進めようとして再び言った。

「よしてくれ、冗談抜きでいくらなら売る？」

「1ドル50セントだ」とフランクリン。

「1ドル50セント！　だって、さっき自分で1ドル25セントだと言ったじゃないか」

フランクリンは冷静に言った。

「そのとおりです。私としてはさっき1ドル25セントで売っておいたほうが得だったんですがね」

男は黙って金をカウンターに置き、本を手に取ると店を出て行った。「時は金なり」という教訓を達人から受け取って。


時間を無駄にする人間はどこにでもいる。

フィラデルフィアにあるアメリカ合衆国造幣局の金加工室では細かい金の削りくずが出るが、床を掃除するときはそれを捨てずにかき集め、そのおかげで毎年何千ドルも節約できている。それと同じように成功する人間はみな、たいていの人間が人生のゴミ捨て場に掃いて捨ててしまうような「生活の削りくずや日々の残りもの、細切れの時間」をすくい取る網を持っている。細切れの時間や「すきま時間」、時間にルーズな人を待つ時間、ぽっかり空いた一日——そういう時間を集めて利用する人間は、そんな秘訣を知らない人間には及びもつかないような成果をあげる。

平和運動家のエリヒュー・ブリットはこう言っている。

「私がこれまでに達成したもの、これから達成しようとするもの、あるいは達成したいと思っているものはすべて、これまでも、そしてこれからも、一歩ずつ地道に、辛抱強くアリ塚を作るように積み上げることによって得られる——わずかな粒子を、思考を、事実をひとつずつ積み重ねて。そしてもし私に野望があるとするなら、その最高にして最良の野望は、瞬間と呼ばれるかけがえのない時間を上手に使うお手本をこの国の若者たちに示すことだ」

イギリスの政治家エドマンド・バークの国会演説を聞いた後、彼の兄はこう言った。

「どうしてエドマンドは家族のなかでひとりだけ、あんなに才能があるんだろう？」

彼はしばらく考え込んだ後で、はたと膝を打った。

「思い出したよ。おれたちが遊んでいたとき、あいつはいつも勉強していた」

時の女神はまるで友人のように毎日やって来て、その見えざる手から時間という貴重な贈りものを届けてくれるが、それを使わなければ、時間は静かに立ち去ってしまい、二度と返ってこない。贈りものは毎朝届けられるが、昨日や一昨日ものを取り損ねていたら、使い方がどんどん下手になり、やがては時を大切に使う力が消え失せてしまう。失われた富は勤勉や倹約によって、失われた知識は勉学によって、失われた健康は節制や薬によって取り返すことができるが、失われた時間は二度と取り返せない。

「おっと、食事まであと5分か10分だ。もう何かしている時間はないな」

これは家庭でよく聞く言葉のひとつだろう。しかしチャンスの少ない貧しい少年たちはそうした時間の断片をうまく使って偉業を成し遂げてきた。無駄づかいしている時間を上手に使えば、誰もが成功を手の内に収めることができるだろう。

『アンクル・トムの小屋』で知られるストウ夫人は、毎日の家事に追いかけられるなかであの傑作を書きあげた。

イギリスの詩人ロングフェローは、毎日コーヒーが沸くまでの10分をダンテの『神曲』の翻訳に当て、それを数年間続けて翻訳を完成させた。

フランスの作家ジャンリス夫人は、未来の王妃の家庭教師をしていた頃、王女が来るのを待つあいだに著作のいくつかを書き上げた。

『失楽園』の作者ミルトンは、教師をしながら共和政府やクロムウェルの秘書官を務めたが、その多忙な生活から数分の時間を見つけては優れた詩の数々を生み出した。

哲学者のジョン・スチュアート・ミルは、東インド会社に勤めるかたわら『自由論』など数々の名作をものした。

ガリレオは外科医でもあったが、空き時間を上手に使うことによって、偉大な発見の数々を世界にもたらした。

イギリスの首相を務めたグラッドストンのような天才でさえ、予期しない空き時間を無駄にすまいと、いつも小さな本をポケットに忍ばせていたというのだから、われわれ凡人はなおさらそんな貴重な時間を大切にしなければならないはずだ。

何か月も何年もの時間を無駄に過ごす若者がたくさんいるが、「大老人」と呼ばれたグラッドストンが時間の切れ端さえ大事にしたことを考えれば、噴飯ものと言わざるを得ない。偉人たちはわずかな時間を大切にして名声をつかむ。その貴重な時間を凡人たちは「なぜ成功できないのだろう」と首をかしげながらドブに捨てているのである。

科学者のファラデーは製本所で働きながら、すべての空き時間を実験に費やした。彼は友人への手紙でこう書いている。

「ただただ時間がほしい。ああ、ほかの男たちの空き時間を、何時間分も、いや何日分も安く買えたらいいのに」

のんべんだらりと過ごす時間を毎日1時間減らして有用なことに使えば、どんなに平凡な能力の持ち主でも、科学の一分野をマスターすることくらいできるだろう。一日1時間、それが10年続けば無知な人間も博識な人間に変わる。1時間あれば少年少女は20ページをじっくりと読むことができる。

1年やれば7000ページ、分厚い本18冊以上だ。

一日1時間によって、単に生きているだけか、有益で充実した人生になるかの大きな違いが生まれるかもしれない。一日1時間で無名の人間が有名になり、役立たずの人間が人類に貢献する存在になるかもしれない――いや、現実にそうなっている。それなのに、平均して一日数時間という大きな可能性を秘めた時間を若者たちは投げ打って、気晴らしや娯楽のために使っているのだ。

すべからく若者は、空いた時間を有効に使える趣味を持つべきだ。楽しくて有益な趣味を。それは自分の仕事と関係するものか、さもなくば心から没頭できるものになるだろう。賢明な選択をすれば、趣味が学習や研究や仕事へとつながり、視野を広げてくれるとともに、毎日の生活を一変させてくれるだろう。

エドマンド・バークは言う。

「自分を妨害するものは怠惰以外にない。私の見るところ、怠惰はほかのどんなものよりも徹底的に人から時間を奪ってしまい、そして自分で自分をコントロールできない人間にしてしまう」

ほかの人間がむぞうさに捨て去ってしまう細切れの時間を勉強の時間として上手に使う若者もいる。ほかの人間がばかにする、わずかな金額の節約によって大金を貯めるのと同じだ。一日1時間を勉学に当てられないほど忙しい若者など、どこにいるだろうか。

バーモント州の名高い靴職人チャールズ・C・フロストは、一日1時間を勉学に当てようと心に決め、それによってアメリカ屈指の数学者となり、その他の学問分野でも羨望に値する名声を残した。

解剖学者のジョン・ハンターは、ナポレオンのように、一日4時間しか睡眠を取らなかった。そうしてハンターが収集した比較解剖学の標本は2万４０００以上に上り、リチャード・オーウェン教授が整理・分類するのに10年を要した。大工として働きながら勉学にいそしんだ少年の何たる偉業であろうか。

歴史上の偉人たちの多くが、ほかの人間たちが無駄使いしてしまう細切れの時間を使うことによって、本来の職業以外の分野で名声を得ている。

たとえばベンジャミン・フランクリンがそうだ。彼は食事と睡眠の時間を可能なかぎり節約して、学ぶ時間を捻出しようとした。まだ子どもだったとき、食卓で父が行う長々とした祈りの言葉に我慢できず、これからお祈りの言葉は別のときにしてくれないかと頼み、時間を節約した。彼は『航海の発展』や『煙の多い煙突』など優れた論文のいくつかを船旅の途中で書き上げてもいる。

偉人というのは時間にけちである。キケロはこう言っている。

「ほかの者たちが演劇や娯楽に使う時間を、いやそれだけでなく精神や肉体の休息に使う時間をも私は哲学の研究に使おう」

ゲーテは君主との謁見中、突然その場を辞し、隣の部屋に行き、忘れないうちにと『ファウスト』の構想を書き留めた。

ジョージ・スティーブンソンも時間を黄金のように考えていた。独学で学び、空き時間に偉大な発明の多くを行った。彼は機関士として働いているとき、夜勤の合間に算数を習得した。

モーツァルトも少しの時間も無駄にしなかった。眠りに就くまで仕事を続け、まる2晩と1日休むことなく作曲を続けることもしばしばだった。有名な『レクイエム』は死の床で書かれた。

カエサルは言う。「最も激しい戦いを繰り広げているあいだも、私は必ず自分のテントのなかで時間を取って、戦争以外のさまざまなことに思索をめぐらせた」と。乗っていた船が難破し、岸まで泳がねばならないことがあったが、カエサルは沈没時にも書きつづけていた『ガリア戦記』の原稿を離さなかった。

ダーウィンはどこにいようと思いついたことを紙の切れ端に書き留めて、著作の多くを生み出した。

ジェームズ・ワットは計測機器製造の仕事をしながら化学と数学を学んだ。

今流れている時間は、望むものを何でも作ることができる生の素材だ。過去や未来の夢についてくよくよ考えたりせず、今この瞬間をとらえ、時間のなかに自分なりの教訓を見つけ出すのだ。時間の価値を正確に知り、完全に生かし切る人間は、いまだこの世にいない。フランスの神学者フランソワ・フェヌロンが言うように、神は一度にひとつの瞬間しか与えず、しかも一度目が去ってからでないと二度目を与えてくれない。

服を作る工場では、ひとつの糸のほころびが織物すべてを台無しにしてしまう。この場合は原因をたどってミスをした者にたどり着き、その給料から損失分が天引きされる。しかし、人生という大きな織物にできたほころびを埋め合わせてくれる人間はどこにもいない。人生という機織り機はやり直しがきかないのだ。われわれが運命という織物を織るとき、その一挙一動が糸になる。浪費された時間や失われたチャンスという粗悪な糸は織物を台無しにし、それを永遠に悔やむことになるだろう。その一方で黄金の糸を手にすれば、織物に美しさと輝きを加えることができるだろう。人生という機織り機は、それ自身止めることもできなければ、粗悪な糸を取り除くこともできない。粗悪な糸は織物全体に広がって、愚かな行為の印を永遠にとどめることになるだろう。

若者がきちんと仕事をしているあいだは何も心配する必要はない。だが、昼休みに彼はどこで昼食を食べているのだろうか？　夜下宿を離れるときにはどこへ行くのだろうか？　夕食後の時間には何をしているだろうか？　日曜や休日はどこでどうやって過ごしているだろうか？

空き時間の使い方にはその人間の性格が表れる。堕落の道を歩む若者の多くは夕食後の時間に身を亡ぼす。名誉と名声への道を上っていく若者の多くは、夜の時間を勉強や仕事に使ったり、自分の役に立つ人、自分を向上させてくれる人々との交流に当てたりする。毎夜毎夜が若者の将来を決める分岐点になる。

詩人ホイッティアの次の言葉は深い示唆に富んでいる。

まさに今日、われわれは運命を、運命という織物を紡ぐ。
まさに今日、この先神聖な存在となるか罪深い存在となるか選ぶのだ。

時は金なり。過度な節約や倹約の必要はないが、１ドル札を捨てないのと同じように、１時間を捨てはならない。時間の浪費はエネルギーの浪費であり、生命力の浪費であり、放埓のなか人格を浪費することを意味する。それはつまり二度と戻ってこないチャンスの浪費することだ。自分の時間の使い方に注意せよ。そこに人生のすべての未来が詰まっている。

国務長官を務めたエドワード・エヴァレットはこう言っている。

「あらゆる能力を育み、あらゆる向上のチャンスを鷹の目でもって見逃さず、時間を力に変え、誘惑に打ち勝ち、肉体的快楽に取り合わず、自らを有益で誉れある幸福な人間になれるかどうかは、すべて本人の手に委ねられている」

第6章
丸い体を四角い型にはめるなかれ

人生最高のご褒美にして無上の宝となるのは、何かをやり抜く心を持って生まれてくることだ。それが仕事ももたらすし、幸せももたらしてくれる。

――エマソン（アメリカの思想家）

人類の文化史に名を残す詩人や芸術家、哲学者、科学者は、多くの場合、両親や保護者、教師の反対にあう。そんなとき神が直接介入して彼らを勝利へと導いているかのように思える。神は彼らに対して「自らの権利を主張せよ」と言いつのり、「従うな」「沈黙せよ」「欺け」、さらには「家を出よ」「放浪せよ」とまでそそのかす。自分が苦労して生み出した天才を社会が失うよりましだと思うからである。

――エドウィン・パーシー・ホイップル（アメリカの批評家）

みんなには聞こえない声が私には聞こえる。

その声は、立ち止まるなと言う。

みんなには見えない手が、私には見える。

その手は、前へ進めと手招きする。

——トーマス・ティッケル（イギリスの詩人）

「ジェームズ、あんたみたいにやる気のない若者は見たことがないよ」

ジェームズ・ワットの祖母は孫に向かってそう言った。

「本を読むとか、何か身になることをしておくれよ。30分というものひと言も口にしてないけど、そのあいだ一体自分が何をやっていたかわかっているかい？　ティーポットのふたを開けちゃあ閉め、また開けちゃあ、そこから立ち上る湯気に、最初は受け皿、次にはスプーンを当てて、それをまじまじと眺めたあげく、皿とスプーンの表面についた水滴を集めていたんだよ。まったく、こんなくだらないことで時間を無駄にするなんて恥ずかしくないのかい？」

この「時間をもっとよいことに使え」という祖母の説得が不首尾に終わったおかげで、世界は蒸気機関という宝物を手にすることができたのである。


仕事ができないことを理由に首を言い渡されたある若者は雇い主にこう懇願した。

「僕にもお役に立てることがあります」

「販売員としてはまったく役に立たないがね」と雇い主。

「ほかのことで必ず役に立ちます」

「ほかのことって何だ？　具体的に言ってみろ」

「わかりません。僕にはわかりません」

「私にもわからないね」

若者があまりに必死な顔をしているので、雇い主は笑いながらそう言った。

「どうか辞めさせないでください、お願いですから。販売以外の仕事をやらせてください。販売は向いていないんです。それは自分でもわかっています」

「同感だね。販売に向いていないことが問題なんだ」と雇い主は言った。

「ほかのことでなら、きっとお役に立ちます。約束します」と若者は食い下がった。

経理に異動させられた若者は、数字に強いところを見せ、数年後にはその店の経理責任者になったばかりか、優れた会計士として名を馳せることになる。


磁石の針を見ているだけでは北極星を見つけることができないのと同じように、いくら揺りかごのなかをのぞきこんでも、その赤ん坊に神が込めた思いを読み取ることはできない。神は幼い命のなかに運命の星を指し示す磁石を授けてくださっている。ピント外れのアドバイスや間違った教育のせいで磁石が狂って、詩人や芸術家、法律家、医師、その他何であれ、本人に向いていない職業を統べる星のほうを指してしまい、貴重な人生を何年か無駄にすることもあるかもしれない。しかし、いったんそうしたことから自由になりさえすれば、磁石の針はあなた自身の星を指してくれる。

教育者のロバート・ウォーターズはこう言っている。

「進むべき道を誤ったと後悔することも一度や二度ではないかもしれないが、天賦の才を持つ者は抗えない衝動に動かされて天職へと引き寄せられる。どんなに苦労が多かろうが、どんなに見通しが暗かろうが、その天職だけが喜びと興味をもってやり抜くことのできるただひとつのものなのだ。いくら努力しても生活が楽にならず、貧しさのあまり世間から見放されたように感じ、別の職業に就いていればよかったと後悔のため息をもらすこともあるかもしれない。それでもやはり、自分の好きな道を捨てることはできないだろう」

誰もが自分にふさわしい仕事に就けるようになったとき、人類の文明はその高みに達するだろう。自分の居場所を見つけないかぎり、本当の意味で成功したとは言えない。人というものは、機関車と同じように、決まったレールの上では力が出るが、ほかのところでは力が出ないのだ。

エマソンは言う。

「川を進むボートと同じで、若者にもあらゆる方向から障害が襲ってくるが、あるひとつの方向だけは開けている。その方向に進めば、すべての障害が取り除かれ、深みの増した進路を穏やかにつき進んで、やがて果てしない大海原へとこぎ出せるはずだ」

奴隷のように扱われていた子どもたちの歴史を書くとしたら、ディケンズほどの筆力が必要となるだろう。自分自身の希望や憧れを両親によって抑えつけられた子どもたち。自分に合わない場所にいるだけなのに、怠け者だの、間抜けだの、根気がないだのと罵られた子どもたち。四角い体を丸い型に無理やりはめられて、仕事に向いていないと虐げられた子どもたち。心のなかでは法律や医学、芸術や科学、実業の道に進みたいと思っていたのに、無味乾燥な神学書を学ぶのを押しつけられた子どもたち。体のどこもかしこもが嫌だと叫ぶほど気が進まない仕事をさせられたあげく、身が入っていないと責められた子どもたち。

心の狭い身勝手な父親が、息子に自分と同じ道を歩ませようとすることがよくある。これに対してエマソンはこんなふうに言っている。

「あなたは子どもをもうひとりの自分にしようとしている。自分はひとりで十分だというのに」

ジョン・ジェイコブ・アスターは、父親から肉屋を継ぐことを期待されていたが、自分で事業を始めたいという夢を捨てることなく、アメリカで最も裕福な実業家のひとりとなった。

神は同じ人間をふたりと創らない。ひとりひとりが異なっている。まったく同じ創造過程が繰り返されることはないのだ。

フリードリヒ2世は芸術や音楽に情熱を傾け、軍事に関心を示さなかったせいで、父親から虐待された。芸術に理解のない父親は、息子を部屋に閉じこめたりした。息子を殺してしまおうとまで考えた父親のほうが先に死を迎え、フリードリヒ2世は28歳にして国王となった。芸術と音楽が好きなだけの役立たずと思われていた彼は、プロイセンをヨーロッパ随一の国へと押し上げた。

紡績機を発明し産業革命の扉を開けたリチャード・アークライトは、少年の頃、無学な両親に無理やり床屋へ弟子入りさせられた。ところが神は、この少年の頭に、何百万という貧しい労働者を重労働から救い、人類に輝かしい未来をもたらすあの機械のアイデアを植えつけていた。だからアークライトは両親に向かって「ほっといてくれ」と言わなければならなかった。

ガリレオは医者になるべく将来を決められていたが、そのために解剖学や生理学を学ぶことになると、数学や科学への興味を隠しつつ、こっそりと難解な問題に取り組んだ。彼がピサの大聖堂で揺れるランプを見て振り子の等時性を発見したのはわずか18歳のときである。顕微鏡と望遠鏡を発明し、微小な世界と巨大な世界の双方へと分け入る道を開いたのも彼である。

ミケランジェロの両親は、芸術家などという恥ずべき職業に就くことは許さないと言い渡し、壁や家具にスケッチを飾っていると言っては罰しさえした。しかし神によって彼の胸にともされた火は消えることなく、サン・ピエトロ大聖堂の設計、モーセの大理石像、システィーナ礼拝堂の天井画などでその名を不朽のものにした。

ドイツの文学者シラーは医学を学ぶためにシュトゥットガルトの軍人養成学校に行かされた。しかし、こっそり最初の戯曲『群盗』を書き上げると、公演の初日に変装して観に行った。まるで刑務所のように退屈な学校生活はあまりにつらく、作家への憧れがこらえきれないほど強くなったため、無一文で厳しい文学界へと足を踏み入れた。やがて、ある親切な女性の支援を受け、その名を後世に刻む2作の戯曲を生み出した。

作曲家のヘンデルは医師であった父親から法律家になることを望まれ、音楽の道へ進むことを反対された。しかし彼は古いチェンバロを見つけ、干し草置き場でこっそり練習を続ける。父が仕えていたバイセンフェルス公爵の宮廷へ連れて行ってもらったとき、こっそり礼拝堂へ忍び込み、ひとりで思う存分オルガンを弾いた。その演奏をたまたま耳にした公爵が、オルガンでこれほど美しいメロディを奏でているのは一体何者だと驚いた。少年が連れて来られると、公爵はオルガンを勝手に使ったことを叱るどころか、素晴らしい演奏だったと褒め称え、父親に向かってヘンデルを好きな音楽の道へ進ませてやってほしいと頼んだ。

弁護士のトーマス・アースキンは4年間海軍で従軍した後、もっと早く昇進したいと考えて陸軍に移った。2年以上軍務に励んだある日、彼の連隊が滞在していた街で行われた裁判をほんの好奇心から傍聴しに行った。知り合いだった裁判長はアースキンを近くに座らせ、この法廷にいるのはイギリスで最も優秀な弁護士たちだと告げた。彼らのやりとりを聞きながら、アースキンは自分ならもっと上手にやれると感じた。彼はすぐに法律の勉強を始め、やがてイギリスで最も偉大な法廷弁護士として並ぶものがない存在となった。

神がふたりの天使に仕事を与えるとして、ひとりには道を掃除する仕事を、もうひとりには国を治める仕事を与えたとしたら、ふたりは互いの仕事を交換しようなどとは思わないという話がある。これはまさに至言である。それと同じように、神から天職を与えられた人間は、それに全力を傾けてこそ幸せになれる。

自分が夢見ていたものを見つけることができた若者は幸せである。自分にふさわしい場所を見つけられないと、何をやっても自分も他人も満足させることができない。

自分のいるべき場所が見つかるまで、神は休ませてくれない。自分の持つ能力を存分に発揮できる正しい場所を見つけるまで、神はあなたにまとわりつき、早く見つけろと尻を叩く。

そういうなかで、息子が就くべき仕事を親が決めるのは、磁石の針を見ずにそれが火星や水星を指していると決めつけるようなものである。

荷車を引く馬が競馬場にいたら、ひどくばかげて見えるだろう。だとしたら、弁護士や医者、聖職者だけが尊敬に値する職業だというよくある考えも同じくらいばかげている。アメリカでは大学を出た若者の52パーセントが法律を学んでいるという。何とばかげた話だろう。

立派な聖職者だった父親の跡を継いで努力してはみたものの、できの悪い聖職者にしかなれなかった若者が数え切れないくらいいるし、同じような事情でできの悪い医者や弁護士もたくさんいる。わが国は、自分に合わない仕事に就いたおかげで、希望をなくし、打ちひしがれ、身を滅ぼし、会社を追われ、金も信用もなくし、尾羽打ち枯らして路頭に迷う者であふれている。

事実、真の意味で成功したと言える者は、大学にいる間に十分準備をし、卒業した後で道を切り開いている。教師が学生に教えられるのは、何かを学ぶ方法でしかない。大学の門を出た後は、実世界では役に立たないテキストや教師を離れ、自らの手で実世界に役立つものをつかまなければならないのである。


ある仕事に全力で取り組んでもうまくいかなかったからといって、どんな仕事をやってもだめだと決めつけてはいけない。

浜辺に打ち上げられて、体がばらばらになりそうなほどのたうちまわっている魚がいる。しかし次の瞬間、大きな波が打ち寄せてこの不運な魚を包みこむ。ヒレに水が触れたとたん、この魚は自分を取り戻し、素晴らしい勢いで波間を泳ぎはじめる。地上では無駄な動きをするだけでまったく役に立たなかったヒレが、水中では素晴らしい働きをするのだ。

自分なりにベストを尽くしてそれでも失敗したら、今度は仕事のほうに目を向けて、それが自分の性格や能力に合っているかどうかを考えてみよう。

ウィリアム・クーパーは法曹界では活躍できなかった。あまりに気が小さくて法廷ではうまく弁論できないのだ。それなのに美しい詩を書くことはできたのである。

モリエールも弁護士の仕事には向いていないと思い知ったが、文学の世界で名を残した。

ヴォルテールとペトラルカも弁護士の道はあきらめたが、ヴォルテールは哲学者として、ペトラルカは詩人として成功した。

10代の頃までに何かの仕事や学問に対する天才どころか目覚ましい能力さえ見せる人はめったにいない。子どもたちのほとんどは、望みうるすべての機会を与えられたとしても、15歳、いや20歳になってさえも、どんな仕事に就けばいいかを決めるのは難しい。心のドアをノックして、何か特定の仕事に対する適性があるのではないかと聞いてもみたりするのだが、そこに答えはない。だからといってそれが、今やるべき仕事を先延ばししたり、たまたまやることになった仕事をきちんとやらなかったりしてもよい理由にはならない。

『自助論』で知られるイギリスの作家サミュエル・スマイルズは、好きでもない医者になる訓練を受け、それでも誠実に医者という仕事に取り組み、そのおかげで自分にぴったりの職業、作家になることができた。

目の前の仕事や日常業務にまじめに取り組み、親や雇い主、自分や神に対する責任感を大切にしていれば、いずれしかるべきタイミングで自分にふさわしい仕事に巡りあうことができるものだ。

ガーフィールドは熱意あふれる教師であり、責任感の強い兵士であり、実直な代議士であったからこそ、大統領になれた。リンカーンもグラントも、大統領に必要な資質や国を治める能力を、生まれたときから持っていたわけではないのだ。

幼い頃に秀でた才能を持ち合わせていないからといって、落ち込む必要はない。重要なのは、与えられた環境で全力を尽くすこと、貴重なチャンスをひとつずつものにしながら、心の磁石が指し示す方向へ進んでいくことである。目の前のやるべきことに誠実に取り組もう。自分の能力を最大限に生かし、たゆまぬ努力を続ける者は、必ず成功という栄光を手に入れることができるはずだ。

職業とは何か？　人生をかけてやる仕事とはどんなものか？

自分の気持ちや直観が大工になれと告げるのなら、大工になろう。医学の道に進めと告げるのなら、医者になろう。確固たる理由があって職業を選び、その道で努力を惜しまなければ、どんな若者も成功しないわけがない。しかし、心が何も告げてくれなかったり、その声が小さく弱かったりしたならば、自分の適性や可能性を考慮して慎重に職業を選んだほうがいい。

自分が世のなかの役に立てる道はないのではないかと不安に思う必要はない。真の成功とは、与えられた環境で自分の役目をしっかり果たした結果としてついてくるものであり、それは誰にでもできることだ。レンガ運びで一流の職人になるほうが、ほかの職業で二流になるよりずっとよい。

愚かで役立たずだった人間が、のちに大きな成功を収めると、世間はちやほやする。ところが、挫折や誤解にあいながら苦闘している間は非常に冷たい。すべての若者に公平なチャンスとしかるべき支援を与え、どれほど愚かしく見えようとも非難してはいけない。役立たず、大ばか、ボンクラ、うすのろ、間抜けなどと言われた若者の多くは、自分の居場所を見つけることができず、丸い体を四角い型に無理やりはめられているだけなのだから。

ウェリントンは母親からできの悪い息子だと思われていた。名門イートン校ではボンクラ、怠け者、のろまと呼ばれ、在校生のなかでおよそいちばん期待できない生徒だった。何の才能も見せず、軍人になるつもりもなかった。熱心に努力すること、忍耐強いことだけが、親や教師から見て唯一の取り柄だった。それなのに、46歳のとき、当の本人を除けば史上最も優れた軍人であるナポレオンを打ち負かしたのである。

詩人のバイロンが学生の頃、たまたまクラスで上位の成績を取ると、教師からこう言われた。

「さあジョーディ、どれくらいで定位置に戻るか見ものだな」

若きリンネは父の跡を継いで聖職者になるべく学んでいたが、教師たちから間抜け同然の扱いを受けていた。聖職者に向いていないと考えた両親は、息子を大学へ通わせて医学を学ばせた。しかしリンネの心のなかには誰よりも賢く偉大な教師がいて、彼を野外へと誘った。そして病気や不運、貧困も、自分が選んだ植物研究の道から引き離すことはなく、やがて当代随一の植物学者となった。

神学者のサミュエル・ドリューは子どもの頃、近所でも有数の、のろまで元気のない少年だった。ところが、危うく命を落としかけるほどの事故と兄の死とを経験してから学問に目覚め、一瞬たりとも無駄にしないほど熱心に勉強するようになった。食事中も本を読み、使える時間はすべて使って知識の習得に励んだ。トマス・ペインの『理性の時代』を読んだことがもの書きになるきっかけだったとドリュー自身が語っている。『理性の時代』に反論する小論文を書いて発表したことで、ドリューは筆の立つ作家であることを世の中に知らしめたのである。

ここに名言がある。自分の能力を知る人間はひとかどの人間になり、そうでない人間はろくな人間になれない。

第7章
力を集中せよ

なすべきことはただひとつ。
――聖パウロ

人生でなすべきことは力を集中させることであり、やってはいけないことは力を分散することだ。分散のしかたが細やかか荒っぽいかは関係ない……人から遊びや気の迷いを取りあげ、家へ帰ってまじめに仕事をするよう仕向けてくれるものは、すべて善なるものである。

――エマソン（アメリカの思想家）

人生でただひとつのことだけを追い求める人間は、
死ぬまでにそれを達成することができるだろう。
それに反してあらゆるものを求める人間は、
自ら蒔いた希望の種から

不毛な後悔を収穫することになるだろう。

――オーウェン・メレディス（イギリスの政治家・詩人）

生きながらえるほどにこう確信するようになった。弱い人間になるか強い人間になるか、偉大な人間になるか平凡な人間になるかを分けるのは、気力――すなわち、いったん目標を定めたら、勝利かさもなくば死という揺るぎない意志の力である。

――バークレー・フォーエル・バックストン（イギリスの宣教師）

イギリスの大銀行家ネイサン・メイアー・ロスチャイルドは、自分と4人の兄弟たちの身の上について人に話したとき、こんなことを言った。

「出身地のフランクフルトには私たちが入り込む余地がなかった。私はイギリスの製品を扱っていた。ある大商人がフランクフルトにやって来て商売を始めた。その商人は偉い人で、私たちに商品を売るときにいろいろ便宜を図ってくれた。ところが、私は何かの拍子にその人の気分を害してしまい、その人から商品を仕入れることができなくなってしまった。それが火曜日のことで、私は父に『イギリスへ行く』と告げ、木曜日には出発した。イギリスに近づけば近づくほど商品の値段は安くなっていった。マンチェスターに着くなり、全財産をはたいて、安値で商品を仕入れ、おかげで大きな利益をあげることができた」

それを聞いていたある人物がこう言った。

「あなたのお子さんたちは、金儲けや商売のことばかり考えず、もっと重要なことにも目を向けていただきたいものですね。あなたもそう望んでいらっしゃるでしょう」

それに対してロスチャイルドはこう答えた。

「いや、そんなことはありません。私は子どもたちが頭も心も体も、すべてを商売に捧げることを望んでいます。それこそが幸福への道だからです」

それから、若いビール醸造家のほうを向いてこうつけ加えた。

「お若い方、ひとつの商売を貫きなさい。わき目も振らずにビールを作りつづければ、ロンドン一のビール醸造家になれる。だがビールを作りながら、銀行や商社や工場を経営したりしようとしたら、すぐに新聞に破産広告が載ることになるだろう」


多くのことをそれなりにではなく、ひとつのことを最高に仕上げる――それこそが今求められているものだ。力を分散させてしまう者は、この熾烈で濃密な時代において成功することは望めない。

「商品の配送、伝言のお預かり、絨毯の清掃、ご希望のテーマで詩の作成」――ロンドンでこんな看板を掲げていた人物がいたが、そのどの分野においても大した成功を収めることはできなかった。この話で思い出すのは、パリのムッシュー・ケナードという人物が出していた看板のことである。看板にいわく「代筆ならびに会計、花言葉の教授、フライドポテトの販売」。

成功する者と失敗する者の最大の違いは、作業の総量ではなく、頭を使って行った作業の総量である。不面目にも失敗してしまう者も、ほとんどが偉大な成功を収めるに足るだけの努力はしている。惜しむらくは、やみくもに努力をしているだけで、右手で作ったものを左手で壊してしまっている。機会をとらえてチャンスに変え、誠実な敗北を力強い勝利へと転ずる能力がないのだ。成功という織物を織りあげるだけの能力も時間もたっぷり持っている。ところが、織り糸のついていない空のシャトルを右へ左へと動かしているだけで、人生の織物はいつまでたっても完成しないのである。

彼らに人生の目標や目的を聞いてみると、次のような答えが返ってくるだろう。

「自分にいちばん合った仕事が何かはまだわかりません。でも、まじめに一生懸命働くことこそが何より重要だと思っているので、朝早くから夜遅くまでひたすら働くつもりです。そうすればいつか金や銀、せめて鉄くらいは見つけられるでしょう」

私は声を大にして「ノー」と言いたい。

頭のいい人間が、金や銀の鉱脈を見つけるために広大な土地を手当たり次第に掘ったりするだろうか？　漠然と何かを探しているかぎり、何も見つけることはできない。特定の何かを探し求めないかぎり、大したものは見つからない。全身全霊で何かを求めてこそ、それが得られるのだ。花に止まるのはミツバチだけではないが、蜜を手にするのはミツバチだけである。若いときにどれだけ時間と労力をかけて勉強し、どれほど多くの知識を蓄えたとしても、きちんとした将来像を持たずに社会に出てしまうと、知識を立派な建造物へと変え、美しく整えることはできないのである。

女性作家のエリザベス・スチュアート・フェルプス・ウォードはこう言っている。

「明確な目的を持つことには、人生を変えるほどの力がある。目的を持って人生を送るようになると、発言や服装、顔つき、身のこなしまでがはっきりと変わる。人通りの多い街中にいても、自立し、生き生きと充実した生活を送っている女性はすぐにわかる。自分に対する誇りと満足感が雰囲気として感じられ、それは木綿の服を着ようが、シルクの高級帽子をかぶろうが隠すことはできないし、病気や疲労によっても消えることがない」

価値ある目的に向かってたゆまず全力で努力を続ければ、人生に失敗することはない。ろうそくを投げつけてテントの生地を突き破ることはできないが、銃にこめて撃てば樫の木の板をも貫くことができる。散弾銃の弾を溶かしてひとつの弾丸にすれば、４人の男の身体を撃ち抜くことができる。日の光を一点に集めれば、冬でもたやすく火をつけることができる。

歴史に名を残す偉大な人物というのは力を集中させてきた者たちであり、目的を達成するまで一か所めがけてハンマーを打ちつづけてきた者たちである。今日成功を収めている人たちは、ひとつの大きなアイデアを持ち、それに狙いを定めた者たちであり、単一の強烈な目標を持った者たちである。

「力の分散」はアメリカの実業界における呪いの言葉なのだ。

イギリスの文豪チャールズ・ディケンズは次のように言っている。

「どんな学問や仕事においても役に立ち、安全で確かで効果的で、誰もが手に入れることのできる能力がひとつある。それは集中力だ。私の独創力や想像力も大したものではないが、ひとつだけ確実に言えることがある。誰でも手に入る、謙虚で辛抱強く労を惜しまない、日々の集中力がなければ、それさえも役に立たなかったはずだ」

別のときに成功の秘訣を尋ねられて、ディケンズはこう答えている。

「全力を投入できるものに対して手抜きをしないことだ」

多くの人間は、誰にも負けない専門家になるよりも、あれこれ小さなことに力を分散して、そこそこ有能な何でも屋になることを選んでしまい、大きな人間になれないでいる。


イギリスの作家ブルワー・リットンはこう語る。


私がいろいろな活動に手を出し、まるで学生時代を過ごしたことがないかのように世のなかについて勉強しているのを見て、こう聞いてくる人が多い。

「いつ時間を取って本を書いているのですか？　一体どうやりくりしてあれだけの仕事をしているんでしょう？」

私の答えを聞いたら、誰もが驚くに違いない。答えはこうだ。

「一度にたくさんの仕事をしないことによって、あれだけの仕事をこなしているのです。たくさんの仕事をこなさなければならない人間は、働きすぎてはいけないのです。今日働きすぎてしまうと、その反動で疲れてしまい、次の日はあまり仕事ができなくなってしまいます。

私は大学を卒業して世のなかに出てから本当の意味で熱心に学びはじめました。それ以来、世のなかのほとんどの人に負けないくらいたくさんの本を読んだと言ってもいいでしょう。旅もたくさんし、いろいろなものを目にしました。政治にもたくさん関わりましたし、いろいろな仕事に携わってきました。これらのすべてに加えて、およそ60冊の本を出し、なかには時間をかけて調査をしなければならないものもありました。

では、常識的に考えて、私が研究や読書や執筆にかける時間はどれくらいだと思いますか？せいぜい一日3時間です。議員だったときはそれすらも難しかった。しかし、その3時間のあいだは、目の前のことに私のすべてを集中させたのです」

イギリスの詩人コールリッジは類いまれな知力を備えていたが、明確な目標を持っていなかった。さまざまなことに気を散らしてエネルギーを浪費し、体力をすり減らして、あらゆる意味で悲惨な人生を送るはめになった。コールリッジは夢のなかに生き、空想のなかに生涯を終えた。いつも計画を立てては決意を新たにしていたが、命を落とすその日まで決意と計画のままにとどまった。いつも何かをしようとする気持ちだけで、それを実行に移すことはなかった。イギリスの作家チャールズ・ラムは友人へ次のように書き送っている。

「コールリッジは死んだ。そして、哲学や神についての論文を4万以上残していったと言われている――すべて未完のままで」

偉人が偉人となり、成功者が成功者となれるのは、自らの力をひとつの方向へと集中させるからなのである。

イギリスの画家ウィリアム・ホガースは、モデルの顔に神経を集中して観察し、いつでも鮮明に思い描けるくらい脳裏にしっかりと刻みつけた。もう二度と見る機会はないというくらいに、あらゆる対象をつぶさに観察し、特徴をとらえる。この習慣のおかげで、きわめて緻密な作品を生み出すことができた。ホガースの作品には、当時の思考様式が見事に反映されている。彼には大した学歴も教養もなかったが、その代わりに優れた観察力を持ち合わせていたのだ。

ある辛辣な記事に腹を立てたひとりの紳士がニューヨーク・トリビューン紙のオフィスを訪ね、編集長との面会を求めた。

狭い書斎に通されると、そこにアメリカ有数の編集者として名高いホレス・グリーリーがいて、顔を紙にくっつけるようにして猛スピードで何かを書いていた。怒れる紳士は、あなたがグリーリーかと尋ねた。

「そうです、ご用件は?」とグリーリーは原稿から顔を上げることなく即座に返答した。

腹を立てた紳士は、礼儀も育ちの良さも理性も、何もかも忘れて罵りはじめた。そのあいだじゅうもグリーリーはペンを持った手を止めようとしない。顔色ひとつ変えず、訪問者に少しも関心を向けぬまま、1ページ、また1ページとすさまじいスピードで書き上げていった。紳士は20分ほども、このオフィスでかつて聞いたことのないほど熱のこもった罵詈雑言を吐きつづけていたが、やがてさすがに嫌気がさして、いきなり背を向けると部屋を出て行こうとした。

すると、グリーリーは初めて顔を上げ、椅子から立ち上がると、紳士の肩を親しげに叩き、晴れやかな声でこう言った。

「行かないでくれ、友よ。まあ座って、思いの丈をぶちまけてくれ。そうすれば、すっきりするだろう。きっと気分も晴れるはずだ。それに、君の言うことを聞いていると、記事のヒントになるんだ。頼むから行かないでくれ」

目的に対して揺るぎなく邁進することは成功者に共通の特徴である。

歴史家のヘンリー・アダムズによれば、イギリスの政治家ヘンリー・ブルームも多くの才能がありすぎたと言う。ブルームは法律家として最高の栄誉であるイギリス大法官の地位を得ただけでなく、科学者としても称讃に値する優れた成果を残した。にもかかわらず、総体的には失敗の人生だった。「いろいろなことに次々と手を出し、どれも長続きしなかった」のである。優れた資質を持ちながらも、歴史や文学の世界で名を残すことはなく、名声も生前に失われてしまった。

ブルームについて、イギリスの女性作家ハリエット・マルティノは次のように書いている。

ブルームがカンヌの大邸宅に住んでいた頃、銀板写真がはやりはじめた。写真家に依頼して、バルコニーに勢ぞろいした招待客とともに、その邸宅の光景を撮影してもらうことになった。5秒間じっとしていてくださいと言われたブルームは、ぴくりとも動かないと約束したのに、なんとまあ、動いてしまった。当然のことながら、ブルームがいるはずのところはぼけてしまった。

これはまさにブルームを象徴する逸話だ。彼はその生涯を写し出した今世紀という写真のなかで主役となるべき存在だった。ところが、じたばたと動いたせいで、自分のいるべき場所が永遠にぼけたままとなってしまったのだ。集中力のなさと、揺るぎない目的がないせいで、どれだけの人の人生がぼやけてしまっていることだろうか。

ほとんど目に見えないほどの針先や、鋭く尖ったカミソリや斧の刃先が、次に続く本体のために道を開く。針先や刃先がなければ本体は役立たずだ。ひとつのものごとに精通した人間、つまり刃先の尖った人間は、あらゆる障害物を切り倒し、輝かしい成功を収める。ひとつの思想に固執して偏った人間になってしまうこともよくないが、その一方でイギリスの詩人プレードが詩に歌うきわめて移り気な人間になることも避けなければならない。

彼の話はまるで急流のようで
岩の話題からバラの話題へと切り変わり、
政治からダジャレへと滑っていき、
マホメットからモーセへと飛躍する。
各惑星が軌道にとどまって周回し、
その法則について語りはじめたかと思うと、
ウナギの皮を剥いだり馬に蹄鉄をつけたりする際の
注意点で締めくくったりする。

教育者のロバート・ウォーターズは言う。

「漫然と学んではならない。そんな勉強はまるで無駄だ。計画を立て、目的を定め、それに向かって取り組み、学ぶべきことはすべて学ぶのだ。そうすれば必ずうまくいく。私が『漫然と学ぶ』と言っているのは、いつか何かの役に立つかもしれないと考えて、はっきりした目的を持たずに学ぶということだ。それは、いつか役に立つかもしれないと考えて、トンプソンという名前入りの表札をオークションで買ってくる女性と同じだ」

明確な目的意識はすべての真の芸術に共通する特徴でもある。ひとつのキャンバスに無数のアイデアを詰めこみ、すべての対象物を等しく強調する者は偉大な画家とは言えない。多様性に富んだ対象を統一性をもって表現し、中心となるべき対象に主要なアイデアを盛りこみ、従属する造形や光や影は中心となる対象を際立たせるように描くのが本物の画家である。

同じように、バランスの取れた人生というのは、どれほど多様な才能に恵まれ、どれほど文化に精通していようとも、そこにひとつの中心となる大きな目的がある。心のなかにあるそれに従属するものを全部集めてそこに集中すれば、正しい表現方法が見つかる。

自然界においては、エネルギーの浪費もなければ、偶然に任せられているものもない。天地創造という機織りが混沌のなかで始められて以来、神の設計は黄金の糸が通る道すじを定めていた。葉も、花も、鉱物も、原子さえも、その上に目的が刻印され、すべての創造物の頂点、すなわち人類の創造へと迷うことなく突き進んでいったのである。

若者は高い目標を持てとよく言われるが、その的ははっきりと狙いを定められるものでなくてはならない。漠然とした目標では意味がないのだ。弓から放たれた矢は、うろちょろと動き回って的に当たるかどうかを確認したりせず、まっすぐ的に向かって飛んでいく。

磁石の針は夜空に輝く光をあれこれ指して、どれがいちばんいいかなどと考えたりしない。あらゆるものが磁石の針を誘惑する。太陽が輝き、流れ星が手招きし、星がまたたき、こっちを向いてくれといざなう。しかし持って生まれた本能に忠実な磁石の針は、太陽の光にも嵐も惑わされることなく、ひたすら北極星を指し示す。

ほかの星は生まれてこのかたずっと偉大なる中心の周りをぐるぐると飽くことなく回っているのに対して、北極星だけは人知の及ばないはるかかなたで、2万5000年以上の周期でゆっくりと周回しているだけで、実用的観点からすれば、1日どころか100年たっても同じところに静止しているように見えるからである。

同じように、人の一生においても、自分が大切にしている目標、進むべき正しい道から逸らそうとして手招きする天体が出てくるだろう。しかし、借りものの光で輝く月や、光れども導くことのない流星に惑わされて、目標という針を希望の星、北極星から逸らしてはならない。

第8章 熱意は勝つ

喜んでする労苦は、みずから痛みを癒す。

——シェイクスピア

信念に身を捧げているかどうかが、人間の誠意を測る唯一確かなものだ。言葉や、金や、その他のものは比較的あっさりと人の手を離れてしまう。しかし人が毎日勤勉に取り組めば、どのような分野であれ、真理が手中に収められることは疑いない。

——ジェイムズ・ラッセル・ローウェル（アメリカの詩人）

熱意を失わぬよう注意せよ。何ごとかに打ちこみつづけ、自らを高めるものへの憧れと、生活を豊かに美しくするものへの関心を失わずに努力しつづけるのだ。

——フィリップス・ブルックス（アメリカの聖職者）

パリのギャラリー・デ・ボザールには、ある貧しい彫刻家の手になる美しい像が展示されている。その彫刻家は貧しさのあまり小さな屋根裏で暮らしながら制作にいそしんだ。粘土を使ったその像が完成にさしかかったとき、強い霜が街を襲った。粘土に含まれる水分が凍って、美しい形がゆがんでしまうことを恐れた彫刻家は、その像をベッドカバーで包んでおいた。

翌朝、彼は死体となって発見されたが、粘土の像は無事に形を保ち、別の人間がそれを耐久性のある大理石の像へと仕立てあげたのである。

アメリカの政治家ヘンリー・クレイは言う。

「重要な議題を検討しているとき、ほかの人がどうかはわからないが、私は周りが見えなくなるようだ。目の前のテーマに完全に没頭し、自分のことや時間のことや、その他のことは頭から消え去る」

ある著名な銀行家も次のように語っている。

「銀行が大きな成功を収めるには、頭取が事業のことをベッドのなかにまで持ちこむようでないといけない」

熱意は、ともすれば無味乾燥で退屈なテーマや職業に新鮮な息吹を吹きこむ。

恋をしている若者は繊細な感覚と鋭い目を持っていて、恋する相手のなかに、他人は気づかない無数の美しさや魅力を見いだす。それと同じように、熱意に満ちた人間も、鋭い観察力と研ぎすまされた洞察力によって、対象物のなかにほかの人は気づかないような美や魅力を見いだし、それによって苦労や貧困、苦難、迫害さえも乗り越えてしまう。

ディケンズは自分の作品のプロットや登場人物が、自分にまとわりつき憑りついて魂を奪ってしまうため、それらを原稿用紙に移し終えるまで、眠ることも休むこともできなかった。ある短編に取りかかっているときなどは、１か月ものあいだ部屋に閉じこもりきりになり、出てきたときはまるで幽霊のようにやつれていた。登場人物たちが昼も夜も彼にまとわりついていたのである。

「モーツァルト先生、何か曲を作りたいと思っているのですが、何から始めればいいでしょうか？」

ピアノが得意な12歳の少年がモーツァルトにそう尋ねた。

「もう少し待ちたまえ」

モーツァルトはそう答えた。

「でも先生は、ぼくより小さい頃から作曲を始めていらっしゃいました」

「ああ、たしかにそうだが、そのことで人に聞いたりはしなかった。作曲家の心を持った人間は、曲を書かずにはいられないから書くんだ」

イギリスの政治家グラッドストンは、若者の心に火をつけることこそが最も重要だと語っている。どの若者にも、世の中に貢献するよい仕事をする下地がそれなりに備わっている。賢い若者や頭の回転の速い若者だけでなく、あまり賢くない者や頭の回転が遅い者、あるいはそう見える者にも備わっている。しっかりした意志さえ持てば、鈍重さは日々取り払われていき、やがて完全に消え去るのだ。

「もう努力したなんてものではありません」

オペラ歌手のマリア・マリブランは、低音の「D」より3オクターブ高い「D」音を批評家から褒められて、そう言った。

「1か月間ずっとその練習をしていました。どこへ行ってもそのことばかり。服を着るときも、髪を整えるときも。そしてようやく、はいている靴のつま先の上にそれを見つけたんです」


ほかの者なら1年はかかったであろう軍事行動をナポレオンが2週間で成し遂げることができたのも熱意があったからだ。

「フランス人は人間じゃないよ、空を飛ぶんだから」

オーストリア軍は驚きを隠さずにそう言った。

第1次イタリア遠征のさなか、ナポレオンは15日間で6つの戦いに勝利し、21の軍旗と55の大砲を奪い、1万5000人の捕虜を捕えてピエモンテを征服した。

この驚くべき速攻の後、敗れ去ったオーストリアの将軍は言った。

「この若き司令官はいわゆる戦術など眼中にないようだ。まったくと言っていいほど度外視している。彼には手がつけられない」

だが、そんな「チビの伍長」ナポレオンに兵たちは大いなる熱意を持ってつき従い、敗北や挫折知らずだった。

純粋無垢な「オルレアンの乙女」ジャンヌ・ダルクは、聖なる剣と、崇高なる旗と、使命感に燃える信念とを持ち、王も政治家も生み出せなかった熱意をフランス軍全体に吹きこんだ。彼女の熱意に太刀打ちできる敵はいなかった。自らの力を自覚さえしていれば、どんな人間も偉業を成し遂げることができる。しかし、くつわで制御された馬のように、人間も自分を解き放たないかぎり自らの力を自覚することはない。

熱意がなければ軍隊を勝利に導くことも、永遠に残る像を作ることも、崇高な音楽を生み出すことも、自然の力を生かすことも、見事な建造物を築き上げることも、詩作で人の心を揺さぶることも、英雄的な博愛精神で世界を動かすこともできない。解剖学者チャールズ・ベルも言うように、熱意こそがメムノンの巨像やテーベの堂々たる門の数々をこの世にもたらしたのである。

熱意こそが激しく揺れる船上でも正しい方角を示す羅針盤を生み、多大な困難を乗り越えて活版印刷を生み出し、ガリレオに望遠鏡を与えて世界を圧倒する発見をさせ、朝のさわやかな風のなかコロンブスをバハマへと導いたのである。

イタリアの名俳優トマッソ・サルヴィーニは言う。

「最善の結果は一生懸命取り組むことによって得られる。セリフに魂がこもっていることが観客に伝われば、たいていの欠点には目をつぶってくれる。そして何よりも、研究、研究、研究だ！　自分で熱心に研究しないかぎり、どんな天才でも助けてくれることはできない。それはどの芸術分野でも同じだ。私はひとつの役をわがものにするにも数年はかかる」

熱意は、天才の作品には必ず感じられる秘密めいた心地よい雰囲気であり、本を読む人や彫像を鑑賞する人をそれらの作品が生まれた源へといざなうのである。

ベートーヴェンの伝記を書いた作家は、次のようなエピソードを披露している。

ある冬の月夜の晩、私とベートーヴェンはボンの狭い通りを歩いていた。

「静かに！」

ベートーヴェンはそう言うと、突然小さなみすぼらしい住居の前で立ち止まった。

「この音は何だ？　私のピアノソナタではないか。よく聞け。実にいい演奏だ」

曲がフィナーレにさしかかると演奏が止まり、すすり泣くような声が聞こえてきた。

「これ以上弾けないわ。曲が美しすぎて、私の力じゃ全然うまく表現できないの。ああ、ケルンのコンサートに行けたら！」

するとまた別の声が聞こえた。

「妹よ、どうしようもないことを嘆いてもしかたないじゃないか。ぼくらは家賃だってろくに払えないんだから」

妹はこう答えた。

「それはそうだけど、でも一生に一度でいいから本当にいい音楽を聞いてみたい。こんなことを言ってもせんないけれど」

「中に入ろう、行くぞ！」とベートーヴェンが言った。

私は抗議した。

「行ってどうするんだ？」

「彼女のために私が弾くんだ」

ベートーヴェンは興奮した調子で答えた。

「ここには感性が、類いまれな才能が、理解がある！　私が弾けば、彼女は曲を理解するだろう。行かせてくれ」

そう言いながら玄関のドアを開けると、テーブルに座って靴を修理している若い男性と、悲しげに古びたピアノにもたれかかる若い女性がいた。

「演奏が聞こえて、入って来ずにはいられなかった。私は音楽家なんです。それに、あなた方の会話も耳に入ってきました。あなた方は私の……つまり、私の演奏を……その、つまり……あなた方のために曲を弾いてもいいでしょうか？」

「それはうれしいんですが」と靴修理の男が言った。「でも、このピアノはかなりガタがきているし、それに楽譜もないんです」

「楽譜がないですって？」

ベートーヴェンは声を上げた。

「じゃあ、そこのお嬢さんは一体どうやって……え、私は……私は……申し訳ない」

彼はうろたえて口ごもった。その若い女性が目が見えないことに気づいたのだ。

「気づかなかった。じゃあ、耳で聞いて覚えたのですか？　でも、コンサートに行けないんだったらどこで音楽を？」

「ブリュールに2年間住んでいたことがあって、そこにいるとき、近所の女性が練習するのを聞いていていたんです。夏の晩はたいてい窓を開けて練習していたので、その家の前を行ったり来たりしながら曲を聞いていました」

ベートーヴェンはピアノの前に座った。彼と知り合って以来、この盲目の女性と兄のために曲を弾いたこのときほど見事な演奏は聞いたことがない。古ぼけたピアノに魂が入ったかのようだった。

若いふたりは、宙を漂い、リズミカルに律動する魔法のように甘やかな音色に魅了されて座っていた。すると突然、部屋にただひとつのロウソクの炎が揺れ、衰え、ちらついたかと思うとふっと消えてしまった。開いていた雨戸からまばゆい月の光が差しこんでいたが、ベートーヴェンは演奏の手を止めると、じっと考えこみはじめた。

「素晴らしい！　あなたは一体何者なのですか？」

兄が低い声で言った。

「聞きたまえ」

ベートーヴェンはそう言って、ピアノソナタの冒頭数小節を演奏した。

「すると、あなたはベートーヴェンさんなんですね！」

ふたりは喜びに歓声を上げた。

「もう一度お願いします」

立ち上がって去ろうとするベートーヴェンにふたりはすがった。

「もう一度だけ」

「この月光に捧げるソナタを即興で弾いてみよう」

ベートーヴェンはそう言い、雲ひとつない冬空の奥深く、穏やかに輝く星々を考え深げに眺めていたかと思うと、やおら演奏を始めた。

それは悲しくも無限の愛が感じられる曲で、地球に優しく降り注ぐ月光のように古びたピアノを包みこんだ。続いて荒々しくも茶目っ気の感じられる４分の３拍子へと変化した。庭で妖精たちが踊っているような、少し異様とも言える間奏曲だった。

やがてテンポの速い激しいフィナーレが訪れた。息も止まるほど駆け足で、おののくような調べは、感情のほとばしりや、不安や、とらえどころのない突然の恐怖などを表現し、私たちをその翼に乗せて連れ去り、あとには感動と驚嘆だけが残った。

「では失礼する」

ベートーヴェンはそう言って立ち上がり、玄関へと向かった。

「また来てくださいますか？」

ふたりは声をそろえて言った。

「もちろん、もちろん。今度来たときはお嬢さんにレッスンをしてあげよう。では」

ベートーヴェンはせかせかとそう言い、それから私に向かって言った。

「急いで帰ろう。覚えているうちに楽譜に書いておきたい」

私たちは急いで家路につき、その日の夜明けが訪れてまもない頃には、ベートーヴェンは机から立ち上がり、その手に完成した『月光』の楽譜を握っていた。

言葉のなかに息づき、熱く燃えているような考えだけが、他人の眠っている心に火をつけることができる。

十字軍に参加したイギリス人のギルバート・ベケットは捕虜となり、あるイスラムの宮殿で奴隷として仕えることになったが、そこで彼は主人から信頼を得たばかりか、主人の美しい娘からの愛まで獲得した。やがて彼は脱走してイギリスに戻ったが、恋する娘は彼を追いかける決意をした。

彼女の知る英語は「ロンドン」と「ギルバート」のふたつだけだったが、ひとつめの言葉を繰り返すことによってロンドン行きの船に乗りこむことができ、ロンドンに着いてからはもうひとつの「ギルバート」という言葉を口にしながら、街じゅうを歩きまわった。そしてついにギルバートが何不自由なく暮らす場所へとたどり着いた。

通りに人だかりができているのに気づいたギルバートの家族は窓の外に目をやった。ギルバートは娘を見てすぐに気づき、彼女を抱きしめると、お気に入りのふた言だけを手がかりにはるばるやってきたイスラムの王女を家に招き入れた。

若さが持つ最も抗いがたい魅力は、あふれんばかりの熱意である。若者の視線の先には暗闇もなければ、出口のない道もない。この世に失敗というものがあることなど忘れ、世界は何世紀ものあいだ、自分が生まれて真実と活力と美の解放者になることを待ち望んでいたと信じている。

ヘンデル少年に楽器に触れるのを禁じたり、学校に通うのを禁じたりして、音楽を学ばせないようにしても、何の役にも立たなかった。ヘンデルは深夜ひそかに秘密の屋根裏で、小型のピアノと逢瀬を重ねていたのである。バッハも少年時代、月明かりのもとで教科書を写し取った。ロウソクが欲しいという彼の欲求が無情にも断られてしまったからだった。さらにはせっかく書きあげた教科書も取りあげられてしまったが、それでもバッハはへこたれなかった。

英国国教会の司祭チャールズ・キングスレーは言う。

「人びとは若者の熱意に笑みをこぼす。その熱意を目にした年長者はひそかに昔を懐かしんでため息をつくが、熱意を失ったのは自分たちにも責任があるとはおそらく気づいていない」

イギリスの美術評論家ジョン・ラスキンは「あらゆる芸術の最も優れた作品群は若い頃に生み出されている」と言い、イギリスの政治家ベンジャミン・ディズレーリは「偉大なものごとはほとんどすべて若者によってなされている」と書き、アメリカの画家ジョン・トランブルは「神のみもとで、世界の関心は若者の手に向けられている」と言っている。

英雄ヘラクレスは若かりし頃に12の難行を行った。熱意あふれる若者は太陽に顔を向け、後ろにいるものすべてに影を投げかける。気持ちが若者を動かし、頭が人を動かす。

アレクサンドロス大王が、ヨーロッパ文明誕生以来最大の脅威であったアジアの遊牧民たちを撃退したのはほんの若造のときであり、ナポレオンがイタリアを制圧したのも25歳のときである。

ロムルスがローマを建国したのは20歳のときであり、ニュートンが偉大な発見をしたのは25歳になる前である。ルターが宗教改革を行ったのは25歳のときだ。ヴィクトル・ユーゴーは15歳から小説を書きはじめ、アカデミー・フランセーズから3度も章を贈られ、20歳になる前にもう巨匠の呼び名を得ていた。

世界の偉大な天才たちの多くが40歳を迎えずにこの世を去っている。彼らに比べても、現代ほど熱意に駆り立てられた若者にチャンスが広がっている時代はない。今は若き男女の時代である。熱意こそが彼らの勲章であり、無関心で無気力な者はその前にひれ伏すしかない。

だが、若い頃からほとばしるような熱意があれば、年を取ってもそれは失われることはなく増えつづける。80歳のグラッドストンは、同じ理想に対して、25歳の若者の誰にも倍する力と重みを持っていた。重ねた年齢が輝くのは、熱意が輝かせるのであり、弱った体の弱った影響力にもかかわらず、ごましお頭に向けられる尊敬の念は、燃えるような気持ちに対する敬意なのである。

イギリスの文学者サミュエル・ジョンソンの傑作『イギリス詩人伝』は78歳のときに書き上げられたものであり、デフォーが『ロビンソン・クルーソー』を出版したのは58歳のときである。

ニュートンが『自然哲学の数学的諸原理』に新たな改訂を加えたのは83歳のときであり、ガリレオが運動法則についての本を書いたのは70歳近くになってのことだった。ジェームズ・ワットは85歳でドイツ語を学んだ。フンボルトは大著『コスモス』を死の1か月前、90歳で完成させた。

イーライ・ホイットニーは23歳のときに大学へ行くことを決意して30歳でイェール大学を卒業し、彼が発明した機織り機は南部各州の産業に大きな発展をもたらした。イギリスの詩人ジョン・ドライデンは63歳から『アエネーイス』の翻訳を始めた。聖職者のロバート・ホールは60歳を過ぎてイタリア語を学び始め、ダンテの著作をも原著で読みこなした。教育者のノア・ウェブスターは50歳を過ぎてから17もの言語を習得した。

キケロの名言に「人間はワインのようだ」というのがある。年を重ねるごとに、だめな人間はどんどんだめなり、優秀な人間はどんどん優秀になるのである。熱意があれば、髪が白くなろうとも心は若く保てる。メキシコ湾流がヨーロッパ北部を温暖に保っているのと同じように。

「あなたの心は今、何歳だろうか。若いままだろうか？　もしそうでないなら、今の仕事が自分に合っているかどうか疑ってみるがよい」

第9章 時は金なり

「時という大いなる時計には『今』という言葉があるのみ」

地球が5億マイルもの軌道を回り、定められた時間に1秒の——いや、100万分の1秒の—狂いもなく元の場所へと戻ってくる見事なまでの正確さを心に刻め。地球は、途方もなく長いあいだ、その危うい道を周回しつづけているのだ。

——エドワード・エヴァレット（アメリカの政治家）

「運命の糸がたどる道の不思議さをしばしば思わずにはいられない。絶好の機会が姿を現すのはわずかなあいだだけ。それを逃せば、数か月や数年が失われてしまう」

「そのうちやる」という名の道を行けば、「何もやらない」家へとたどり着く。

——セルバンテス

「今日という日をぐずぐずして過ごせば、明日も同じことになり、次の日はもっとひどくなる」

チャンスの前髪をとらえよ。

――シェイクスピア

「急げ、急げ、大急ぎだ！　命がけで急ぐのだ！」

これは、イングランド王ヘンリー8世の時代によく見られた文言であり、そこには絞首台に吊られて揺れる配達人の絵が添えられていた。まだ郵便局というものはなく、手紙は政府の配達人が配送し、遅れると絞首刑になるのだった。

かつての駅馬車の時代には、今では数時間でさっと行けるような距離であっても、1か月を要する危険な旅であった。それでも不必要な遅れは犯罪行為だった。文明のもたらした最大の成果のひとつは、時間を測って有効活用するようになったことである。100年前には20時間もかかっていたようなことを、今では1時間ですませてしまうことができる。

「ぐずぐずしているのは危険だ」とはシェイクスピアの『ヘンリー六世』のせりふである。

カエサルはある手紙を読むのを後回しにしたために、元老院に着いてから命を落とす結果となった。

アメリカ独立戦争のトレントンの戦いにおいて、ドイツ人傭兵部隊の隊長ヨハン・ラール大佐がカードゲームに興じていると、伝令が文書を届けにきた。敵の指揮官ジョージ・ワシントンがデラウェア川を渡ってきていることを伝える文書である。ラール大佐は文書を読みもせずポケットにしまい、読んだのはゲームが終わってからだった。ただちに部下たちを呼び集めたが、時すでに遅し。自らは命を落とし、部下たちも捕虜になってしまった。わずか数分の遅れのせいで、ラール大佐は名誉も自由も命も失ってしまったのである。

「成功」は、ふたりのごく平凡な両親の子どもだ——「時間厳守」と「正確」である。どんなに順風満帆な人生であっても、ためらったり尻込みしたりすればすべてが失われてしまうような危機的な瞬間が何度か訪れるものだ。

マサチューセッツ州のアンドリュー知事は1861年5月3日、リンカーン大統領へ次のように書き送った。

「大統領の通達を受け取り次第ただちにわれわれは戦闘を開始しました。そして、わが政府およびアメリカ人民はかくあるべしと信ずる心構え、すなわち『この世にお役所仕事などあってはならない』という精神で任務を遂行しています」

アンドリュー知事がリンカーンから電信を受け取ったのは4月15日の月曜日であり、次の日曜日の朝9時にはもうこう報告していた。

「マサチューセッツから出動可能な部隊はすべて、ワシントンかモンロー要塞にすでに配備されているか、ワシントンの防衛に向かっています……私が考えることのできる問題は何をすべきかだけであり、それが解決したら、次に何をすべきかを考えるのみです」

イギリスの美術評論家ジョン・ラスキンは言っている。

「青年期というのは本来、自己形成、啓蒙、教育のためにある。そこには、その後の人生に影響を与えない時間など1時間たりとない。一瞬を逃せば、そのときやるべきだったことは二度とやることができず、時機を逸した一撃が冷めた鉄を打つだけだ」


ナポレオンは「ここぞという瞬間」を重視していた。どんな戦いにも、上手に使えば勝利につながり、ためらって逃してしまえば敗北につながる「決定的瞬間」がある。オーストリア軍を倒せたのは、彼らが「5分間」の価値を知らなかったからだとナポレオンは言う。

そして、ワーテルローの戦いでは、さまざまな要因が重なってナポレオンは負けたが、なかでも大きかったのが、運命の朝におけるナポレオン自身とグルーシー将軍によるわずかな時間のロスだったと言われている。敵将ブリュッヘルは時間どおりに到着し、グルーシーは遅れた。そのわずかな違いにより、ナポレオンはセントヘレナへ島流しとなり、何百万もの人びとの運命を変えることとなった。


よく知られた真理で、もはや格言と言ってよいほどの重みを持つ言葉がある。

「いつでもできると思っていることは、いつまでたってもできない」

ロンドンのアフリカ協会は探検家レドヤードをアフリカへ送ろうと考え、彼にいつ出発できるかと聞いた。「明日の朝」とレドヤードは答えた。のちに初代セント・ヴィンセント伯爵の称号を得る海軍大将ジョン・ジャーヴィスも、あるときいつ船に乗れるか尋ねられ、「すぐにでも」と答えた。イギリスの将軍コリン・キャンベルも、インド軍司令官に任命され、いつ出発できるか尋ねられると、ためらうことなく「明日」と答えた。

今日の仕事を明日へと先送りするための無駄な労力を使えば、たいていの場合その仕事を済ませてしまうことができる。その仕事がどんなに大変で、どんなに不愉快なものでも、いずれはしなければならないのである。最初は楽しく、それどころか夢中になってできたであろう仕事も、何日も何週間も先延ばしした後では、退屈でつらい仕事になってしまう。

手紙も最初受け取ったときに返事を返すのがいちばん楽である。大企業の多くでは、手紙の返事はその日のうちに返すようルールを設けている。

すぐにやれば、退屈な仕事も退屈でなくなる。「先送り」はたいてい「ほったらかし」となり、「いつかやる」は「やらない」に変わる。何かをするということは種を蒔くのと同じで、適切な時期に行わなければ、永遠に時期外れになってしまう。永遠に夏が続いたとしても、遅れた行動の果実が実るには十分でない。星や惑星の動きが1秒でも遅れたら、全宇宙の調和が崩れてしまうだろう。

イギリスの作家マライア・エッジワースは言う。

「今に代わる瞬間などない。それどころか、今のなかにしか、時間も、すぐ使える力もエネルギーも存在しない。志が新鮮なうちに実行に移さない人間が、あとになってその志から希望を取り出すことなどできない。志は浪費され、この世のせわしさや慌ただしさのなかで失われるか、怠惰という泥沼に沈んでいく」

イギリスのジャーナリスト、ウィリアム・コベットは、自分が成功できたのは、いつでも準備を整えていたからであり、そのことのほうが、生まれ持った才能すべてを合わせたより大きかったと言っている。

「私が軍隊で異例の昇進ができたのもそのおかげである。10時から監視の任務があるときには、9時から準備をしていた。誰も何ごとも1分たりと待たせることはなかった」

ある男が作家のウォルター・ローリー卿に尋ねた。

「一体どうやって、これほどの仕事を、これほどの短時間で行うことができるのですか？」

「何かやることができたとき、私はただちにそれに取り組む」とローリー卿は答えた。

常に迅速に行動する者は、たとえときどきミスをしたとしても、成功を収める。その一方で、仕事を先延ばしする者は、たとえ優れた判断力があっても、失敗するだろう。

「明日やる」――それは悪魔のモットーだ。歴史を見てみれば、そのモットーの犠牲になった者たち、未完のままに終わった計画や実行に移されなかった決意の残骸であふれている。それは怠け者や無能な者が好む避難所なのである。

「鉄は熱いうちに打て」や「日の照るうちに干し草を作れ」が世の鉄則なのである。

大半の人びとにとって、早朝の時間帯こそが一日がうまくいくかどうかの試金石となる。

ある著名な作家は、ベッドは矛盾に満ちたものだと言っている。しぶしぶベッドに入ったはずが、出て行くときは名残惜しいからだ。毎晩早く起きようと心に決めるものの、毎朝遅くまで体は寝ていようとするのである。

しかし傑出した人物はたいてい早起きである。初代ロシア皇帝ピョートル1世は毎日夜明け前に目を覚ました。彼はこう言っている。

「私は活動の時間をできるだけ長く取っている。そしてそのために睡眠時間をできるだけ短くしている」

早朝の時間帯に、コロンブスはアメリカ大陸への航海計画を練り、ナポレオンは輝かしい作戦の数々を練った。詩人ウィリアム・カレン・ブライアントは5時に、歴史家ジョージ・バンクロフトは夜明けとともに目を覚まし、名だたる作家のほぼ全員が早朝に起床している。ワシントン、ジェファソン、ウェブスター、ヘンリー・クレイ、ジョン・カルフーンら政治家も、みな等しく早起きだった。

作家のウォルター・スコット卿も時間を厳格に守る人物であり、それが彼の偉大なる成功の秘密だった。5時に起床し、朝食の時間にはもう、彼の言い方に従えば、一日の仕事を「やっつけて」いた。勤めに就いて、助言を求めてきた若者に、彼は次のようなアドバイスを書いて送った。

「時間をフルに活用できなくなるような習慣――つまり女性が言う『のらくら』につまずかないよう注意しなさい。何であれすべきことはただちに行い、気晴らしの時間は仕事の後に回し、けっして仕事の前には取らないこと」

早起きの習慣の素晴らしさは、どれほど言っても言い足りないほどである。どんな人間でも睡眠は8時間あれば十分だ。ほとんどの人は7時間でも足りる。8時間寝たら、病気でもないかぎり、目を覚まし、速やかに着替えをして仕事に取りかかろう。

婚姻関係とほとんど同じくらい神聖なものがひとつある。それが約束の時間だ。しかるべき理由もないのに約束の時間を守らない人間は嘘つきと同じであり、周りからもそのように扱われる。

「他人の時間に配慮できない人間は、金についても配慮ができない。他人の時間を奪うことと、他人から5ドル奪うことに何の違いがあると言うのだろうか。勤務中の1時間が5ドル以上に値する者だってたくさんいるのだ」

有名なジャーナリスト、ホレス・グリーリーの言葉である。

ワシントン大統領は4時に夕食を取っていた。ホワイトハウスへ夕食に招かれる新米議員たちはしばしば遅れて到着することがあり、大統領がすでに食べはじめているのを見て驚くのだった。するとワシントンはこう言ったものだった。

「私のコックが気にするのは、来客が到着したかどうかではなく、定刻が来たかどうかだ」

ワシントンの秘書が遅刻したとき、時計が遅れていたことを言い訳にすると、ワシントンはこう答えた。

「ならば新しい時計を手に入れなさい。そうでなければ私が新しい秘書を手に入れることになる」

ベンジャミン・フランクリンは、いつも遅れては上手に言い訳をする使用人にこう言った。

「概して考えるに、言い訳に優れた人間は、ほかのことには優れていない」

ナポレオンもあるとき司令官たちを夕食に招いたが、約束の時間に到着しなかったため、彼らが不在のまま食事を始めた。彼らが到着したのはちょうどナポレオンが席を立つときだった。ナポレオンは言った。

「諸君、食事の時間は終わった。ただちに仕事に取りかかろう」

のちに大統領となったジョン・クインシー・アダムズもけっして時間に遅れることはなかった。下院議長はアダムズ氏が着席するのを見て開始を告げる時を知るのだった。あるとき、ひとりの議員が開始の時間だと言った。それに対し別の議員はこう答えた。

「いや。アダムズ氏がまだ着席していない」

そして時計が3分進んでいたことが判明し、定刻きっかりになってアダムズが姿を現した。

簡潔であることがウィットの核心であるように、時間に正確なことが仕事の核心である。慈善家のエイモス・アダムス・ローレンスは、商業の世界に身を投じてから最初の7年間、一度たりとも勘定の精算を翌週にまで持ち越すことはなかった。

時間を守ることには女王のような品のよさがあると言われる。いつも仕事の遅れを取り戻そうとせわしなくしている人たちがいる。彼らはいつも急いでいて、まるで列車に乗り遅れそうであるかのような印象を与える。規律に欠けていて、大きな成果を出すことはほとんどない。

どんな商売人でも、数年の運命を左右する瞬間というものがあることを知っている。銀行にほんの一瞬遅れて着いただけで、手形が不渡りとなり信用を失うこともあるのだ。

学校や大学生活のよい点のひとつは、起床や、暗唱や、講義の開始を告げるベルがなり、迅速に行動する習慣を教えてくれることである。若者はみな正しい時間を教えてくれる時計を持つべきだ。「だいたい」合っているという時計は悪い習慣を植えつけるもとであり、どんなに安い値段で手に入れたとしても買い物としては高くついている。

迅速な行動は信頼を生む母であり、信用をもたらしてくれる。自分の仕事を順序よくてきぱきと行うことが何よりの証明書となり、自分の能力に対する周囲からの信頼が生まれる。時間を厳格に守る人間は、ほとんどの場合、約束を守る人間であり、人が頼ることのできる人間である。

車掌の時計が遅れていると、悲惨な列車衝突事故が起きる。莫大な資産を持つ大企業でさえも、代理店からの送金が遅れただけで破産することもある。刑執行猶予の知らせを持ったメッセンジャーが5分早く着かなかったために、無実の人間が絞首刑に処されることもある。ささいな話につきあって5分間足を止める人間は、列車や蒸気船に1分差で乗り遅れてしまう。

一生を棒に振る人生の多くは、5分をロスしたことからその凋落が始まる。失敗した多くの人間の墓碑銘の行間には「遅すぎた」という言葉を読み取ることができる。数分の違いは、勝利と敗北を、成功と失敗を、しばしば決定的に分けるのである。

第10章 もしもうまく話せたなら

教育家のチャールズ・W・エリオットは、ハーバード大学の学長をしていたとき次のように言っている。

「私は、紳士淑女の教育にはある知識の習得が欠かせないと考えている。それは、母国語である英語を正確にかつ美しく使うことだ」

作家のウォルター・スコット卿は「会話上手な人間」を定義して、「アイデアを持つ人間、本を読み、ものを考え、耳を傾ける人間、そしてそれゆえに何か言うべきことを持っている人間」だと言っている。

会話が上手であることほど人によい印象を与えられるものはない。相手がこちらのことをまったく知らない場合は特にそうだ。

会話がうまく、人を面白がらせることができ、注目を集め、自然と人を引き寄せられるということは、何よりも優れた最高の技芸の持ち主になるということだ。初対面の相手によい印象を与えられるだけでなく、友人を作り、その友情を長く保つのに役立つ。道が開け、人の心を解きほぐし、どんな仲間のなかに入っても話の面白い人間だと歓迎される。立身出世の武器にもなるし、クライアントや患者や顧客を引き寄せる。たとえ貧乏であっても、最上級の人たちと交流ができる。

著名な社交界のリーダーであり、若い女性たちの社交界デビューを指導して成功を収めている女性は、教え子たちにいつも次のようにアドバイスしている。

「話して、話して、話すの。内容なんか二の次にして、気軽に楽しくおしゃべりしなさい。男性がいちばん困惑するし、うんざりするのは、自分が楽しませなければならない女性よ」

このアドバイスにはとても参考になる提言が含まれている。

「会話が上手になるには会話をせよ」というものだ。人づきあいに不慣れで気後れしている人が陥りがちなのは、黙って人の言うことを聞くだけになることである。

会話下手の人は少なくないが、それは会話する技術を磨こうとしないからだ。上手な話し方を習得するために手間も暇もかけていないのである。読書もろくにしなければ、考えることもあまりしない。雑でいい加減な言葉を使って自己表現しようとする人があまりに多い。口を開く前によく考えて、余裕を持って優雅に、力強く話をする努力をするより、そのほうがはるかに楽だからである。

会話下手な人は上達するための努力をしない言い訳として「会話上手は生まれつきのもので、努力してなれるものではない」などと言う。それが本当なら、優秀な法律家も医者も商人も生まれつきのもので、いくら努力してもなれないことになる。しかし、彼らだって努力してそこまでたどり着いたのだ。努力すれば、努力しただけのことはあるのである。

自分は貧しくて人生に何のチャンスもないと思っている人がいるかもしれない。家族を養わねばならない境遇にあるかもしれないし、学校や大学に行きたくとも行けなかったり、音楽や美術を学びたくともそうできないでいるかもしれない。環境に縛られて身動きが取れないでいるかもしれないし、大望があってもどうすることもできず苦しんでいるかもしれない。しかしそれでも、話のうまい人間になることはできる。ひと言何か言うたびに、最高の表現方法を練習することができるからだ。本を読んだり、正しい言葉使いをする人と話をするのも助けになる。

何か言いたいことがあるとき、それをどのように表現するかをきちんと考える人は少ない。たいていの人は最初に思いついた言葉をそのまま口に出し、文章を組み立てて、美しく簡潔でわかりやすく、力のある文章にしようなどとは考えない。思いついたままに口にするばかりで、何をどの順番で話すか少しも考えようとしない。

よい本を読むことは、知識を広げ、新たな知見をもたらしてくれるだけでなく、語彙を増やすこともできる。語彙は会話する際の大きな武器になる。優れた意見やアイデアを持っているのに、語彙が貧しいためにそれをうまく伝えることができない人が多い。アイデアを魅力的に表現するための語彙を持ちあわせていないのである。だから同じことを何度も繰り返して堂々巡りになったりする。言いたいことを正確に伝える的確な言葉を探しているのだが、それを見つけられないのである。

誰もが同情したくなるのは、気が小さくて内気で、何かを伝えたいのだが、それをうまく言葉にすることができず、胸がつかえるようなじれったい気持ちになる――そんな人だ。気の小さい若者は、学校や大学でスピーチをしようとして、そんな羽目に陥ることがよくある。しかし、演説上手で有名な人たちも、同じような経験を味わっており、初めて大勢の前で話をしたときにミスやへまをして大恥をかいていることが少なくない。演説や会話が上手になるには、自分の言いたいことを的確にすっきりと伝える努力を続けるよりほかに道はない。

何かを言おうとしたときに、言いたいことが飛んでしまったり、あるいは、言葉が見つからずに口ごもったり詰まったりしてしまうことがある。たとえその場は失敗に終わろうと、誠実に努力したことによって、次はずっと楽にうまく話せるようになっているはずだ。努力を続けてさえいれば、すぐにぎこちなさや自意識を乗り越えて、気持ちが楽になるとともに表現能力が身につく。

会話上手になるには聞き上手にならなければならない。会話下手な人間は聞き下手でもある。我慢して人の話を聞くことができない。相手の話にじっと耳を傾けるどころか、話し手に敬意を払って静かにしていることすらできない。いらいらして辺りを見回したり、時計を見たり、指で椅子やテーブルを叩いたり、もぞもぞして逃げ出したいそぶりを見せたり、相手の話の腰を折って結論を言わせなかったりする。

イギリスの作家ウォルター・ベサントがよくした話に、口数が少ないのに周りから会話上手と言われた聡明な女性の話がある。その女性は誠実に親身に人の話を聞くので、気が小さく内気な人間でも彼女の前では上手に話ができ、くつろいだ気持ちになれる。自分の不安を取り除いてくれるので、誰にも話せないことでも彼女には話せる。人びとが彼女を会話上手だと思ったのは、人から最高のものを引き出す力を彼女が持っていたからである。

リンカーンは出会った人全員を面白がらせる達人だった。話の面白さやジョークで相手をなごませ、緊張感をほぐしてくれるので、みな胸襟を開いて話ができるのだ。初対面の人でもリンカーンとの話を楽しんだ。リンカーンが誠実かつユーモアに富み、こちらが与えた以上のものを与えてくれるからだった。

リンカーンが持っていたようなユーモアのセンスがあれば、もちろん会話力には大きなプラスだ。しかし、誰もがユーモアあふれる人間になれるわけではない。ユーモアのセンスがないのに、無理して話を面白くしようとしたら、間抜けて見えるだけだろう。


もしどこへ行っても成功を収める人間がいるとするならば、それはきっとその人間の人格のなせる業であり、力強く、効果的で、関心を引きつける言葉で自分を表現する力を持っているからだ。初対面の相手に自分の持っているものをひけらかして、自分の大物ぶりを見せつけるようなことをしてはいけない。豊かさは口を通して流れ出るべきものであり、立ち居振る舞いに自ずと現れるものだからである。

どれだけ才能や教育があって、どんなによい服を着て、どれだけお金があっても、貧しい言葉を使うかぎり、人によい印象を与えることはできない。

第11章 礼節は宝なり

若者には人への接し方とたしなみとを教えよ。そうすれば、どこへ行っても権力と富を手にするすべを教えたことになる。その若者は苦労なしにそれらを手にすることができる。向こうのほうからお近づきになりたいと言ってくるからである。

——エマソン（アメリカの思想家）

礼節を知る者は立身出世する。
——ドイツの格言

どうか、なにごとも笑顔をもって遂行していただきたい、剣をもってではなく。
——シェイクスピア

礼儀正しさは空気式クッションに似ている。一見、中身は空っぽだが、衝撃を見事に和らげてくれる。

――マシュー・アーノルド（イギリスの詩人）

生まれは大事、育ちはもっと大事。

――スコットランドの格言

振る舞いこそが人生の4分の3だ。

――マシュー・アーノルド（イギリスの詩人）

「あの野郎、いってぇなんだってあんなにぺこぺこしてやがるんだ？」

ロンドン下町っ子の曹長は腹立たしげにそう言った。尊敬すべき戦友が、罷免された元の地位に戻ろうとして、卑屈な態度を取っていたのである。

「仮にも士官だったんだ。もちっとましなやりようがあるじゃねえか。いくら下士官つったって、あんなやりようがあるもんじゃねえ。部下の顔をまともに見もしねえで。いっぱしの軍人になりたけりゃ、そうさな、顎ぉしいて、ムチをちょいと振り回して、ふざけた真似をするやつぁ、頭をぴしゃっとしてやりゃあいいんだ。さもなきゃ、坊主にでもなるがいいや」

言い方は少々荒っぽいが、曹長の言葉は、兵士として成功するにはきちんと振る舞うことが必要不可欠だという事実を実によく言い表している。態度や物腰は、立場のいかんに関係なく、その人の影響力や評判に大きく関係するのである。

「私のような力が欲しいとは思わないか？」

東風の神エウロスが、そよ風の神ゼピュロスにそう尋ねた。

「考えてみるがいい。私が吹きはじめると、人間どもは沿岸一帯に暴風警報の標識を出して私を出迎えるんだ。君が綿毛を風で運ぶのと同じくらい軽々と、私は船のマストをねじ切ることができる。翼をひと振りすれば、北はラブラドル半島から南はホーン岬にいたるまで、難破した船の瓦礫でいっぱいにすることもできる。大西洋を持ち上げることだってできるし、現に何度か持ち上げもした。私は病人どもには恐れられていて、あいつらは、骨の髄まで私が沁みとおるのを防ぐために、森から木を切り出しては火をおこし、石炭を掘っては暖炉の燃料にしている。私が息を吹きかければ、あらゆる国の人間が穴ぐらに潜りこむ。私のような力が欲しいとは思わないか？」

ゼピュロスはそれには答えず、ただ、空の上の休息所から静かに地上へと舞い降りていった。すると、川や湖や海、森や田畑、動物や鳥や人間たちが、その到来を歓迎して笑みをこぼした。庭には花が咲き、果樹園はたわわに実り、銀色《しろがね》の小麦畑は黄金色に変わった。空の上にはふわふわした雲が漂い、鳥の翼と船の帆は優しく風をはらみ、健やかさと喜びとがいたるところにあふれた。それが、誇りは高いが情けに欠けるエウロスの無礼な質問に対するゼピュロスの回答にほかならなかった。

イギリスのヴィクトリア女王についてこんな話が伝えられている。女王が夫のアルバート公に対して横柄なもの言いをしたことがあった。すると、男としての自尊心を傷つけられたアルバート公は、自分の部屋に閉じこもってドアに鍵をかけてしまった。5分ほどたった頃、誰かがドアをノックした。

「誰だ?」とアルバート公は尋ねた。

「私です。イギリス女王のために扉を開けなさい!」

高飛車なもの言いをする女王陛下に対しては何の応答もなかった。かなり間が空いてから、優しくノックする音と穏やかな声がした。

「私です。あなたの妻、ヴィクトリアです」

ドアが開かれ、ふたりが仲直りしたことは、あらためてつけ加えるまでもないだろう。


男にとっての礼儀正しさは、女性にとっての美しさのようなものだと言われる。礼儀のよしあしは、一瞬にしてその人に対する印象を作りあげてしまうのである。

僧侶のバーゼルは、古くからの言い伝えによれば、ローマ法王から破門されているときに命を落とし、天使の手によって地獄へと送られ、居場所を見つけることになった。

しかし、気立てがよく話し上手な彼は、その力を使ってどこに行っても友人を作ってしまうのだった。堕天使たちは彼の立ち居振る舞いを見習うようになり、善良な天使たちさえもが天国からはるばる会いにやって来て、そのままそこに住みついてしまった。

バーゼルは地獄の最下層へと移されたが、事態は変わらなかった。生まれ持った礼儀正しさと優しい心持ちは周囲を惹きつけてやまず、地獄は天国へと様変わりしてしまったかのようだった。

しまいには天使が彼を連れ帰り、彼を罰することのできる場所などどこにも見当たらないと告げた。バーゼルは依然昔のバーゼルのままだった。破門は取り消され、バーゼルは天国に送られて、聖者の列に加えられた。

フランスの作家サント・ブーヴが語るエピソードを紹介しよう。

スイスのコペの町の上流階級の一行はフランスのシャンベリーへ小旅行した後、馬車2台に分乗して帰ってきた。1台目の馬車で帰ってきた人びとは語るも悲惨な経験をしていた――すさまじい雷雨、ひどく揺れる道、そして身の危険。馬車のなかはお通夜のように陰鬱な雰囲気だった。2台目の馬車で帰ってきた人びとはそれを聞いて驚いた。雷雨も急坂も泥道も危険も、ひとつも記憶になかった。浮き世の憂さは忘れて、もっと清らかな世界に身を置いていたのである。スタール夫人、レカミエ夫人、バンジャマン・コンスタン、そしてシュレーゲルといった豪華なメンバーのあいだで談論風発し、愉快なひとときを過ごしていた。話にすっかり夢中になって、天候のことも、荒れた道のことも意識にすらのぼらなかったのである。

スタール夫人をよく知るテッセ伯爵夫人は言っている。

「もし私が女王様なら、スタール夫人に毎日話し相手になるよう命じるでしょうね」

詩人のロングフェローが哀詩『エヴァンジェリン』に書いているように、「その姿が見えなくなると、まるで妙なる音楽がやんだよう」だった。

スタール夫人はお世辞にも美人とは言えなかったが、言葉では言い表せない何かを持ちあわせていて、その「何か」の前では、月並みな美しさなど恥じ入って縮こまってしまうのだった。男たちの心をわしづかみにする力は見事なもので、男たちを意のままに操ってまるで全能の神のように突き進んでいった。皇帝ナポレオンでさえも、スタール夫人の影響力を恐れるあまり、その著書を発禁処分としたうえで、彼女をフランスから追放した。

大弁護士チョートが関わった5つの裁判で続けて評決を答申した無邪気な陪審員は次のようにチョートを評価した。

「チョートの手ぶり身ぶりの大げさな弁論はどうってことないが、運がいいことだけは確かだ。だって、私が審理した5つの裁判でいつも正しい側に立っていたんだから」

チョートは理屈だけではなく、その振る舞いにも人を圧倒する魅力があったのである。

ニューヨークに住むある女性がフィラデルフィア行きの列車に腰をおろすと、真向かいに少し恰幅のよい男性が座っていて、ちょうどたばこに火をつけるところだった。夫人は咳ばらいをし、不快そうなそぶりをしてみせたが、少しも効果がなかったので、厳しい口調でこう告げた。

「そちら様は多分ほかの国から来られて、この国の列車には専用の喫煙車両というものが設けられているのをご存じないのかもしれませんが、この車両は禁煙なんですよ」

男は何も言わず、たばこを窓から投げ捨てた。

それから間もなく、車掌からあることを告げられて彼女は驚くことになる。彼女が乗りこんだのはグラント将軍専用車両だったのである。あわてふためいて席を立とうとする女性に対して、グラント将軍はたばこを吸うのをあきらめたときと同じような礼儀正しさを見せた。いぶかしげな表情をして女性に恥をかかせたりしないどころか、面白がる様子さえ見せなかった。もっとも女性のほうは、黙ったまま身じろぎもしない将軍の姿にへどもどしながらドアへと向かった。

ジャーナリストのジュリアン・ラルフは、チェスター・アーサー大統領のサウザンド諸島への釣り旅行についての記事を電報で送ったあと、深夜2時にホテルへ戻った。するとすべての入り口に鍵がかかっていた。連れの友人ふたりとともに、通用口のドアをドンドン叩いてホテルの従業員を起こそうとしたが、驚いたことに、開いたドアの向こうから姿を見せたのは、当の大統領だった。

「なに、気にすることはないよ」

謝罪するラルフにアーサー大統領はそう答えた。

「私が来なかったら君たちは朝までなかに入れなかっただろう。今ホテルで起きているのは私だけだ。おつきの者に来させることもできたが、彼も寝ていたし、起こすのは悪いと思ったんだ」

イギリスのエドワード7世がまだ皇太子だった頃、ある著名な人物を食事に招いた。コーヒーが配られると、その招待客は、周囲の驚きをよそに、カップの受け皿を使ってそれを飲み始めた。あからさまな忍び笑いがテーブルじゅうに広がっていった。皇太子は、時をわきまえぬ笑い声の原因にすぐ気づき、まじめな顔でカップのコーヒーを受け皿に注ぎ、招待客と同じようにして飲んだ。一瞬にして笑いは静まり、恥じ入った参列者たちは、皇太子の無言の叱責を受け止めて、同じように受け皿を使ってコーヒーを飲んだ。

ヴィクトリア女王はスコットランドの農民出身の哲学者トーマス・カーライルに使者を送って呼び出し、貴族の称号を与えることを申し出た。しかし、これまでもずっと貴族のように高貴に生きてきたと自負していたカーライルはそれを辞退した。

宮廷のマナーをほとんど知らなかった彼は、女王に謁見中、数分も会話を交わすと疲れてしまい、女王に向かって「座らせてください、マダム」と言い、廷臣たちを卒倒させそうになった。しかし、女王はさすがに器が大きく、廷臣たちに身ぶりで示して、あっという間に全員を着席させた。

宮廷のマナーを一時的に棚上げした女王の思いやり――何が彼女にそこまでさせたかは、カーライルの知人のひとりが彼に初めて会ったときの感想を聞くとよく理解できるだろう。

「彼の前に出ると、何とも言いようのない形で、神経がざわつくんだ。珍しい種類の人間にこれから会うのだとはわかっていたけれど、彼と別れるときはまるで酸っぱいワインを飲んだか、船酔いに襲われたかのような感じになった」

高貴な場所だからといっていつも礼儀正しさが見られるわけではない。宮廷においてさえ、無作法がまかり通っている事例は数多くある。

イギリス皇太子のエドワード王子が数年前に開いた祝宴は上流のなかの上流の人たちだけが出席で

きるものだったが、王子と結婚したばかりの妃が広間を通り過ぎると、彼女を一目見ようと出席者たちが押しあいへしあいをし、妃の胸像を台座から落として破損したうえに、台座をひっくり返ってしまった。すると貴婦人たちは、妃をひと目見ようと必死になるあまり、なんとその台座の上に立ったのだった。

ロシアの女帝エカテリーナ2世は、貴族たちを宴会に招くとき、次のようなエチケットを書いたカードを配った。

「紳士の方々は宴会が終わるまで酔っぱらわないこと。人前で妻を殴らないこと。淑女のみなさんは、飲み物用のグラスで口をゆすいだり、テーブルクロスで顔をぬぐったり、フォークで歯をせせったりしてはいけません」

なお、現在ではロシア貴族ほど礼儀作法をわきまえている人びとはいない。

エチケットとは、もともとバッグに結びつけてその中身を示すチケットまたはタグのことである。バッグにこのチケットをつけていれば、中身を調べられることがなかった。そのことから、のちには招待客が守るべきルールが記されたカードを意味するようになり、それらのルールを「エチケット」と呼ぶようになった。また、カードに書かれたルールを守って行動したり話したりすることが上流階級の証とされるようになった。

優雅な振る舞いは生まれ持ったあらゆる欠点を補ってあまりある。最も魅力ある人間とは優雅な振る舞いのできる人間であって、見た目の美しい人間ではない。ギリシャの人びとは、美とは神々の寵愛の証であり、自らも身につけ人にも伝えるべき美とは、周囲に対する悪意や傲慢な感情の表出によって汚されていないものだけだと考えていた。彼らの理想とするところによれば、美とは内面的な魅力を表現したもの——つまり、快活さとか温かさ、充足感、思いやり、愛などである。

フランス革命を指導したミラボーはフランス一醜い男だった。「天然痘にかかってあばただらけになった虎のような顔」だったと言われているが、彼の立ち居振る舞いは優雅で、抗いがたい魅力があった。

古代ギリシャのアペレスは、美しい美の女神ヴィーナスの絵を描いてギリシャじゅうを魅了したが、言い伝えによると、その絵を描く前に何年もかけて旅をして回り、美しい女性を見つけては観察し、女性たちの最高に美しい部分を組み合わせることによって、類いまれなる美しいヴィーナスを生みだしたという。同じように、立ち振る舞いの美しい人も、洗練された人びとに会うたびに、その最もよいところ、最も真似すべきところを観察し、研究し、そして取りこむのである。

礼儀正しさはそれ自体が財産だ。立ち居振る舞いの優れた人間はお金がなくてもやっていける。どこでも通用するパスポートを持っているからだ。彼らに対してはすべての扉が開かれ、お金を払わなくても入っていける。買ったり手に入れたりする手間をかけなくても、ほとんどすべてのものを享受することができる。どの家の人からも太陽のように歓迎される。それも当然だ。彼ら自身が、明かりを、日光を、喜びをもたらすからである。ほかの人間から嫉妬や妬みを受けずにすむのは、誰に対しても温かく接するからだ。蜂は蜜を持った人間を刺さないのである。

「返礼などされるべきではございませんでした」

ローマ教皇クレメンス14世に、儀式の進行役がそう注文をつけた。ローマ教皇への選出を祝って大使たちが教皇に向かってお辞儀をし、それに対して教皇がお辞儀を返したのだった。

「何を言うか」

クレメンスはそう言い、次のように続けた。

「礼儀作法を忘れるほど長くは教皇を務めておらぬ」


ジェファソン大統領がある日、孫息子と馬車に乗っていると、ひとりの奴隷が帽子を取って会釈をした。大統領は帽子を持ち上げて返したが、孫は奴隷の挨拶を無視した。大統領は孫息子に向かって言った。

「お前は、自分よりも奴隷のほうが紳士であってもいいのか?」


ロンドンの曲がりくねった道の角をあわてて曲がろうとした若い女性が、ぼろ服を着た物乞いの少年に思い切りぶつかって突き倒しそうになった。女性は踏ん張って足を止めると、少年のほうを振り向き、優しくこう言った。

「許してね、坊や。ぶつかってしまって本当にごめんなさい」

驚いた少年はしばらく女性を見つめたあと、帽子を4分の3ほど持ち上げて深々とお辞儀をし、それからこう言った。その顔にはうれしげな笑みが満面に浮かんでいた。

「お気になさらないでください、お嬢さん。いいんですよ、いいんです。今度ぼくにぶつかったときは思いっきり突きとばしてくださって結構です。文句はひと言も申し上げませんから」

その女性が立ち去った後、少年は仲間の少年にこう言った。

「おいジム、初めてだよ、誰かに謝ってもらったのは。なんだかふわふわしたいい心持ちだった」


あるワシントンの政治家が、同じく政治家のダニエル・ウェブスターのもとを訪ねる途中、近道をした。すると、ウェブスターの家の手前に小川があって、渡ることができなかった。すぐ近くに外見のたくましい農夫がいたので、声をかけて、25セントやるから向こう岸に渡してくれと頼んだ。農夫はその政治家を肩にかついで無事に向こう岸へと連れて行ってくれたが、25セントは受け取ろうとしなかった。それから数分後、その年老いた農夫がウェブスターの家の前に現れ、客の驚きと後悔をよそに、自分がウェブスターだと紹介した。


よい行いは文字どおり財産をもたらすことがある。ロードアイランド州で店を開いているバトラー氏は、あるとき店を閉めて家へ帰る途中、糸をひと巻き欲しがっている少女に出会った。彼は来た道を戻って店を開け、少女に糸を渡した。この小さな親切が町中のうわさとなり、多くの客が店にやって来るようになった。彼は大金持ちになった。それもこれもあの小さな心づかいのおかげである。

ボルティモアの発明家ロス・ワイナンズの成功と富も、ふたりの外国人に親切にしたことが大きな要因となっている。ワイナンズの所有する工場は小さなものだったが、訪れたふたりの客に対して、細かいところまで詳しく説明する心づかいを見せた。それは彼らが大工場で受けたおざなりな対応とは対照的であり、客たちはいい印象を持った。実はこのふたりはロシア皇帝から派遣されたロシア人で、その後ロシアで機関車事業を立ち上げるためにワイナンズをロシアに招いた。ワイナンズは事業の立ち上げに成功し、あの心づかいから生まれた利益は1年で10万ドルを超えた。

教養があって上品なのに、冷淡でプライドが高く、よそよそしくて傲慢だと思われている人が少なくないが、実はそうではなくて、単に控えめで内気なだけだったりする。

奇妙な話だが、本当は内気なだけなのに、そのせいで、自分が毛嫌いしている無作法な人間だと人から思われ、思いがけない困惑と屈辱をもたらすことがよくある。度が過ぎた内気は礼儀正しさを損なうものとして克服しなければならない。

概して内気な人間というのは、自分のことばかり考えていて――そのこと自体が礼儀作法にかなっていないのだが――他人からどう思われているかを気にしすぎて、それで内気になるのである。

「私はかつてとても内気だった」とイギリスの聖職者で作家のシドニー・スミスは言う。「しかし、やがてふたつの非常に有益な発見をした。ひとつは、周囲の人が私を観察することだけに時間を使っているわけではないこと。もうひとつは、恥ずかしがっていても何の役にも立たないこと、世のなかの人には見る目があって、その人が持つ価値でちゃんと判断してくれるということだ。それに気づいたら内気が治った」

内気な人はまず身なりをきちんとすべきだ。上等の服を着ればゆったりとした気分で振る舞えるし、舌も滑らかになる。身なりがきちんとしていると思えば、優雅に落ち着いて行動することができるが、みすぼらしい服装をしていると気持ちが萎縮しやすい。奇抜な服装をすれば人目を引くのは間違いないが、派手な色や、流行の先端をいくような服装は避け、派手さはないが自分によくあっていて、財布の許すかぎりよい素材の服を着るのがいいだろう。

気に入らない人もいるかもしれないが、美しく着飾るのは悪いことではない。しかし、美しさという観点で言えば、下のランクに位置づけられる美しさであって、それによってより高度な美しさを犠牲にしてはならない。服装のことばかりが頭にあって時間と金に糸目をつけなかったり、心と知性や仕事の質を上げることよりも服装を優先したり、人格を磨くよりも服装のことを気にかけたり、義務を果たしていないことよりも流行遅れの服装に頭を悩ましたりするのは、行きすぎである。

ハーバード大学を出た著名な法律家エゼキエル・ホイットマンがマサチューセッツ州議会の議員に選出されたとき、自宅のある農村から田舎くさい服装をしてボストンに出てきて、そのままホテルへと向かった。

ロビーに入って椅子に座ると、そこにいた紳士淑女たちがこんな話をしているのが聞こえてきた。

「おや、本物の田舎っぺがやって来た。こりゃ楽しめるぞ」

彼らはホイットマンをからかおうとして、あれこれ珍妙な質問を投げかけてきた。ホイットマンは立ち上がってこう言った。

「紳士淑女のみなさま、みなさま方のご健康とご多幸をお祈り申し上げますとともに、今後ますます品よく、賢くなられますよう祈念いたします。その際、外見は人を欺くことを、ぜひお心におとめいただきますよう。みなさま方は私の服装を見て、ぽっと出の田吾作だと勘違いされました。私も同じ理由で、みなさま方を紳士淑女だと勘違いいたしました。お互いさまです」

ちょうどそのとき、州知事のケイレブ・ストロングがホテルにやって来てホイットマンに声をかけた。呆然としている一行のほうを向いてホイットマンはこう声をかけた。

「素晴らしい夜をお過ごしください」

われわれの礼儀作法は、性格と同じように、いつも人から観察されている。人と会ったり、何かの集まりに出たりするたびに、相手の見立てという秤に乗せられて、前回会ったときからの重みの増減が入念に記録される。それぞれの人物が心のなかで「この人のランクはアップかダウンか？　今のランクはどれくらいか？」と品定めしている。

たとえばブラウンという若者が部屋に入ってきたとする。そこにいる人は全員が全員、彼を秤にかけ、口に出さずにこう言う。

「この若者は進歩しているな。以前より気が利くし、思慮も礼儀も分別もついてきた。それに率直で、働きもいい」

その隣にはジョーンズという若者が立っている。彼が急速に格付けを下げている理由は明らかだ。思慮は浅いし、人の話には関心を示そうとしないし、無作法だし、相手の目をまともに見ようとしない。陰険で、目下の者には厳しいくせに、初対面の相手にはやけにへりくだるのだ。

人生すべからくそうで、われわれはこうして知りあいの人すべてからいつも見えないラベルを貼られている。ときどき思うのだが、こうした仲間からの格付けを知ることができれば、生きていくうえでとても有利になるだろう。世間の目をいつまでも欺きつづけることはできない。なぜなら、自分の影のなかに「公正」という名の秤を持ったもうひとりの自分がいて、心のなかにある本当の自分を、目や振る舞いのなかにさらけ出してしまうからである。

しかしマナーは紳士のたしなみではあるものの、人格そのものではないし、人格にとって決定的な要素でもない。単なる礼儀正しさが道徳の代わりにはならないのは、樹木の皮が木の代わりにならないのと同じである。樹皮は樹木の種類が何かを示すことはできるが、その樹木が健康であるか腐っているかを示すことはできない。

誠実さこそが最高のマナーなのである。

本物のマナーを身につけたい方々には以下の処方箋をお勧めしたい。

利他的な心	8分の3オンス
気持ちの明るくなる着色料	1オンス
心を和ませる香水	8分の3オンス
清らかなシャロンのばらのエキス	4オンス
慈悲のオイル	8分の3オンス（けちけちせずにふんだんに）

常識と気くばりを煎じたもの　　1オンス
愛の蒸留酒　　　　　　　　　　2オンス

利己的な気持ちや、ひとりよがりな気持ち、意地悪な気持ち、「おれは誰より偉い」といった気持ちになったときには必ずこの処方薬を服用すること。

第12章 機転の力

「そなたより強い者はあるか」

ブラフマンが尋ね、力の神が答えた。

「機転だ」

――ヴィクトル・ユーゴー

機転がきけばチャンスが生まれ、きかなきゃチャンスは人のもの。

――クリスチャン・ネステル・ボヴィー（アメリカの作家）

彼はその時にあわせて振る舞う。

笑ったり、聞いたり、学んだり、教えたり。

――エリザ・クック（イギリスの詩人）

世間をよく知る男は、自分の知っていることを活用するだけでなく、自分が知らないことも活用する。自分の知識をひけらかすのではなく、無知を上手に隠すことによって信頼を得る。

——チャールズ・ケイレブ・コルトン（イギリスの作家）

凡庸な能力を上手に使う巧みさは人びとの称讃を勝ち取り、しばしば本当の優秀さ以上に高い評価を手にする。

——ラ・ロシュフコー（フランスのモラリスト）

「機転は取引をまとめ、
船を入り江から外に出し、
有力議員を出し抜いて
議会の票をとりまとめてくれる」

リンカーンが初めて州議会議員に立候補したとき、サンガモン川の改良を公約として打ち出し、票を確保するために、小麦栽培に携わる30人の男たちのところに出向いた。その男たちは改良事業については何も質問しなかったが、リンカーンが自分たちを代表するに足るだけの筋力を持っているかどうかは気になるようだった。リンカーンは巨大な鎌を手に取ると、男たちを従えて畑を歩き回った。

選挙では、30人全員がリンカーンに票を投じた。

「一体どういうからくりだ」

ナポレオンは驚きを隠さず、料理人にそう言った。

「いつ朝食を頼んでも、すぐチキンが出てくるし、おまけに食べ頃だ」

実に不思議な話だった。ナポレオンは朝食を8時に取ることもあれば、11時という遅い時間に取ることもあったからだ。料理人が疑問に答えた。

「陛下、そのわけは、15分ごとに新しいチキンをローストして、いつでも陛下に完璧な状態でお出しできるようにしているからです」

現代においては、才能は機転にはかなわない。才能が挫折にまみれるのをいたるところで目にする。機転のきく者が才能を使って生涯で手にするものは、その10倍の才能を持つ者が機転なしで手に入れるものより大きい。

「才能は正午まで眠っているが、機転は6時に目を覚ます」と言われる。才能は力であり、機転は技術だ。才能とは何をすべきかわかっていることであり、機転とはそれをどうすればいいかわかっていることである。

「才能は才能でしかないが、機転はすべてである。機転は第六の感覚ではないが、五感に命を与えるものである。大きく開いた目であり、よく聞こえる耳であり、味のわかる舌であり、鋭い嗅覚であり、繊細な触覚である。あらゆる謎を解明し、あらゆる困難を乗り越えさせ、あらゆる障害を取り除く」

世のなかには、頭でっかちで、偏っていて、実際の役に立たない人間がたくさんいる。人生のすべてのエネルギーをひとつの能力に注ぎこんで、均整の取れた多角的な人間になるのではなく、ほかのすべての能力を犠牲にしてひとつだけが突出した異様な生き物を育て上げる。われわれはしばしば、こうした偏った人間を天才と呼び、ある特定の分野で誰にも真似のできない力を発揮するという理由で、たいていのことでは役に立たず、愚かとしか言いようのない行動をすることを許している。

アダム・スミスも『国富論』を書いて世界経済を説くことはできたが、自身の家庭の家計をやりくりすることはできなかった。

偉人たちには、日常生活さえまともにこなせない人間が多い。

ニュートンは万物の創造の秘密を読み解くことはできたが、椅子から立ち上がって猫の親子のためにドアを開くことさえ面倒くさがり、ドアにふたつの穴を開け、2匹の猫が自由に出入りできるようにした。大きいほうが親猫用、小さいほうが子猫用だった。

ベートーヴェンは偉大な音楽家だったが、6枚のシャツと1枚のハンカチのためにフローリン金貨300枚もの大金を送った。そんな大金を前金で洋服屋に払っておきながら、しばしばお金に困って、1枚のビスケットと1杯の水を夕食代わりにすることもあった。実務的な知識に乏しく、債券のクーポンを切り取って利息を手にできることも知らず、金が必要になると、債券を丸ごと売り払った。

ダニエル・ウェブスターは、ある大事件で弁護を担当した報酬1000ドルを新札で受け取った。そのとき彼は書斎で読書中だった。翌日、金の一部を使おうと思ったが、どこにも見当たらなかった。それから何年かたって、一冊の本を開くと、そこにきれいな紙幣が1枚はさまれていた。さらにページをめくると、次から次へと紙幣が見つかり、結局、行方不明になった1000ドル全額が見つかった。本を読みながら、うわの空でその本に預金してしまっていたのである。

財務省から新たな金貨が発行されることを知ったウェブスターは、秘書のチャールズ・ランマンに命じて、その金貨数百ドル相当を手に入れさせた。1日か2日後、金貨を取り出そうとポケットに手を入れると、1枚も入っていない。ウェブスターは最初不思議に思ったが、やがて思い出した。金貨の美しさを褒めてくれた友人たちに1枚、また1枚とあげてしまったのだった。

ニューイングランドのある大学の数学教授はいわゆる「本の虫」だったが、妻からコーヒーを買って帰るように頼まれた。

「いかほどご入り用ですか？」と店主が尋ねた。

「そうだな、そう言えば妻は何とも言ってなかったが、1ブッシェル分の8ガロンもあれば足りるだろう」

偉大な人にはうっかり者が多く、時には常識に欠けているのではないかと思われるほどである。

「先生はご不在です」

召使いがそう告げた。窓から外の暗闇に目をやったものの、玄関をノックしているのが主人のレッシングだと気づかなかったのである。

「ああ、そうですか」とレッシングは答えた。「大丈夫です、また今度伺います」

書物に多くを期待しすぎてはいけない。

フランシス・ベーコンは、学問というものは「その使い道までは教えてくれないが、観察することによって得られる、学問なしでも使える実践的な知恵があることを教えてくれる」と言っている。教養を身につけすぎて実践的な経験には乏しいと、人間力がつかず、実生活に適応できなくなる。机上の学問だけに頼っている人間は、口やかましく自意識過剰なわりには臆病で、自分に自信が持てず、頭がよいので機械的で単調な仕事には向かないし、洗練されて教養があるだけに日常生活に適応できない人間になりがちだ。

書物や大学の学問というのは洗練されてはいるが、頭でっかちな教養でしかなく、生き生きとした活力や荒々しい力を犠牲にしてしまう場合が少なくない。書物だけで得た知識は、実践的な能力を奪ってしまいがちだ。「本の虫」は個性を失い、頭のなかは他人の理論や考えでいっぱいになってしまう。田舎を出るときには持っていた生き生きとした気持ちも、大学生活を送るなかでスタミナ切れしてしまい、卒業するときには、ほかの人間やものと取り組みあう力を失っていることに気がついて愕然とする。そして、人生という競争のなかで、チャンスには恵まれなかったものの、激しい生存競争をくぐり抜けたおかげでしっかりした常識と実践的な知恵を身につけた青年に出し抜かれてしまうのである。

大学を出た人間は、自分を支えるのに必要な松葉杖を自分の強みだと勘違いすることが多い。常識がめったに存在しない理想郷が彼らの住処となるが、世間は、彼らの理論や百科事典的知識になどほとんど興味がない。世間が求めているのは実際の役に立つ人間なのである。

「われわれはあなたがたと数週間をともに過ごした」

コロンブスはインディアンの酋長たちを前にそう切り出した。

「初めのうちこそあなたがたは友好的に振る舞っていたが、今ではわれわれをうとんじ、追い払おうとしている。以前は毎朝食料をたっぷり持ってきてくれていたが、今ではかなり量が少なく、しかも日増しに少なくなっている。あなたがたの神グレート・スピリットは怒っておられる。われわれに食料を提供するという約束を果たしていないからだ。グレート・スピリットは、その怒りを示すため、太陽を暗闇に包んでしまうだろう」

コロンブスは皆既日食が起きることを知っていて、それが起きる日時を伝えたが、インディアンたちはそれを信じず、食料の供給を減らしつづけた。

コロンブスが指定したその日、太陽が雲ひとつない空に昇った。インディアンは首を横に降り、敵意をむき出しにしはじめた。太陽の表面に影ひとつ落ちないまま数時間が過ぎ去ったからである。しかしやがて太陽の縁に小さな黒い影が現れた。その影が次第に大きくなるにつれ、インディアンたちは取り乱しはじめ、コロンブスの前にひれ伏して助けを求めた。

コロンブスは「可能ならばお前たちを救済しよう」と約束してテントに引っこんだ。そして、日食が終わる頃あいを見計らってテントから出てくると「グレート・スピリットはお前たちを許した。お前たちが彼の機嫌を二度と損ないさえしなければ、太陽から魔物を取り除くだろう」と告げた。

インディアンたちは手もなく約束し、太陽から影が消え去ると、跳ね回り歌いながら喜びの踊りを踊った。それ以後コロンブスたちは必要な食料を必要なだけ手に入れられるようになった。

アメリカの社会改革家で奴隷解放に力を尽くしたウェンデル・フィリップスは言っている。

「機転とは、避けられないものを受け入れてそれを活用することである」


「インディアンどもがやって来るぞ！」

ひとりの男が、興奮して叫びながらムーア家の住む丸太小屋に馬で駆けつけてきた。かなり昔のオハイオでの出来事である。

「元気な馬を1頭、できるだけ早く貸してくれ。やつらは昨日の夜、川向こうの一家を皆殺しにしている。次にどこに現れるか予想がつかない」

「私たちは一体どうすれば？」

青ざめた顔でムーア夫人が尋ねた。

「主人は昨日冬の備蓄品を買いに出かけてしまい、明日の朝まで戻らないのです」

「ご主人がいないだって？　そいつは困った。そうさな、できるだけしっかり戸締まりすることだ。暖炉もふさいで、今夜はいっさい灯りをつけないように」

男はそう言うと、息子たちが連れてきた馬に飛び乗り、ほかの開拓民たちに危険を知らせるべく走り去った。

ムーア夫人は年少の子どもたちをロフトへ連れて行き、オベッドとジョーを見張りとして残した。ふたりは、緊急事態なので、その危険な役回りにしぶしぶながら従った。

「やつらが来るぞ、ジョー！」

その夜早く、野原を移動する人影を見かけたオベッドがそうささやいた。

「そっちの窓のところで斧を持って待機していてくれ。ぼくはこっちからライフルで狙う」

そう言ってオベッドは銃弾入れを開けて一発取り出したが、それを見て卒倒しそうになった。その弾はライフルには大きすぎた。父親が間違った銃弾入れを出してあったのである。

もっと小さな弾丸はないかと、食器棚を手探りで探しているうちに、大きなかぼちゃにつまずいて転びかけた。それは、伝令が危険を知らせに来るまでのあいだ、ジョーと一緒に作っていた「ジャック・オー・ランタン」ふたつのうちのひとつだった。

オベッドは上着を脱いで、それをカボチャのランタンの上にかけると、暖炉のなかで燃えている炭を使ってカボチャのなかのロウソクに火をつけた。にやにや笑いを浮かべ、大きく見開いた目と鼻と口を持つ巨大な顔が闇に浮かび上がった。

「もたもたしていたら、やつらはすぐにも戦闘開始の鬨《とき》の声を上げるぞ」

そう言いながら、オベッドは上着で包んだカボチャを持ち上げて窓のところにかざした。

「今だ！」

オベッドが上着を取り去ると、　にやにや笑いの怪物が姿を現した。この世のものとも思えない悲鳴が上がり、インディアンたちは一目散に森へ向かって逃げていった。

「急げ、ジョー！　もうひとつのカボチャにも火をつけるんだ。あいつらがカボチャを見て肝をつぶしたのを見たろ？」

恐ろしい顔がもうひとつ現れると、再び悲鳴が上がり、それを最後にインディアンたちは森へと消えていった。

翌朝、父親と朝日が時を同じくして戻ってきたが、インディアンたちが戻ってくることは二度となかった。


「この川の川幅を教えてくれ」

ナポレオンは工兵隊長にそう命じた。橋のない川に行き当たり、そこを渡らねばならなかったのだ。

「陛下、それはできかねます。計測器を持っている隊は10マイルも先に行っております」

「今すぐこの川の川幅を測りたまえ」

「閣下、ご無理をおっしゃらないでください」

「すぐに川幅を突き止めるんだ。さもなくばお前はくびだ」

工兵隊長はかぶとのつばを下げて、その縁《へり》を通る目線が対岸と一直線に重なるようにすると、直立した姿勢を崩さないように気をつけながら向きを変え、視線が自分の立っている土手にぶつかる地点を記憶した。こちら側の土手も向こう岸と同じ高さだったので、工兵隊長は記憶した場所までの距離を歩いて測り、ナポレオンにこう告げた。

「これがおおよその川幅です」

工兵隊長は昇進を勝ち取った。


「これは何だ？」

ナポレオンは聖堂のなかに鎮座していた12個の銀の像を指差して聞いた。

「十二使徒の像です」との答えが返ってきた。

「下に降ろせ」とナポレオンは命じた。「溶かして硬貨にするんだ。彼らの主キリストと同じように、そいつらにもよい行いをさせてやろうじゃないか」


機転が生まれつきの才能に対して勝利を収める光景はいたるところで目にする。イギリスの首相を務めたロバート・ウォルポールものを知らない男だったし、神聖ローマ帝国皇帝のカール大帝は自分の名前もほとんど書けず、署名が本物かどうか判定する必要があったという。しかし、これら大物たちは人やものを熟知し、実践的な知恵と機転を持ちあわせていて、それで世界を動かしたのである。

機転は、アレクサンドロス大王がそうであったように、解きほぐせないゴルディアスの結び目を断ち切り、その力で栄光の勝利へと導く。機転のきく人間はチャンスを見つけるだけでなく、チャンスをつかみ取る。そこには何とも言葉では表しがたい「うまくやる」ための資質というものがあって、それが人生の一等賞を勝ち取らせてくれるのである。

ナポレオンは戦争に関することなら何でも自分でできて、火薬も作ることができた。聖パウロは、ユダヤ人に対してはユダヤ人のように、パリサイ人に対してはパリサイ人のように、弱い人に対しては弱い人のように振る舞い、少しでも多くの人を救おうとした。ヤシの木はあらゆる樹木のなかで最も固く、最も柔軟性のない木だが、南米の深い森のなかでは、命の綱である日光がさえぎられてしまわないように、ツタのように豹変して、手近にある幹をよじ登って太陽の光を受けようとすると言われている。

気にする価値もないようなささいな侮辱にいちいち腹を立てて、自分が気のきかない人間であることを露呈してしまう人間がいる。あるいは、風車相手に戦うドン・キホーテよろしく、演説家や編集者といった、弁論で圧倒的に有利な立場にいる相手に反論を試みる人間がいる。

ユーモア作家のアルテマス・ウォードは、その鋭いペン先で、この割れやすい風船を突いてみせる。

大統領やらなんやらをたくさん生んだバージニア州のどっかの町で、おいらは、いちおう人間の形をした新聞記者にひでえ目にあわされたことがある。そいつはおいらのショーをしこたま持ち上げて、おいらのことを都会的でジェントルマンの興行師だって褒めていたんだが、おいらが誰にも公平にしなくちゃと思って、チラシの印刷をほかの会社に頼んだとたん、そのしょうもない新聞記者は手のひらを返して、おいらのことをインディアンみたいに罵ったのさ。おいらのろう人形はインチキで、おいらのことを頭に角の生えた根なし草のごろつきだって呼びやがった。

最初は言い返してやろうと思ったんだが、よく考えてみりゃあ、やっこさんのほうが新聞を使っておいらをもっとひどくやっつけることができるんで、それであきらめたのさ。

でもって、おいらはこの機会を使ってみんなにアドバイスを送りたい。こういうひでえ新聞とぶつかっちまったときは、きっとそうなる人間もあると思うんだが、やつらに取りあっちゃあいけない。とりわけ暴力はだめだ。そんなことしたらスキャンダルになるし、スキャンダルってのはあいつらがいっとう欲しがっているもんだし、あんたらにとっては別の泥沼に飛びこむことになるだけだから。新聞記者ってのはたいていはいいやつだが、どんな群れにもくさったやつはいるもんだ。

「ユダヤ人たちがヨーロッパでもアメリカでも頭角を現したのは、商売の才能のおかげだね」ある旅人がひとりのユダヤ人に向かってこう言った。

「そのおかげで優位に立てたのさ。少なくともある種の業界ではユダヤ人以上の存在はないね」

「ユダヤ人が頭角を現しているのは確かだが……」と連れは答えて、こう続けた。「だけど、なんであんたは商売の才能なんて言うんだ？」

「あれは才能じゃないって言うのかい？」

「才能だって？　違うよ。あれは機転だよ。商売における才能と機転の差はこうだ。ある人間が誰かの店に入っていて、相手が欲しがっているものをなんとか売りつけたら、それが才能だ。ほかの誰かがその店に入っていって、相手が欲しがっていないものを売ったら、それが機転だ。われわれユダヤ人が持っているのは、その機転なんだ」

第13章
正確なこと、あるいは嘘がないこと

「ストラディバリは目を持っている。
偽物に眉をひそめ、本物を愛する目を」

正確さは誠実さの双子の兄弟だ。
――チャールズ・シモンズ（アメリカの聖職者、作家）

天才とは努力をいとわない無限の能力のことだ。
――トーマス・カーライル（スコットランドの哲学者）

私は中途半端な仕事が嫌いだ。正しいことなら、堂々とやり切ればいい。間違ったことなら、手をつけなければいい。
――バーナード・ギルピン（イギリスの聖職者）

どうせ靴屋になるならば、
町いちばんの靴屋になろう。
どうせ鋳掛《いか》け屋になるならば、
誰より上手にやかんを直そう。
——古くから伝わる歌

隣人よりもよい本を書き、よい説教をし、よいネズミ捕りを作ることができるなら、たとえ家を森の奥に建てたとしても、人は足しげく通ってくるだろう。

——エマソン（アメリカの思想家）

「お客さま、その時計は私が作り、私が調整したものです」

ロンドンの時計職人ジョージ・グラハムは、時計がどれだけ正確で信用できるか尋ねてきた顧客に対してそう言った。

「どこにもお持ち歩きください。7年後に訪ねてこられて、5分以上狂いが生じたとおっしゃるなら、代金はそっくりお返しします」

7年後、その客がインドから戻ってきた。

「ご主人、戻ってきましたよ」

「あのときの約束は覚えております」とグラハムは言った。「時計をこちらへ。何か問題がございましたか？」

客は答えた。

「7年間使ってきて5分以上の狂いが出たんだよ」

「まさか！　では代金をお返しいたします」

ところが客は「この時計は手放したくないのだ。代金の10倍をもらってもね」と言う。

「私のほうもお約束を破りたくございません。どんなことがありましても」

グラハムはそう言うと、代金を渡して時計を引き取り、以後それを時刻調整用の時計として使った。

グラハムはトーマス・トンピオンのもとで時計作りを学んだ。トンピオンは世界一とは言わないまでも、ロンドンで最も優れた時計職人であり、時計に彫られた彼の名は優れた品質を保証するものとみなされていた。あるとき、修理を依頼された時計に彼の名が彫られていたが、それは偽物だった。トンピオンは、その時計をハンマーで叩き壊し、あっけにとられる客に、自ら作った自信作を手渡して言った。

「お客様、こちらが私の作った時計です」

グラハムは「水銀補正振り子」「静止型脱進機」「太陽系儀」などを発明し、そのどれもが今でもほとんど形を変えずに使われている。彼がグリニッジ天文台用に作った時計は150年間も動きつづけており、調整は必要だが、それも15か月に一度ですむ。

トンピオンとグラハムは、その正確な仕事ぶりを称されて、ともにウェストミンスター寺院に埋葬されている。

船の航海をつかさどる航海士は、航海の安全性を確保するために、船が赤道から北ないしは南へどれくらい離れているか、グリニッジやパリやワシントンといった基準点から東ないしは西へどれくらい離れているかを知る必要がある。きわめて正確な時計があれば、太陽が出ていさえすればそれがわかるが、そんな時計はまだ発明されていなかった。

16世紀のスペインでは、おおまかに経度を割り出せる方法の発見に1000クラウンの懸賞金がかけられた。そのおよそ200年後にはイギリス政府がクロノメーター、すなわち高精度時計の発明に懸賞金をかけた。出港から5年後に60マイル以内の誤差なら5000ポンド、40マイル以内なら7500ポンド、30マイル以内なら1万ポンドだった。別の規定では30マイル以内なら2万ポンドとされており、これは不注意による手違いだった。

世界中の時計職人たちが賞金を狙って競いあったが、賞金のもらい手がいないまま1761年が明けた。その年、ジョン・ハリソンが自身の発明になるクロノメーターの試験を願い出た。試験の結果、ポーツマスとジャマイカ間を往復する147日間の航海で誤差は2分以内、往路だけならわずか4秒の誤差だった。バルバドス島への往復156日の航海では、誤差はわずか15秒だった。賞金2万ポンドは、40年間努力と実験を重ね、自身のクロノメーターの仕組みと同じくらい精細で器用な手先を持ったハリソンに支払われた。

「あんたが作れる最高の金づちをおれにこしらえてくれ」

ある大工がニューヨーク州のある村の鍛冶職人に言った。最初の鉄道が建設される前のことである。

「おれたち6人は新しい教会を建てるために来たんだが、金づちを家に置いてきてしまってね」

「私が作れる最高の金づちとおっしゃいましたか?」

鍛冶職人のデイビッド・メイドールは「本気ですか?」という顔をして尋ねた。

「私の作る最高の金づちとなりますと、お支払いが難しいかもしれませんよ」

大工は答えた。

「間違いなく払うとも。おれはいい金づちが欲しいんだ」

後日その大工が受け取った金づちは実際素晴らしいもので、これまでに作られた最高の金づちと言ってもよかった。金づちの頭に明ける穴をこれまでより長くすることにより、柄がしっかり食いこんで、頭が外れにくくなっていた。注文した大工の目からしても素晴らしい改良で、彼は自分が手に入れた宝物を仲間に自慢した。

ほかの大工たちは翌日店を訪れ、同じものを作ってくれと注文した。さらには、品物を見た建築業者が2本注文し、大工たちのものよりいいものにしてくれと頼んだ。

「あれ以上いいものは作れませんよ」というのがメイドールの返事だった。「何か作るときは、相手が誰であろうと、私は自分のできる最高のものを作ります」

村の金物屋もすぐに24本の金づちを注文した。これまでにあつらえたことのないような分量だったが、村へ売りこみに来たニューヨークの販売業者が、その金づちを洗いざらい購入したうえに、メイドールが作る金づちをすべて継続的に買い取る注文を出して帰った。

メイドールは、従来の品質を維持した製品を作りつづけるだけでも、巨額の富を手にすることができたはずだが、死ぬまで金づちの完成度を少しでも高める努力をやめようとしなかった。

金づちは通常品質証明書などなしに売られているが、頭部に刻印された「メイドール」の文字は、世界最高の品質を保証するものとして広く認知されている。

人格こそが力であり、世に対する最高の広告なのである。


「ありのままの私を描いてくれ、イボであろうが何であろうが」

清教徒革命の指導者オリバー・クロムウェルは、肖像画家にそう注文した。クロムウェルを喜ばせようと、画家はホクロを描くのを省略していたのだった。


「お父さん」と少年が父親に話しかけた。「昨日の夜、家の前の道でものすごい数の犬を見たよ。間違いなく500匹はいた」

「そんなに犬がいるわけないだろう」と父親は言った。

「でも100匹はいたよ、絶対」

「そんなはずはない。この村に100匹も犬がいるとは思えない」

「でも10匹より少ないってことはないよ。それは本当だよ」

「それもどうかな」と父親。「お前はそんな数の犬しか見ていないのに、間違いなく５００匹も見たと言ったんだからな。二度も事実と違うことを言ったんでは、お前の言うことは信じられない」「でもさ」とうろたえた少年は言った。「少なくとも、うちのダッシュともう1匹は見たよ」

話を面白くしようとして誇張したこの少年を非難するのは簡単だが、「こんなひどい雨は初めてだ」とか、来る日も来る日も「この夏いちばんの暑さだ」とか「この冬いちばんの寒さだ」と言っている人間は、少年に比べてどれほど正直だと言えるだろうか？

策略やたくらみやごまかしのない正直さほど、あらゆる人間が尊重し敬意を払うものはない。正直に振る舞うことは、その人の人格のよさと目的の正しさを示すものであり、誰もが進んで信頼を置いてくれる。

相手の感情を害さないためだけに口当たりのいいことを言うこと、真実を語らずに沈黙を貫くこと、口を濁したり、言い逃れたり、はぐらかしたり、その場しのぎの発言をして真実を隠そうとすること、真実から目をそむけること、ふた股をかけること、誇張すること、本意ではないのに人の意見に同調すること、目の表情やうなずきや笑顔や身ぶりで相手をだますこと、心にもないことを言うこと、知りも考えも思ってもいないことにそんな素振りを見せること――それらはすべて不誠実さやいつわりが形を変えて現れたものであり、その根底には正確さの欠如がある。

自然界にはいかなるいつわりも不誠実さも手抜き仕事も見られない。今でも、天地創造の朝のエデンの園と少しも変わらぬ正確な色合いと形で、花は咲き、水晶は結晶する。女王様の家の庭に咲くバラの花のほうが、道端の雑草だらけのやぶのなかや、人目の届かない谷間でひっそりと花開き色づくバラよりも、美しく、かぐわしく、完璧だなどということもない。地中奥深くで発見される水晶も、地上に現れた水晶と同じ誠実さで作られている。小さな雪のひとひらでさえ、見るからにささやかな存在であり、降り積もる雪の山のなかに埋もれてしまう運命なのに、華やかなお披露目会に備えるかのように誠実に、妙なる美しい姿に自らを仕上げる。惑星たちは、果てしないとも思える軌道を目の回るような速さで動いていながら、定められたときに定められた場所に戻ってくる。その動きはまさに「不変の神の意志の現れ」のようである。

レオナルド・ダ・ヴィンチは、あの傑作『最後の晩餐』のほんのわずかな色合いを修正するためにミラノじゅうを歩き回った。

「アレキサンダー・ポープは（原稿を印刷に回してから）1行1行にいたるまで2回見直した」と、彼の詩集を出版したドズリーは語っている。

イギリスの歴史家エドワード・ギボンも自伝を9度書き直し、『ローマ帝国衰亡史』の初めの数章は18度も書き直した。

モンテスキューはある著作について友人にこう言っている。「君はこの本を数時間で読み終えるだろうが、私はこれを書くのに髪が白くなるほど苦労したんだ」と。彼は自分の目指すところをあますところなく実現するために、昼は書斎で、夜は夢のなかで仕事をしていたのである。

社会改革運動家のジョージ・リプリーは言う。

「どんなときでもできるかぎりよい文章を書こうとしない人間は、そのうちどんなときにもよい文章を書けなくなってしまう」


それなりに名をなした昆虫学者が、自分の知識をさらに磨くために、著名な生物学者ルイ・アガシーのもとに教えを乞いに来た。アガシーはその昆虫学者に1匹の死んだ魚を渡して「目を使いなさい」と告げた。2時間後、アガシーはこの新米の弟子の様子を見に来て、すぐにこう言った。

「魚を本当に見ることができていない。もう一度やってみなさい」

再度様子を見に来たアガシーは首を横に振りながら言った。

「目を使っているようには見えない」

これが昆虫学者の熱意に火をつけた。彼はそれまでは気づかなかった細部にまで注意を払うようになったため、3度目にアガシーがやって来たときには、アガシーに声をかけられるまでそのことに気づかなかった。

「それでいい」とアガシーは言った。「ようやく目を使えるようになったようだな」

1805年、ナポレオンは英仏海峡沿岸に敷いていた大陣営を撤収し、ドナウ川方面へ向かうよう命じた。ナポレオンの頭のなかではさまざまなアイデアがいくつも浮かんでいたが、部下たちに命令だけ与えて、実行の細部を任せてしまうのは気に入らなかった。ナポレオンは、部下たちなら気にもとめないような細かいところにまでもれなく気をくばり、出陣ラッパが鳴る前には、各隊が進むべき正確な道筋、駐屯地を離れるべき正確な日時、さらには目的に到着すべき正確な時刻にいたるまでこと細かに計画を作っていた。あらかじめ徹底的に考え抜かれたこうした細部は一字一句にいたるまで正確に遂行され、それがアウステルリッツの戦いでの勝利へと結びつき、その後10年間のヨーロッパの運命を決めたのであった。

作家のウォルター・スコット卿は、作品の題材にするために廃墟となった城跡を訪れたとき、近くに生える野草や野花の名前までひとつひとつノートに書き取った。そうすることによって初めて作家は自然な描写ができるというのが彼の弁だった。

ガーフィールド大統領は、スクラップブックのほかに、50ほどの仕切りがある大きなケースを持っていた。それぞれの仕切りには「エピソード」「選挙関連法と選挙管理委員会」「フランスによる略奪」「政治一般」「ジュネーブ裁定」「議会決定事項」「公職」「国家の政策」「関税」「アメリカの歴史」といったラベルが貼られ、大統領の目にとまった価値ある情報はそっくりそのまま正確に保管された。ガーフィールドが念入りに準備して何かのテーマについて話すとき、彼ほど順序立てて話ができる者はいなかった。

正確さを重んずる人たちというのは几帳面な人たちであり、几帳面とは人格にほかならない。

「小麦1万ブッシェル、単価1ドルでオファーあり。買う？　高すぎる？」

サンフランシスコの業者がサクラメントの業者にそう電報を打った。

「ノープライス・トゥー・ハイ（高すぎることはない）」という返事が返ってきた。しかし本当は

「ノー、プライス・トゥー・ハイ（いや、高すぎる）」と打つつもりだったのだ。句読点が抜け落ちてしまったことで、サクラメントの業者は1万ドルを失うことになった。

このようなちょっとした不注意によって、どれほど多くの人間が富や命を失い、どれほど多くの恐ろしい事故が起こされてきたことか。「不注意」「無頓着」「だらしない」「ずさんな金銭管理」……これらは人生に失敗した多くの者たちの墓石に彫られてしかるべき言葉だ。どれほど多くの事務員、会計係、聖職者、編集者、そして大学教授らが不注意や不正確さによって地位や名声を失ってきたことか。

ジョナス・チッカリングは、ピアノの製造技師として働きはじめた当初から、何をするにも精魂こめた丁寧な仕事ぶりで知られていた。チッカリングにとって、ピアノの製造過程においてないがしろにしていいところはどこにもなかった。かける労力や時間など、それによって得られる精度や知識と比べればどうということもなかった。

彼はすぐに自前の工場を持ってピアノを作るようになった。自分の理想とするピアノを作ろうと心に決めていた。演奏者が余計な苦労をしなくとも、豊かで陰影に富んだメロディを紡ぐことができるピアノ、温度変化にも強く、正確で澄んだ音をいつまでも出すことのできるピアノを。

新たにピアノを作るたびに、以前よりもよいものを作ろうと努力した。非の打ちどころのないピアノを作ることが彼の目標だった。終生、最後の仕上げは自分で行い、ほかの誰にも任そうとしなかった。ピアノを作るにせよ売るにせよ、いっさいのごまかしを許さない、誠実で隠しごとをしない率直さを通し抜いた。

同業者のなかで彼に並ぶものはいなかった。チッカリングという名前のブランド力に目をつけたあるピアノメーカーが、マサチューセッツ州議会の許可を得て、社名を「チッカリング」に変更した。それを知ったチッカリングは議会に請願書を提出し、社名の変更を差し止めさせた。人格には道徳的な価値だけでなく、商業的な価値もあるのである。


イギリスの画家ターナーに、父親は家業の理髪師を継がせるつもりでいたが、息子が絵画の才能を見せはじめたため、しぶしぶながら芸術の道へ進むことを許した。

ターナーはすぐに腕を上げたが、生活のためにやれる仕事は何でもやった。ガイドブックや年鑑のさし絵を描く仕事が多く、報酬はすずめの涙だったが、どんな仕事でもけっして手を抜かなかった。彼の仕事には、報酬の何倍もの価値があったが、そのうち報酬も増え、もらえる仕事の質も向上していった。人は誠実に仕事に取り組む人間を求めており、そういう人間にはそういう人間にふさわしい仕事を任せるものだからである。

こうしてターナーは苦労して道を切り開き、やがて自分で仕事を選べるまでになった。その作品自体が市場価値を持つようになり、彼の絵の持つ優れた芸術性――今でもなお完全には評価され尽くしていない芸術性に周囲の人が気づくにつれて、その市場価値も上がっていった。

ターナーは、風景画の分野において巨匠と言われていた人たちを次々と超えていき、これまで誰も試みたことのないタッチで、比類なき業績を残した。文学におけるシェイクスピアのように、風景画の分野においてターナーは史上最高の名前となった。

アレクサンドル・デュマは、出版社に何度作品を持ちこんでも断られてしまうという友人から相談を受けて「プロの代筆者にきれいな字で清書してもらい、タイトルも変えろ」とアドバイスした。友人がアドバイスどおりにすると、その作品は、以前採用を断った出版社から喜んで受け入れられた。

このように作品としては優れているのに、字が汚いという理由で採用を断られる文学作品が少なくない。われわれは、優れた知恵でも、隠れた財宝でも、とにかく手に入れられるものは何でも手に入れようとする。それと同じように正確さも手に入れる努力をしなければならない。

仕事を正確に行う習慣をつけ、伝染病を避けるようにずさんな金銭管理を避けよう。不注意や無頓着は億万長者でさえも瞬く間に滅ぼしてしまう。大成功を収める人間は、ほとんど全員が正確で労を惜しまない人たちだ。正確さは人格であり、人格は力なのである。

第14章 あきらめなければ道は開ける

いかなる偉業も初めは絵空事から始まる。

――トーマス・カーライル（スコットランドの哲学者）

勝利は最も粘り強い人間のものである。

――ナポレオン

成功とは、多くの場合、成功するまでの所要時間を知っているかどうかにかかっている。

――モンテスキュー

たゆまず前に進みつづければ、顔つきからは困難の文字が消え、不可能と見えたものにさえ道が開ける。

――ジェレミー・コリアー（イギリスの批評家）

「汝は水のごとく心定まらぬゆえ、他に秀でることはできぬ」

——新約聖書「創世記」より

けっしてたゆまぬ精神、けっしてたじろがぬ眼、けっして揺るがぬ心——それらが勝利を確実にする。

——エドマンド・バーク（イギリスの政治家）

「観客が総立ちで喝采してくれた！」

シェイクスピア俳優のエドマンド・キーンは上演初日、自宅に急いで帰ると、心配で震えている妻に向かって、感情のほとばしりを抑えきれないかのようにそう叫んだ。

「メアリー、君は馬車に乗れるし、息子のチャールズはイートン校に行けるぞ！」

それまでがむしゃらに努力を続けてきたキーンは、こうして時代に足跡を残すことになった。小柄で肌が浅黒く、生まれつきしゃがれ声だったが、まだ若いうちから、将来はマッシンジャーの劇のジャイルズ・オーバーリーチ卿役を演じ、誰にも真似のできない演技をするのだと心に決めていた。その役を演ずるために、何ものにもとどめることのできない粘り強さで稽古に稽古を重ね、夢が現実のものとなったとき、圧倒的な成功によってロンドンじゅうをひれ伏させたのである。

「私の教科書は空と大地だけだった。あれは誰にも開かれている」と言ったのは16世紀フランスの陶芸家ベルナール・パリシーである。

　1528年、パリシーは18歳でフランス南部の実家を後にした。ガラスに絵づけする職人にすぎなかったが、芸術家としての魂を持っていた。イタリア製の優雅なカップを目にして全身を揺さぶられるような衝撃を受けた瞬間から、そのカップと同じ光沢を出せる釉薬《うわぐすり》を見つけるという決意が恋愛感情のように彼をとらえて離さなくなった。

　何か月も何年もさまざまな実験を行って釉薬の原料を研究した。ひとつ窯を作って失敗すると、また次の窯を作った。大量の薪を燃やし、膨大な薬品や陶器を瓦礫へと変え、無限とも思える時間を費やしたあげく、資金が底をつき、薪を買うこともできなくなったため、普通の窯で実験せざるを得なくなった。その結果も完全なる失敗だった。しかしパリシーはすぐに一からやり直そうと決意し、300もの陶器を焼きあげた。そしてそのうちのひとつが美しい光沢で覆われていたのである。

　この製法を完成させるため、新たなガラス窯を作った。そのためにレンガを自ら背負って運んだ。そしてようやく最初の試作を始めるときが来た。しかし、6日間燃やしつづけても釉薬は溶けてくれない。またも資金が尽きたが、借金をして実験用の陶器や薪を買い、理想とする釉薬を求めて実験を再開した。再び窯に火を入れたが、何の成果も得られず、燃料だけが底をついた。庭のフェンスの板を引き抜いて窯にくべたが、それも無駄に終わった。家具も同様の結果に終わった。

　そしてついに食器戸棚までが解体されて窯へと投げこまれた。すると大きな炎が上がって、それが釉薬を溶かした。大いなる秘密を解き明かした瞬間だった。ここでもまた粘り強さが勝利を収めたのである。

粘り強さは、エジプトの大地にピラミッドを築きあげ、エルサレムにきらびやかな寺院を建て、中華帝国を堅牢な城で囲み、雲さえも下に見る荒ぶるアルプスを征服し、波高き大西洋に航路を開き、新大陸の森を切り開いてそこに村や町や国を築かせた。

粘り強さは石のかたまりから美しい天才的造形を生みだし、カンバスの上に自然の壮麗なる模写を描かせ、金属の表面にかそやかな影を刻みこんできた。

粘り強さは何百万もの紡錘と何百万もの飛び杼《ひ》を駆使して布を織り、何千もの機関車に貨車をつないで、町から町、国から国へと縦横無尽に走らせ、岩山を貫き、目にも止まらぬ速さで空間を切り開いた。万国の船の帆で世界中の海を白く染め、あらゆる海を股にかけ、あらゆる土地へと分け入らせた。宇宙のさまざまな現象を同じ数だけの科学へと還元し、宇宙の法則を解明し、その未来の姿を予測し、その未踏の地を測量し、無数の星々を数えあげ、距離や大きさや速度を算出した。

こつこつ手に入れる小銭のほうが、濡れ手に粟の紙幣よりも確実だ。ゆっくり走る馬は疾走する競走馬より距離を稼げる。才能は素早くて機敏だが疲れるのも早く、粘り強さは長持ちして最後には勝つ。一日中動き回る馬がレースに勝ち、昼を過ぎてから動く男は栄冠を手にできない。釘を奥まで打ちこむのは最後の一撃なのである。

ある記者がトーマス・エジソンに尋ねた。

「あなたの発明の多くは、優れた直感力から生まれるのでしょうか？　夜眠れないときにふっと思いつかれたりするのでしょうか?」
「私は偶然何かに取り組んだことは一度もない」とエジソンは答えた。「私の発明で、偶然生まれたというものもひとつもない。蓄音機だけが例外でね。何か価値あるものを手に入れようと決めたら、目標に向かってわき目もふらず、結果が出るまで試行錯誤を繰り返す。私は商業的な価値のある発明にしか手を出さないようにしている。私には、大衆受けするだけが取り柄の、珍しい電気おもちゃなんかに使う時間はない。私は発明が好きなんだ。ほかに理由を思いつかない。何であれいったん始めると、四六時中そのことばかりが頭にあって、結果を出して一件落着となるまで気が落ち着かないんだ」

仕事に全身全霊を打ちこむことのできる人間は確実に何事かを成し遂げる。その人間が才能と常識とを備えていれば、大きな成功を収めることができるだろう。

ギボンは『ローマ帝国衰亡史』を完成させるのに20年をかけた。

ウェブスターは英語辞書の編纂に36年を費やした。言葉を集め、それらに語義を与えることに生涯を捧げたウェブスターの粘り強さは何と崇高なことだろうか。

ジョージ・バンクロフトは26年をかけて『合衆国の歴史』を執筆し、ニュートンは『古代王国年代学』を15回も書き直した。

イタリアの画家ティツィアーノはカール5世にこう書き送っている。

「陛下に『最後の晩餐』をお送りいたします。7年間ほとんど毎日欠かさず取り組んで完成させたものです」

彼はサン・ピエトロ・マルティーレの絵にも8年を費やした。ジョージ・スティーブンソンも15年をかけて蒸気機関車を完成させ、ジェームズ・ワットは20年をかけて蒸気機関を作った。

ウイリアム・ハーベーは血液循環の発見を本にまとめるのに8年もの時を費やしている。当時彼は仲間の医師たちから「頭がおかしくなったペテン師」と呼ばれた。非難や嘲笑のただなかで25年間待ちつづけ、ようやく偉大な発見が医学界から評価されることとなったのである。

イギリスの美術評論家ジョン・ラスキンは、画家ジョシュア・レイノルズの言葉を引用してこう言っている。

「才能に頼ってはいけない。才能があるなら、努力がそれをさらに向上させるし、才能がないなら、努力がそれを補うだろう」

状況に立ち向かえば強さが生まれる。抵抗力という名の強い力を与えてくれるのだ。障害をひとつ乗り越えると、次の障壁を乗り越える大きな力がもたらされる。

1492年2月。アルハンブラ宮殿の美しい門からひとりの白髪の男がとぼとぼと出てきた。垂れた頭が乗ったラバの背中にくっつきそうなほど意気消沈していた。

その男は少年の頃から「地球は丸い」という考えに取りつかれていた。ポルトガルの沖400マイルの海で見たこともない木彫りの破片が回収され、また沿岸ではどの人種とも似ていない人間の死体が2体発見されていた。男はそれが西方にある未知の陸地から流れてきたのだと信じていた。

しかしその日、新たなる発見への航海を援助してもらおうという彼の最後の頼みの綱が切れてしまったのである。ポルトガル王ジョアン2世は、彼を援助する素振りを見せておきながら、密かに自前の探検隊を送り出してしまっていた。

彼は人から食べ物を恵んでもらったり、地図や海図を書いて売ったりして、飢えをしのいできた。妻には先立たれ、友人たちには気がおかしくなったと言って見放された。

カスティリヤ王国のフェルナンド2世と、女王のイサベル1世に召集された諮問委員会は、西に向かって航海を続ければ東の国へ行きつくという彼の理論を嘲った。

「しかし、太陽も月も丸いではないですか」とコロンブスは言った。「地球が丸くて何がいけないんでしょう?」

「もし地球が丸いなら、何が地球を支えているんだ?」と諮問委員会のメンバーたちは尋ねた。

コロンブスは言い返した。

「では何が太陽や月を支えているんでしょう?」

「だが一体どうしたら人間は、天井のハエみたいに逆立ちして歩くことができるんだ? 木だって逆立ちでは育ちにくかろう」と学識ある博士が言った。

「池の水はこぼれるし、われわれも落ちてしまうはずだ」と別の科学者がたたみかけた。

「その考えは聖書の教えにも反している。聖書には『空は天幕のごとく広がっており』とある。当然地球は平らだ。地球が丸いなどと言うのは異端の考えだ」と司祭がダメを押した。

落胆したコロンブスは、フランスのシャルル8世に支援を仰ごうと考えながら、アルハンブラ宮殿を後にした。すると、自分を呼びとめる声がした。コロンブスの古い友人のひとりがイサベル女王にこんな進言をしたのだ。

「コロンブスの信念が本当だと証明されたら、わずかな費用で絶大な名声を手にすることがおできになりますよ」

「よろしい、やってみましょう」とイサベルは言った。「私の宝石を担保にして資金を集めましょう。彼を呼び戻しなさい」

コロンブスは踵を返した。それと同時に世界も方向転換したのである。

探検に進んで参加しようという船員はひとりもおらず、王と女王が強制的に参加させた。出発の3日後、漁船よりわずかに大きいだけのピンタ号が遭難信号を出した。舵が壊れたのである。船員たちは恐怖におののいたが、コロンブスはインド産の黄金や宝石の絵を見せて彼らをなだめた。

カナリア諸島から西に200マイル進んだところで、羅針盤が北極星を指さなくなってしまった。船員たちは今にも反乱を起こしそうになったが、コロンブスは、北極星は真北にあるのではないと言って彼らを説得した。

出発地から2300マイル進んだ頃――コロンブスは船員たちにまだ1700マイルだと伝えていたが――果実をつけた木の枝が流れてきた。辺りには陸に住む鳥が飛びかいはじめ、見たこともない風変わりな木彫りの破片も流れてきた。

そして10月12日、コロンブスは西インド諸島のひとつサン・サルバドル島に上陸し、そこにカステイリヤ王国の旗を掲げることになる。

サイラス・フィールドが、ひと財産を築きあげた事業から退いたのは、大西洋に海底ケーブルを敷き、ヨーロッパとアメリカ間で電気通信できるようにしたいという夢に取りつかれたからだった。

彼はそのプロジェクトに全力を投入した。まず手始めにニューヨークからニューファンドランド島セントジョンズまでの1000マイルに電信ケーブルを敷く必要があった。400マイルにも渡る未開の森を通さなければならないため、電信ケーブルだけではなく、ニューファンドランド島に新たな道も切り開かねばならなかった。ニューファンドランド島からケープブレトン島までのセントローレンス湾にケーブルを敷くのにも、ケープブレトン島を横断する140マイルのケーブルを敷くのにも多大な労力を要した。

苦労の末にイギリス政府からの協力を取りつけることができたが、アメリカ議会では有力なロビー活動による熾烈な反対にあい、彼の法案はわずか1票という僅差で上院を通過した。

ケーブルは、クリミア戦争のセヴァストポリの戦いでイギリス軍の旗艦を務めたアガメムノンと、アメリカ海軍の最新式蒸気フリゲート艦ナイアガラに積みこまれた。しかし5マイル繰り出したところで、ケーブルが機械に絡まって切れてしまった。

2度目の挑戦では、200マイル進んだ海上で突然電流が失われた。作業員たちはまるで死に直面したかのようにぴりぴりし、沈んだ様子でデッキの上を歩き回った。そして、フィールドがケーブルの切断を命じようとしたまさにそのとき、途絶えたときと同じように、唐突かつ理由もわからないまま電流が復帰した。次の夜、船は時速4マイルで進んでいるにもかかわらず、ケーブルが時速6マイルの割合で繰り出されていたため船が大きく傾き、あわててブレーキがかけられたが、ケーブルは切断されてしまった。

フィールドはものごとを途中で投げ出すような男ではなかった。700マイル分のケーブルが追加発注され、長いケーブルを扱うのに適した機械を開発するため、ある優秀な技術者が駆り出された。アメリカとイギリスの技術者たちはよく協力しあって機械を完成させた。

今回は、大西洋の真んなかで全長の半分の長さのケーブル同士が接続され、2隻の蒸気船は反対方向へと進みはじめた。1隻はアイルランドへ、もう1隻はニューファンドランド島へと向かいつつ、ふたつの大陸が結ばれることを期待して、かけがえのない貴重なケーブルを繰り出していった。2隻の船が3マイル近く離れたところでケーブルの接続が切れてしまった。再度ケーブルが接続されたが、今度は80マイル離れたところで電流が途切れた。三たびケーブルが接続されたが、200マイルほど繰り出したとき、アガメムノンから20フィートほどの箇所でケーブルが切れ、2隻の船はアイルランドの沿岸へと戻った。

担当者たちは意気消沈し、大衆は疑いの目を向け、出資者たちは気弱になった。ほとんど食事も睡眠もとらず、昼夜なく取り組みつづけたフィールズの不屈の闘志と説得がなかったら、このプロジェクトはすべて打ち切られていたであろう。

ついに3度目の挑戦が始まり、作業は順調に進んでいった。ケーブルは破損することなく敷設が完了し、およそ2000マイルの距離をメッセージが飛びかったが、突然通信が断絶した。

今や信念は死に絶えたかのようだったが、サイラス・フィールドとその友人たちだけは例外だった。彼らは粘り強く活動を続け、周りから見ると賢明とは思えない次なる挑戦に向けて人びとを説得し資金を集めた。さらに質を向上させた新品のケーブルがグレート・イースタン号に積みこまれ、ゆっくりと海を進みながらケーブルを繰り出していった。ニューファンドランド島から600マイルの沖合まではすべて順調に進んでいたが、そこでケーブルがぷつりと切れ、海の底へと沈んでいった。何度かケーブルの引き上げが試みられた後、事業は1年間放棄された。

こうしたあらゆる困難にもくじけることなくフィールドは強い意志を持ちつづけ、新たなチームを組織して、従来使っていたのものよりはるかに質の高いケーブルを開発した。そして1866年7月13日にケーブルの敷設が再開され、それはフィールドがニューヨークに送った次のメッセージで幕を閉じた。

> 心満ち足りて　7月27日
> 今朝9時当地に到着。万事順調。ばんざい！　ケーブルは敷設され、完璧に機能している。
> サイラス・W・フィールド

海に沈んだケーブルも引き上げられて修理が施され、ニューファンドランド島まで敷設された。この2本は今でも働きつづけており、今後もずっと活用できる見込みである。

成功するのに重要なのは、持って生まれた能力や友人、恵まれた環境よりも、粘り強さであると言われる。才能は努力と競うともろさを見せ、偉大な力は偉大な勤勉に道を譲る。才能はあるに越したことはないが、粘り強さがあれば鬼に金棒だ。

「バイオリンを弾けるようになるにはどれくらい時間がかかりましたか？」

ある若者がフェリーチェ・ジャルディーニに尋ねた。

「毎日12時間を12年間だ」と偉大なバイオリニストは答えた。

オペラ歌手のマリア・マリブランはこう言っている。

「練習を1日怠ると歌声の違いに自分が気づく。2日怠れば友人たちが気づく。1週間怠ったら世界中ができの悪さに気づく」

たゆまず粘り強く努力することが、自分の素晴らしい能力の対価であることを彼女は発見したのである。

『フランス革命史』を執筆中のトーマス・カーライルを襲った不幸は誰もがよく知っている。第1巻の原稿ができあがって印刷に回す前に、カーライルは隣人に原稿を貸した。その隣人が原稿を床に置きっぱなしにしていると、女中がそれを手に取って火にくべてしまった。それを知ったときのカーライルの落胆ぶりは想像にあまりあるが、彼は簡単にあきらめる人間ではなかった。膨大な量の書物や文献に当たりながら執筆すること数か月、たった数分で灰となった原稿を再びよみがえらせたのである。

博物学者のオーデュボンは、銃とノートブックを手にアメリカ各地の森で2年間を過ごし、鳥たちの姿をたくさんのスケッチに残した。彼はそれらの絵をしっかりと箱にしまって休暇旅行に出かけた。旅行から帰ってきて箱を開けると、野ネズミたちが美しいスケッチのなかに巣を作っていた。スケッチは一枚残らずずたずたになっていた。オーデュボンはひどく落胆したが、再び銃とノートブックを手に取ると、森へと向かった。スケッチを復元することができたばかりか、最初よりできがよくなっていた。

大政治家のダニエル・ウェブスターは、フィリップス・エクセター・アカデミーの生徒だった頃、どうしてもほかの生徒たちの前でスピーチをすることができなかったと明かしている。細部まで練りに練って原稿にし、部屋で練習をするのだが、名前が呼ばれ、全生徒の目が自分に向けられたとたん、目の前が真っ暗になり、覚えていたことが頭のなかから吹き飛んでしまうのだという。しかし彼は、のちにアメリカ最高の演説家となった。

ウェブスターのしつこい性格は、アカデミーでのある出来事によく表れている。校長が、ハトを撃った罰としてウェブスターにウェルギリウスの詩を100行暗記するよう命じた。校長がその午後ある列車に乗ることを知っていたウェブスターは、教室に戻って700行を暗記し、列車の出る頃になって校長のもとへ行き、暗唱を始めた。100行を過ぎても暗唱をやめず、とうとう200行に達した。校長は気づかわしげに時計を見てはいら立ちを募らせていたが、ウェブスターはいっこうにやめようとしなかった。とうとう校長はウェブスターを止めて、あとどれくらい残っているのかと尋ねた。「あと500行ほどです」とウェブスターは答え、再び暗唱を開始した。

「残り一日中ハトを撃っていてよろしい」と校長は言った。

古代ギリシャの劇作家エウリピデスのライバルの劇作家は、エウリピデスが3行書くのに3日かかるのを笑ったことがある。自分は3日で500行を書きあげていた。エウリピデスはこう言い返した。「君が3日で書いた500行は忘れられてしまって残らないだろうが、私の書いた3行は永遠の命を保つだろう」

ソローがニューイングランドの牧歌的風景を描いた処女作『コンコード川とメリマック川の1週間』はまったく売れず、印刷した1000部のうち700部が出版社から返品されてきた。ソローは日記にこう記している。

「私の書斎には900冊ほどの蔵書があるが、そのうち700冊は自分が書いたものだ」

それでも彼は、それまでと変わらぬ意志でペンを取りつづけたのである。

転がる石に苔は生えない。粘り強いカメは、足は速いが気まぐれなウサギを追い抜く。一日1時間ずつ12年続ければ、高校4年間で課せられる学習時間と同等以上になる。一冊の本を何度も読み返すことが多くの人間を一人前にしてきた。

イギリスの作家ブルワー・リットンはこんなことを言っている。

「粘り強さとは勝利を手にする者が持つ勇気である。運命に立ち向かう人類、世界に立ち向かう個人、物質に立ち向かう精神が持つ卓越した美徳である。それゆえ、粘り強さは神が与えたもうた勇気なのである。その社会的重要性――人類や人類が作った組織にとっての重要性――はどれだけ力説しても力説しすぎることはない」

根気のなさは多くの失敗の原因となっており、今日の億万長者を明日の物乞いに変えてしまう。粘り強さへのご褒美ではない大成功というものがひとつでもあるのなら見せてほしい。ティツィアーノを有名にした絵の一枚は彼のイーゼルに8年、もう一枚も7年置かれたままだった。人気作家たちもどのようにして名声を獲得するにいたったのだろうか？　原稿料なしに何年も書きつづけ、単なる習作として何百枚もの原稿を汚し、ガレー船をこぐ奴隷のように半生を文学に捧げ、ようやく手にする見返りが……名声なのである。

エドマンド・バークは言う。

「けっして絶望してはいけない。だがもし絶望したのなら、その絶望のなかで取り組みつづけなさい」

ヘラクレスの頭が獅子の毛皮で覆われ、その鋭い爪を持つ腕が胸元で結ばれているのは、苦難に打ち勝てば、その苦難が今度は力となることを示すためだ。不屈の闘志に栄光は輝く。

第15章 逆境のもとで成功をつかむ

簡単に手に入る勝利は安っぽい。苦しい戦いの末にもたらされる勝利だけが手にする価値がある。

――ヘンリー・ウォード・ビーチャー（アメリカの牧師）

凡人は逆境に手なずけられておとなしくなってしまうが、非凡な人間は逆境を征服する。

――ワシントン・アーヴィング（アメリカの作家）

「この3つの隊を連れてスタテン島へ渡りたいんです」

12歳の少年が宿屋の主人にそう言った。1806年のある日、ニュージャージー州サウスアンボイでのことである。

「渡し船の運賃6ドルを貸してくださるなら、馬の1頭を借金のかたとして置いていきます。48時間以内にお金を返さなかったら、その馬は差し上げます」

宿屋の主人は、そんな変わった申し出をする理由を聞いた。その理由とはこうだった。サウスアンボイの対岸にあるサンディフック半島付近で船が座礁し、その船の積み荷を回収し、ニューヨークまで運ぶという仕事を少年の父親が請け負った。少年は、その積み荷をサウスアンボイまで運び、フェリー業者に渡す任務を与えられ、3台の荷馬車と6頭の馬、3人の男とともにサンディフック半島へ送りこまれたのである。その任務は果たしたものの、ニュージャージー州の長い砂浜を越えて自宅まで戻る長旅の旅費として6ドルしか与えられていなかったため、サウスアンボイに到着したときに無一文になってしまった。

「お金は貸そう」

宿の主人は、少年の澄んだ誠実そうな目をまっすぐに見て言った。

借金のかたに渡した馬はほどなく少年のもとへと戻された。

1818年、コーネリアス・ヴァンダービルトは、ニューヨーク港に2、3隻の最高級スクーナー船を持ち、9000ドルの資産を手にしていた。しかし、帆をあげて進むだけのそうした船よりも蒸気船のほうがほどなく主流になると考えたヴァンダービルトは、順調だった仕事を放棄して、年俸1000ドルで蒸気船の船長となり、それから12年にわたり、ニューヨーク～ニューブランズウィック間の蒸気船の船長を務めた。

1829年に蒸気船オーナーとしての事業に乗り出したが、同業者からの猛烈な反発にあい、最後の1ドルまで失ってしまった。しかし、その後潮目が変わり、瞬く間に成功を収めると、最終的には

100隻以上の蒸気船を所有するにいたった。鉄道への関心の高まりにも早くから目をつけて事業に参画し、当時におけるアメリカ一の富豪となった。

「君が生まれるとき、雄弁さも一緒に生まれてきたんだろうね」

名演説家として知られたアイルランドの政治家ジョン・フィルポット・カランに友人が言った。

「ところが、君、そうじゃないんだ」とカランは答えた。「雄弁さは私より23年と数か月遅れて生まれてきたんだ」

そう言ってから、カランは弁論クラブで初めて演説をしたときの話をした。

「立ち上がったとき私は、体のあらゆるところが震えていた。でも、今日はキケロのもの真似をしているにすぎないんだからと思い出して、勇気を振り絞って『議長』という言葉を口にしかかった。ところが、全員の視線が自分に集まっているのに気づいたとたん、ぎょっとなって恐くなったんだ。そこには6、7人しかいなかったし、部屋自体それ以上の人数が入れるはずもなかったが、パニックに襲われた私の頭のなかでは、まるで自分がこの世の中心にいて、集まった何百万もの聴衆が期待に息を呑んで私を見つめているように感じられた。私は気が動転して何も言えなくなってしまった。仲間たちは『話を聞け！』と声を上げてくれたが、聞きたくても聞くべきものがなかった」

おかげでカランは「無口な雄弁家」とあだ名されてしまった。そう言われてもしかたがなかったが、ある事件をきっかけに状況は一変する。

あるとき「途方もない時代錯誤的な考えで年代学を非難」している演説者がいたため、カランは驚いた顔でその人物をじっと見た。すると、演説者が腹を立ててこんなことを言ったのである。

「私は『無口な雄弁家』に素晴らしい弁論の才能があることを疑わないが、しかし今後は沈黙ではなく、もっと一般的な方法でその才能を示すようにしていただきたい」

この当てこすりがぐさっときたカランは立ち上がってその人物に反撃を加えた。すると、怒りにまかせて、スムーズに言葉が出た。この成功に気をよくしたカランは、演説の腕を上げるべく懸命に努力した。お気に入りの文章を毎日ゆっくり、はぎれよく声に出して読み、機会を見つけては話すようにして、どもり癖を克服したのである。

大きな人間はチャンスを待ったりしない。チャンスを作るのだ。環境が整うのを待つこともせず、何であれ目の前にあるものをつかみ、問題を解決し、状況に対処する。決意とやる気のある若者なら道を見つけるだろうし、道がなければ自分で作る。

フランクリンのような人間には精巧な装置などいらない。どこにでもある凧を使って雲から電気を取り出すことができる。偉大な人間は成功への王道を見つけたわけではない。成功への道は常に、昔ながらの勤勉と粘り強さを通る道である。

エマソンは次のように言っている。

「ガリレオにはオペラグラスしかなかったが、大望遠鏡を使って発見されたものも及ばぬ素晴らしい天体現象の数々を発見した。コロンブスは甲板すらない船で新大陸を発見した」

成功という神殿に開け放たれた扉などない。神殿に足を踏み入れる者は自らの手で扉を作るのであり、彼が通ればその扉は閉ざされ、わが子でさえも通ることは許されない。

きらびやかなサロンから、タペストリーで飾られた図書館から、安楽で満ちたりた生活から優れた人材が生まれ育つのではない。それはしばしば逆境や赤貧のなかから、困窮した家庭の過酷な環境のなかから、暖炉も何もないがらんどうの屋根裏部屋から生まれ育つ。不吉で、不快で、みじめな状況のなかで、人は努力し、学び、自らを鍛え、暗闇のなかから外に出て、時代を照らす輝ける存在になる。王の友人となり、仲間を導き教える立場となり、世界の思想に影響を及ぼし、ある種の知性の法律となる。

シラーは拷問にも等しい肉体的苦痛のただなかで悲劇の傑作の数々を生み出した。ヘンデルは体が麻痺し死期が近いのを感じ、痛みや苦悩と戦いながら、自らの名を音楽の世界において不朽のものとする偉大な楽曲の数々を作曲した。モーツァルトがオペラの傑作群を、そして最後には『レクイエム』を作曲したのは、借金に苦しみ、死の病と闘うなかでのことだった。ベートーヴェンが傑作の数々を生み出したのは、ほとんど耳が聞こえず、深い悲しみに襲われているなかでのことだった。

古代アテネの政治家デモステネスほど、障害克服のために苦闘した人間は、おそらくほかにいないだろう。それは、たいていの人間ならくじけてしまうような障害ばかりだった。

声に力がなく、舌はうまく回らず、すぐに息切れするため、途中で休むことなく最後まで一文を言い切ることさえ難しく、演説をしても聴衆の野次や嘲笑や非難で声がかき消されてしまった。失敗の連続に意気消沈した彼は、もう二度と演説などしまいと心に決めた。

しかし、聴衆のなかに、この若者には見どころがあると信ずる人がいて、粘り強く続けろと励ましてくれた。かくてデモステネスは再び聴衆の前に立ったが、彼を待っていたのはまたもや野次だった。頭をうなだれ、混乱しながら引き上げる彼を、有名な俳優のサテュロスが元気づけた。もっと努力して障害を克服しろと。

彼はどんなことをしても弁論家になろうと心に決めた。海辺に行って、小石を口に含み、波が轟音を立てて打ちつけるなかで演説の練習をした。吃音を克服すると同時に、聴衆の野次や怒号に対する耐性をつけるためであった。息が続かない欠点は、急坂や海辺の険しい場所を走って鍛え、身ぶり手ぶりのぎこちないところも、鏡の前で繰り返し懸命に練習することによって克服したのだった。

強い決意を秘めた人間を成功から遠ざけておくことはできない。つまずかせようとして石を置いても、それを踏み台にして偉大なる場所へと登っていく。金を奪い去っても、貧困をばねにして前へと進んでいく。脚の自由を奪ったとしても、ウォルター・スコットのように傑作小説群を書いてしまう。世界の歴史において偉大で高貴で真なるものはすべて、絶えざる努力と、地道な作業と、変わらぬ日々の勤勉にによって生まれたものである。

世界が生んだ最も優れた思想家のひとりロジャー・ベーコンは、その科学的思想によりひどく迫害されたものの、粘り強く努力を続けて成功を勝ち取った。魔術を扱っていると非難され、著作を公衆の面前で焼かれたり、10年間投獄されたりした。

アメリカ人の尊敬を集めるジョージ・ワシントンも、世論に耳を傾けることなく、ジョン・ジェイがイギリスとの間で取り決めてきた条約を拒否しようとしないとの理由で、路上で群衆に襲われた。しかしワシントンは自分の信念を曲げず、人びとは彼の意見を受け入れた。

ウェリントン公がロンドンの通りで群衆に襲われ、家の窓を割られたのは、妻が家で息を引き取るときのことだった。しかし「鉄の公爵」は歩みをぐらつかせることもなかったし、自分の考える大義を毛の先ほども曲げようとしなかった。

若きウィリアム・フィリップスは、ボストンの街を歩いているとき、数人の船乗りたちが話しているのが耳に入った。バハマ諸島沖でスペイン船が難破したが、その船にはかなりの額の金銭が積みこまれているというのだ。フィップスはそれを自分の手で探し出そうと心に決めた。すぐに船出し、数々の苦難を経て、その失われた財宝を発見した。

すると今度は、ずいぶん昔に別の船がアルゼンチンのラプラタ港付近で難破しているという話を聞きつけた。彼はイギリスへと向かいチャールズ2世に支援を願い出た。幸いにもチャールズ2世はフィップスのために「ローズ・アルジェ号」を手配してくれた。

フィップスは捜索に捜索を重ねたが、いつまでたっても難破船は見つからず、ついには船を修理するためにイギリスへ戻らざるを得なくなった。ジェームズ2世は当時王位に就いたばかりで、フィップスは再び捜索に戻る資金を集めるのに4年を費やすこととなった。

そうやって始めた捜索中も乗組員たちが反乱を起こし、彼を海に投げこむと脅したが、フィップスは船の銃砲を乗組員たちに向けて屈服させた。ある日、現地人の潜水士が珍しい海草を採るために海に潜ると、大砲が数門、海の底に沈んでいるのを見つけた。それらは目指す難破船のものだった。

こうして、あいまいな言い伝えだけを手がかりに、フィップスは150万ドル相当の財宝をその手にし、イギリスへ凱旋することになったのである。

どんなに障害があっても、成功に向けて努力を続け、戦いを止めないことが、偉大な成果をあげるためにどうしても必要な対価である。自らの目的に向かって戦おうとせず、血みどろの戦いのなかで傷つくのを恐れる者は、成功の本当の意味を知ることができない。

苦労して成功を手にした者が手にする金銭は、彼らにとって唯一の、いやそれどころか、最大の報酬ですらない。何年ものあいだ苦闘し、反対や嘲りにあい、何度も失敗しながら、サイラス・W・フィールドが電信装置の上に手を置いて、海の底を通ってくる通信文を受け取ったとき、その振動が震わせたのは彼の指先だけだっただろうか？　白熱電球を開発して商用化にこぎつけたトーマス・エジソンがそれを公にしたとき、そのまばゆい光は彼の魂の奥深くまで入りこんで照らしはしなかっただろうか？

第16章 決断力

決断せよ、さすればお前は自由になる。
――ヘンリー・ワーズワース・ロングフェロー（アメリカの詩人）

われわれの言語で最も重い含みのある言葉は最も簡潔なふたつの単語「イエス」と「ノー」だ。ひとつは意志の屈服を表し、もうひとつは拒絶を表す。ひとつは満足を表し、もうひとつは気概を表す。断固たる「ノー」は気骨ある人格を意味し、安易な「イエス」は、たとえ体裁を繕ったとしても、骨のない人格を意味する。

――セオドア・ソーントン・マンガー（アメリカの聖職者）

世のなかはすべてのものに値札がつけられたマーケットであり、時間や労力や創意工夫という代価を払って、富や安楽、名声や人格、知識などを買う。何を買うにしても、自分の決断を大切にせねばならない。幼子がよくやるように、いったん買った後で、買わなかった別のものを欲しがるようではいけない。

――ウィリアム・マシューズ（アメリカの作家）

人が仕事を支配するのであって、人が仕事に支配されてはならない。どちらに進むと過ちを犯しそうか即座に判断する力を持たねばならない。
――フィリップ・ダンフォース・アーマー（アメリカの実業家）

共和制ローマがガリア人によって包囲されたとき、追いつめられたローマ人たちは、金で身の安全を購うことに同意した。言い伝えによると、ローマ人たちが金を天秤で量ろうとしていたまさにそのとき、マルクス・フリウス・カミルスが現場に姿を現し、身代金に代えて剣を天秤に置き、ローマ人は安全を金で買うべきではない、剣で勝ち取るべきだと力説した。この果断な行為がローマ人たちを大いに鼓舞し、安全を脅かす敵を神聖なるローマの地から見事に一掃できたのである。

非常時においては、迅速で決断力があり積極的な人間、たとえ間違っていても行動を起こそうとする人間が現れることによって状況が一変する。そのような人間は、山頂から吹き下ろすさわやかな風のように登場し、ためらい戸惑う人びとの気つけ薬となる。

セレウコス朝シリアの王アンティオコス4世エピファネスがエジプトに侵攻したとき、当時エジプトにまで勢力を伸ばしていたローマは使者を送って、アレクサンドリア近郊でエピファネスと会見を開き、撤退を要求した。エピファネスがあいまいな返事を返すと、勇敢なローマの使者はこの王の周りに剣で円を描き、きちんと答えるまでその線から出ることを禁じた。この恐れを知らぬ使者の素早い決断によって、侵略者エピファネスは撤退を余儀なくされ、戦争は回避された。このような果断がローマ人たちに数々の戦いで勝利をもたらし、ローマをこの世の支配者にした。世界の歴史における偉業はすべて迅速で断固たる決断の成果なのである。

時代に足跡を残しているのは、大きな決断を迅速にくだした者たちである。決められない人間、ふたつの意見の重さを計ってばかりいて、いつまでもどちらを取るか決めあぐねている人間は、その優柔不断さによって、自らを統制できない人間であること、人のいいなりになってしまう人間であることを宣言しているようなものだ。そんな人間は、もはや一個の人間ではなく、単なる追従者だ。決断力のある人間、果断な人間は、好都合な状況を待ったりはしない。状況におとなしく従うのではなく、状況が彼におとなしく従うのだ。

ユリウス・カエサルが当時のイタリア国境である「神聖不可侵」なルビコン川に行き当たったとき、彼の大いなる決断力さえもぐらつき、元老院の承認なしにはいかなる将軍さえも立ち入ることを許されていない領域へと侵入することにためらいを覚えた。しかし与えられた選択肢は「わが身を滅ぼすか、さもなくばわが国を滅ぼすか」であり、カエサルの勇猛な心はいつまでも迷いはしなかった。

「賽は投げられた」

カエサルはそう言うと、軍の先頭に立って川へと歩みを進めた。世界の歴史が大きく変わった瞬間であった。

「来た、見た、勝った」という名言を放った男が長いあいだ躊躇することはありえなかった。ナポレオンのように、ひとつの道を選択し、その他すべての相反する考えを即座に捨てる力量を持っていたのである。

カエサルが隊とともにブリタニアの地に上陸したとき、そこの住民たちはカエサルに降伏する気などまったくなかった。カエサルは、ただちに、兵たちに勝つか死ぬかの戦いを求めねばならぬことを見て取った。退却の望みをすべて断つために、兵士たちをブリタニアの海岸へと運んできた船をすべて燃やした。これで後戻りすることはできなくなり、勝利か死しかなくなった。こうした行動こそが、この偉大な軍人の人格と栄光に迫る鍵なのである。

どの道を行くのが最善かを瞬時に判断でき、それと相反するすべての選択肢を捨てることのできる力、そしていったん放棄したら、それらの選択肢が自己主張を始めて決めた道から逸らそうとするのを許さず、永遠に沈黙させる力――それこそが成功を勝ち取るのに最も役立つ力のひとつなのである。

ためらいは時に敗北を意味する。いつまでもくよくよとして、右へ行ったり左へ行ったり、ためらいのうちに時間を浪費し、ためつすがめつ、あれやこれやを天秤にかけ、つまらないことで悩み、新たな考えが現れるたびにいちいち耳を傾けていたら、何もやり遂げることはできない。そういう人間は思い切りに欠ける。思い切りに欠けては何ごとも成らない。消極的な人間は自信が生まれないし、人からも信用されない。積極的な人間、決断力のある人間は、世のなかに影響力を持ち、何ごとかを成し遂げる。そういう人間は頼りにできるし、何かを成し遂げるであろうことが誰の目にもわかる。

アレクサンドロス大王は世界を征服できた理由を聞かれてこう答えた。

「揺らがないことによってだ」

客船スティーブン・ホイットニー号が夜中にアイルランドの断崖に激突したとき、船はしばらく崖と接触していた。そのあいだにすかさず岩場に飛び移った乗客は全員助かった。その積極的な行動が彼らを救ったのである。ためらってぐずぐずしていた者たちは打ち返す波にさらわれ、海に飲みこまれて永遠に戻って来なかった。

ぐずぐず考えている人間は即断即決することができず、即断即決なしに成功はおぼつかない。大きなチャンスは最も幸運な人間にでさえめったにやって来るものではないし、来たと思ったらすぐに立ち去ってしまう。

決断力のない人間はひとつのことに集中できない。エネルギーを無駄使いし、力を分散させ、何も行動に移さない。ひとつのことに長く食らいついて成果を出すことができないのである。何かの職業がバラ色に見えると、これこそが自分の天職だと思い、やる気満々でこれこそ生涯の仕事だと喜ぶ。しかし、何日かたつうちに、美しい花の奥からとげが見えはじめると、熱意はどこかに消え去り、この職業が自分に合っていると思うなんて愚かだったと考えはじめる。人の職業のほうが自分に合っていると考え、自分の仕事をやめて、そちらに行ってしまう。生涯腹が定まることはなく、その都度最も魅力的に見える仕事に気を取られる。自分の判断力や常識を使うことなく、そのときどきの印象や感情に動かされ、自分を動かす確かな行動原理は影も形もない。

こういう人間の居場所を知るのは不可能だ。今日ここにいたかと思うと明日はあそこにいて、あれをしていたかと思えばこれをしており、それまでしていた仕事で身につけた技術をいとも簡単に捨て去ってしまう。だから、単純労働で苦労する段階から、報酬も高く好ましい仕事、技術のいる仕事の段階へと進むことができず、自分のキャリアの入り口にいつまでもとどまっている。そこがいちばん居心地いいからだ。有能さと快適さと満足に満ちた段階へと進むことはめったにない。


ある美しい娘に対してある約束をした知恵者の話がある。ある条件をクリアすれば、非常に貴重なものをプレゼントするという約束だ。その条件というのは、トウモロコシ畑のなかに入って、途中で立ち止まったり、後戻りしたり、あちこちうろついたりせずに通り抜け、そのあいだにいちばん大きく、いちばん実ったトウモロコシを見つけるというものだった。そのプレゼントの価値はトウモロコシの大きさと実り具合に比例するという。

娘は大きなトウモロコシをいくつも見かけたが、いちばん大きくいちばん成熟したものを見つけたいと思うあまり、どれも摘み取ろうとしないまま前へと進みつづけた。やがて、トウモロコシはどんどん小さくどんどん貧弱になっていった。しまいには、あまりに小さいトウモロコシばかりになり、みっともなくて、どれも選べなくなってしまった。しかし、引き返すことはできないので、結局何も手にしないまま畑の反対側から出てきた。

アレクサンドロス大王は、大きな目的に胸を高鳴らせながら世界を制圧した。ハンニバルは、ローマ人への憎しみに駆り立てられ、目的を達成するためにアルプスさえも越えた。他の者たちが困難を嘆き、危険や障害を前にして縮こまり、その場しのぎの手段を模索するなか、大きな志を持つハンニバルは、動じたり騒いだりすることなく歩みを進めた。するとなんと、アルプスは頭を低くし、道を開いたのである。

彼らにならって、強く揺るぎない意志を身につけよ。そうすれば浮草のような人生も確かなものになり、風が吹くたびにあちらへこちらへと流されることもなくなる。決断力のない人間は、回転ドアのようなもので、いろいろなものが通り過ぎるが、何ひとつとして立ち止まらせることができないのである。

こんな昔ばなしがある。愚かな男と賢い男が一緒に旅に出て、分かれ道に差しかかった。一方の道は広くて美しく、もう一方は狭くて険しい道だ。愚かな男は楽な道を行きたがったが、賢い男は歩きにくそうな道のほうが距離も短くて安全なことを知っていたため、そのことを愚かな男に告げた。しかし結局、愚かな男の主張が通った。

ふたりはいかにも歩きやすそうな道を歩きはじめたが、すぐに追いはぎに会い、所持品を奪われたうえに、身柄を拘束された。やがてふたりは追いはぎとともに官憲に逮捕された。

賢い男は、愚かな男の意見に従って間違った道を行ったのだから、責任はそちらにあると言い、愚かな男は愚かな男で、自分は愚かなのだから、賢い人間は自分の意見に耳を貸すべきではなかったと主張した。裁判官は両者を平等に罰した。

聖書が言うように「ならず者があなたを誘惑しても、けっして与《くみ》してはならない」のである。

優柔不断ほど身につきやすい習慣はない。自分が何をしているのか理解しないまま、自らの人生を棒に振ることになる。それはひとえに、自分が人生で何をしたいのか心が定まっていないせいである。

ダニエル・ウェブスターは、こうした決断力のない人間についてこう言っている。

「彼は潮の変わり目のように優柔不断だ。この男は進むこともなければ引くこともない。単に漂っているだけだ」

こういう人間は不意にやって来るチャンスに翻弄される。ゲーテの『ファウスト』にあるように「過ぎ去った日を嘆いては、今ある日々を無駄にする」。目の前にある現実をつかみ取って自らに奉仕させる力がないのである。

ものぐさで、怠惰で、無気力な人びとにとって、人生はその場しのぎの連続でしかない。何でも先送りにする癖が、一人前になることも先送りにし、力をつけることも先送りにし、成功することも先送りにしているのに、そのことに気づいていない。そして、自分たちの病原菌が周囲に伝染することにも気づいていないのである。

ウォルター・スコット卿は若者たちに「この先送りの習慣を身につけるな」と警告している。それは、あらゆる空き時間に忍び寄って、明るい未来を破壊してしまうからだ。彼は言う。

「君たちがモットーにすべきは『今すぐ取りかかれ』である」

これこそが先送りしたがる癖を改める唯一の方法なのである。

ベッドのなかでいつまでもぐずぐず、もぞもぞしていることにより、どれだけの時間が無駄になっているることか。それによって人生を棒に振った例があまりに多い。

フランスの博物学者ビュフォンは朝寝坊の習慣を克服できずにいたが、それをいつまでも続けていたら成功はおぼつかないことを知っていたので、あるとき就寝する前に、しかるべき時間に起こしてもらうよう召使いに頼んだ。召使いは起床時間になると何度もビュフォンに声をかけ、なだめたりすかしたりして起こそうとしたが、ビュフォンはもう少し寝かせてくれとせがむだけでいっこうに起きてこない。起こすことができないとご褒美の銀貨をもらえない召使いは、とうとう掛布団のなかに冷たい水をぶちまけ、それでようやくビュフォンは飛び起きた。

怠け者の若者が、なぜいつまでもベッドでぐずぐずしているのかと聞かれてこう答えた。

「毎朝ぼくはベッドのなかでみんなの意見を聞いているんだ。『勤勉君』は起きろと言うし、『怠け者君』はそのまま寝てろと言う。ふたりとも、賛成や反対の理由を20もあげてくる。ぼくの役割は公正な裁判官として両者の言い分をすべて聞くことなんだが、裁判が終わる頃には、夕食の用意ができているんだ」

「あの人は仕事が早い」という評判ほど、その人に大きな信用をもたらし、銀行や友人からの支援を得やすくするものはない。世間は、仕事の早い人間は期日どおりに請求書への支払いをしてくれることを知っているから信用する。

こんな先達の言葉がある。

「真っ先に教訓とすべきことは、自分が木や藁などではなく、体のなかに鉄が入っていることを世のなかに知らしめることだ。……有言実行の人間であり、一度決めたことは最終決定であって、けっしてぐらつかないこと、一度決断したら誘惑にも脅しにも負けないことを周囲にわからせるのだ」

世のなかには、自分に責任が降りかかると、とたんに戸惑ったり呆然としたりしてしまう人がいる。そういう人間は何かを決断することをひどく恐れる。きちんとした結論を素早く出そうとすればするほど、いろいろな疑問や難問、不安が湧いてきて、軽い気持ちで決断することができなくなるし、障害に立ち向かう勇気も持てなくなるようだ。

彼らもわかってはいる。躊躇することが、仕事をするにも、成長するにも、成功するにも命取りであることが。しかし、それでもどうしても内向きな考えしかできず、いつまでも宙ぶらりんのままになる。選択肢をあれこれ分析評価するエネルギーは持っているのに、それを行動に移して決断するだけの余力がない。検討に検討を重ね、熟考し、比較し、考察し、思案するがけっして決断はしない。

こうして、せっかく絶好のタイミングで訪れたチャンスを逃してしまい、転落の人生を送る人間がどれだけいることか。ちょうどいいときにやって来て、つかもうと思えば簡単につかめるそんなチャンスは、一生に一度きりでめったにないというのに。

グラント将軍の配下には、将軍と同じくらい軍略に長け、同じだけよく国のことを知り、将軍以上に教育のある将校たちが少なからずいた。しかし彼らには、どこで敵と出会っても必ず無条件降伏へと持ちこむだけの決断力が欠けていた。

グラント将軍がいったん決断すると、それは逃げも隠れもできない運命となった。裏道もなければ、考え直すための余地もなかった。その決断力をよく表すのが、南北戦争の荒野の戦いでグラント将軍が発した印象的な言葉、「この夏いっぱいかかろうと、この方針を貫いて戦い抜く」である。そして、降伏の条件を尋ねてきた南軍のバックナー将軍に「無条件降伏」の言葉を送り返した。それによって北軍は、南軍の命運もこれまでという自信を初めて持つことができた。最後の最後に、リンカーンは決断力を持つ将軍を手の内にし、北軍は安堵のため息をつくことができたのである。

この競争の激しい時代において前線へと進み出る人間は、迅速で断固たる決断のできる人間でなければならない。カエサルのように、乗ってきた船を焼き、退路を断たなければならない。剣を抜くならば鞘は捨て去らなければならない。勇気をそがれたり、決意が揺らいだりした瞬間に剣を鞘に収めたくなる誘惑に負けないために。戦いのときのナポレオンのように己の考えを貫き、勝てなければ船とともに沈むほどの心づもりでなければならない。成功者たちは、迅速な決断と気高い大胆さによって、一瞬の躊躇が命取りとなる非常に危険な難局を乗り切ってきたのである。

「今すぐ取りかかれ！」

第17章
武器としての観察力

ストウ夫人の弟で奴隷制廃止に力を尽くした聖職者のヘンリー・ウォード・ビーチャーは聡明な人物であり、体系的に学ぶことや、本をたくさん読むことが成功には不可欠なことをよく承知していた。彼は次のように言っている。

「ブルックリンに初めて牧師として赴任したとき、周りは私がちゃんとやっていけるかどうか疑った。私はこう切り返した。『朝9時までひとりきりになれる時間をください。それ以降は煮るなり焼くなり好きにしてくださって結構ですから』」

こうして彼は、毎朝4時間使って熱心に勉強した。昼間ビーチャーの説教を聞いた人たちは、その巧みな話しぶりに感心しつつ、話の材料はすべて町のなかで見つけてくるのだろうと思っていた。すべてというのは少し言いすぎだとしても、町なかで仕入れてくる知識がビーチャーの説教に彩りを与えていたのは事実だった。

「ビーチャーさんは説教の材料をどこで仕入れているんだろう？」

使命に燃えるアメリカじゅうの若き聖職者たちがそれを知りたがった。それに対してビーチャーはあるときこう答えた。

「いつも大きく目を開いていて、質問をしまくるんだ」

　これこそが成功した多くの人間に共通する秘訣である――よく観察して、疑問を投げかけること。ビーチャーは乱読家ではあったが、神学者たちが書く本はあまり読まなかった。彼の偉大なるお手本であるキリストも、説教の材料を律法学者たちが書いた文書に求めるのではなく、ヨルダン川のほとりを歩き、いくつもの山を越え、ガリラヤの草原や村々を通りながら仕入れていた。この偉大なる師キリストの説教の力強さは、きわめて平易で自然な点にあるとビーチャーは考えていた。

　ビーチャーの説教はとても明快で、生き生きとしていて、力強かった。命が脈打ち、明るく温かい血が流れていた。キリストの説教と同じように、屋外で育まれた説教だったからである。話の材料は日常生活と大自然のあらゆるところから仕入れた。市場で、ウォール街で、さまざまな店で拾った。仕入れる相手も職業もとりどりだった――ブレーキ係、整備士、鍛冶屋、日雇い労働者、新聞配達の少年、列車の車掌、事務員、弁護士、医者、実業家。

　ビーチャーは、ほかの多くの人のように、偉大な人類の戦いの成り行きを高みから見物するような真似はしなかった。自らその戦いに身を投じ、都会の粉塵と喧騒のただなかで暮らした。人生の戦いが最も熾烈な形で繰り広げられているところ――そこに身を置いてさまざまな問題を研究したのである。奴隷制の問題を勉強していたかと思うと、次には政治や商業や教育の問題を研究していた――とにかく、人びとの生活に関わることであれば何でも研究の対象になった。世のなかの出来事に対するアンテナをいつも高くしていて、さまざまな事情によく通じていた。この偉大で、目まぐるしく変わる、野心に満ちた世界は、どこもかしこもが刺激的だった。

現実社会を研究することによって得られる力強さや有用性をひとたび味わってしまうと、さらには、現実の世界で起きる実際の出来事のほうが、書物で得られるどんなものよりも力強く面白いことを知ってしまうと、もはや、日々出会う人びとの生活から手に入れた新鮮な材料でなくては満足できなくなった。

ビーチャーは説教を聞いた多くの人が決意を新たにするようでなければ、説教は失敗だと考えていた。もっと自分を成長させよう、もっと上手に仕事をしよう、もっと誠実に生きよう、もっと腰をすえて世のなかに貢献しよう――そんな決意を胸に家路についてほしかった。

この偉大なる観察者は、人間から学ぶだけでなく、自然界のあらゆるものからも学んでいた。私自身、何度も目にしている――自らが愛し、いくつもの夏を過ごしたホワイト山地の雄大さと崇高さを胸いっぱいに取りこみながら、その素晴らしい風景に見とれ、われを忘れている姿を。

日曜日には滞在先のホテルでも説教を行い、各地からその説教を聞きに多くの人が集まってきた。彼の説教には聞く人すべてに深く訴える何かがあった。それは陸や海の美しい姿、胸を打つ夕日などの情景に満ちていた。雲や雨や穏やかな日の光、そして荒れ狂う嵐の風景さえも織りこまれていた。花や野原や小川、そして万物創造の記録が刻まれた岩や山が、フェリーや蒸気機関車、孤児や災害、事故といった、人生におけるさまざまなものごとと渾然一体となっていた。幸福と日の光、鳥たちと木々について話したかと思うと、スラムでの極貧生活、病に伏せている人や死の床にある人の話が語られた。成功者と落伍者、喜び勇む人とうなだれる人、楽観的な人と悲観的な人の姿が一連の話として語られ、熱心に聞く聴衆たちの脳裏に焼きついた。

ビーチャーは、どこへ行っても、観察力を使って人生を研究しつづけた。彼にとっては人間こそがこの世で最も重要な研究対象であり、それ以外のことはその半分も興味が湧かなかった。人びとの価値を正しく見定めること、それぞれのよいところを見つけられること、本物と偽物を見分けることができること、仮面の後ろに隠された本当の姿を見抜くことができること――それらを牧師にとって最も重要な技能のひとつだと考えていた。

魚の鱗や砂粒のなかに驚異を見いだすことができる生物学者のアガシー教授のように、ビーチャーも顕微鏡のような目を持っていて、どこにでもある普通のものごとのなかにこの上ない美しさを見いだした。ほかの人間が醜さや不調和しか見ないもののなかに美しさと調和を見いだすことができたのは、ものごとに隠された意味を読み取ることができたからだ。美術評論家のジョン・ラスキンのように、どんなにつまらないもののなかにも見事な哲学を、神の設計図を見て取ることができたのである。

イギリスの哲学者ハーバート・スペンサーはこう言っている。

「徹底的な観察はあらゆる偉大な成功の一要因である」

社会的に置かれた立場に関係なく、鍛えられた目は成功のための大きな武器なのである。

「これはオスラー先生の手に委ねよう」

命の危険がある患者の治療方針を決める会議で医師たちは口々にそう言った。こうして、ジョンズ・ホプキンス病院きっての名医がその患者を診ることになった。

オスラーは質問をしなかった。経験豊かな目を使い、ちょっとした兆候から結論を引き出した。患者を注意深く観察した。呼吸の様子、目の具合——すべてが患者の容態を物語っており、オスラーは本を読むようにそれらを読むことができた。ほかの医師なら見逃すような兆候を見て取った。オスラーは患者に手術を勧めた。そして手術が行われ、患者は回復した。そこに居あわせたほとんどの医師はオスラーの意見とは違う見方をしていたが、ほかの医師が見逃すような症状や兆候から診断をくだすオスラーの能力に全幅の信頼を置いていたため、すべての判断をオスラーに託すことに迷いはなかった。

オスラーは生きたX線装置と呼ばれ、その指先には人体構造を知りつくしたもうひとつの目がついていて、普通は気づかないような病巣の成長や転移を察知することができると言われた。

訓練された観察力が持つ力はお金に代えられない価値がある。ビーチャーが、目と耳と心を研ぎすませて観察することによって得た知識は、彼にとっても世界にとっても、大学教育よりはるかに大きな意味を持っていた。彼は偉大な学者ではなく、大学時代に彼より成績のいいクラスメートは何人もいたが、人生の競争では彼らをはるかに引き離した。彼はものごとの核心を把握できる心を持っていたからである。

ジョン・ラスキンはこんなことを言っている。

「頭を使えるひとりは言葉を使える数百人に相当するが、目を使えるひとりは頭を使える数千人に相当する」

たいていの人はものを「見て」いない。ただ「眺めて」いるだけだ。鋭い観察力があるということは、優れた知性の持ち主である証拠だ。ものを本当に見ているのは視神経ではなく知性だからだ。

多くの人間は知的な怠け者で、ものごとを注意深く見ることをしない。注意深く観察するというのは強い精神力を必要とするプロセスだ。知性は目がとらえる素材を常に分析し、検討し、判断し、見積り、軽量し、比較し、計算している。

目という媒体を通して、どれだけ大きな成功や幸福を手にすることができるか気づいている人は少ない。電信、ミシン、電話、望遠鏡、そして電気という奇跡、それればかりか、過去や現在における大発明、科学や美術における発見はすべて、ものを見る優れた力の成果なのである。

ものごとの特徴をつかむ観察力を身につけるのにそれほど時間はかからない。

子どもたちを町なかや野外に送り出して、所定の時間内にどれだけ多くのことを見つけることができるか、どれだけ細かく観察できるかを競わせるのは、子どもたちにとって非常によいトレーニングになる。できるだけたくさんのものを記憶し、持って帰って来るように努力するだけでよい訓練になるのだ。子どもたちはこのトレーニングに夢中になるし、それで得られるものはその後の人生においてかけがえのない価値を持つことになる。

ほかの条件が同じならば、観察力に優れた者がより成功する。仕事場に行くときは鷹の目を携えて行き、何ひとつ見逃さないようにしよう。

どこへ行こうと、その場の状況がどうなっているかよく見きわめよう。うまくいっていない人がいたら、なぜうまくいっていないのか、なぜ一生浮かばれないままでいるのか考えてみよう。大きな成功を収めている人がいたら、その理由を探してみよう。目を開き、耳を澄ませよう。目にし、耳にしたものから推論をしよう。困難の源を探ろう。あらゆる失敗や成功がどこから来ているのか研究しよう。そうやって観察することが成功を大きく後押ししてくれるだろう。

第18章 自助の精神

私がひとつ学んだことがある。この広い地球のどこにも、ほかの人間を進んで助けようとする人間もいなければ、助けることのできる人間もいない。

――ペスタロッチ（スイスの教育家）

今の自分を作ったのは私だ。

――ハンフリー・デービー（イギリスの化学者）

いいか息子よ、肝に銘じておけ。偉大な人間になるのは、自分がそうなろうとしたからだ。

――パトリック・ヘンリー（アメリカの政治家）

先祖代々の奴隷たちよ！　汝らにはわからぬのか？

自由の身を勝ち取るには戦わねばならぬことが。

――バイロン（イギリスの詩人）

己の任務が決まるまで座して待つ者は、
命を落とし、任務は遂行されぬまま終わるだろう。
――ジェイムズ・ラッセル・ローウェル（アメリカの詩人）

「席は自分で取るから心配ご無用！」

田舎出身の議員デイビー・クロケットはそう声を張り上げた。ホワイトハウスのスタッフが「クロケット大佐のために席を詰めてください」と声を上げたのに対して、そう言い返したのである。

この人並みはずれた男は大国のトップにさえ「ノー」と言うことを辞さなかった。大統領になることよりも正直であることを優先した。教育もなく粗野で洗練されてもいなかったが、大いなる勇気と強い意志を持つ男だった。


「貧しいことは快適なことではない、それは私がよく知っている」

第20代アメリカ大統領ジェームズ・ガーフィールドはそう言い、次のように続けている。

「しかし、若者にとってほぼ間違いなくためになることは、船の外に放り出されて、そのまま溺れるか、泳いで助かるかの選択を迫られることだ。私の知るかぎり、命が助かるべきだった者で溺れ死んだ者はひとりもいない」

　エマソンはこんなことを言っている。

「自らにふさわしい地位と態度を手に入れよ。文句を言うものはひとりもいない。世のなかは公平にできている。人が自分で自分をどう格付けしようと、誰も気にはしない」

　放浪するジプシーの鋳掛《いか》け屋職人ソラリオは、画家のコラントーニオ・デル・フィオーレの娘と深く愛しあうようになったが、デル・フィオーレに、自分と同じくらいの腕前の画家でなければ結婚させるわけにはいかないと申し渡された。ソラリオは言った。

「絵の勉強をするのに10年ください。あなたの娘さんにふさわしい人間になってみせます」

　了承はしたものの、デル・フィオーレは、これでこのジプシー男に二度と煩わされることはあるまいと思った。

　約束の10年がたとうとする頃、デル・フィオーレは王の姉から聖母子像の絵を見せられた。彼は最大級の褒め言葉でそれを称えた。その作者がソラリオだと告げられたときのデル・フィオーレの驚きをご想像あれ。ソラリオの揺るぎない意志は、自らに花嫁を得させたのである。

　最も多くを受け継いだ者が、最も高いところへと上るのではない。むしろゼロからスタートした者こそが富を手にしてきた。彼らは逆境をばねにして険しい山を登ったのである。

　あなたが息子に何百万ドルもの金を残したとして、それで本当に息子に何かを与えたことになるだろうか？　自らの経験を通して手に入れた力や身の律し方を伝えることはできない。何かを達成したという満足感、自分が成長しているという喜び、何かを手に入れたときの誇らしさを伝えることはできない。正確で手際よく、迅速で忍耐強く、機転がきいて誠実な商売のやり方、謙虚なものごし――そういったものに裏打ちされた人格を伝えることもできない。富の陰でそれを支えている技術や洞察力、知恵や先見力を伝えることもできない。それらはあなたにとって大きな意味を持っていたが、後継者には何の役にも立たない。

富の山を築く過程で、あなたは腕力と体力と権力を身につけ、それで高い地位を保ち、巨額の金を手つかずで残すことができた。経験からだけ得られる力を持ち、その力があったからこそ、目もくらむような高みでしっかりと立ちつづけることができた。

あなたにとって富は、経験を、喜びを、成長を、規律ある考えを、人格を意味した。しかるに、子どもにとって富は、誘惑となり、不安となり、その成長をおそらく妨げてしまうことになるだろう。あなたにとって翼だったものが、子どもにとっては足かせとなり、あなたにとっては学びであり力の限界を広げるものだったのが、子どもにとっては怠惰を、無気力を、弱さを、無知を意味することになるかもしれない。

「必要」という、金では購えない拍車をあなたは子どもから取りあげている。その拍車こそが人を駆り立て、この世の偉業のほぼすべてを実現してきたというのに。

あなたは、息子に全財産を与えて、今自らがいる地点から歩きはじめられるようにするのが子どものためだと考えた。自分がかつて農場で経験した、単調で退屈な労働や苦労、貧しさ、機会の欠如、学びたくても学べないつらさを息子には味わわせたくないと考えた。

ところが息子に手渡したものは杖ではなく足かせだった。自分を成長させたい、自分を向上させたい、自分を律したい、自分で何とかしたいという意欲を息子から奪ってしまった。その意欲があってこそ、本物の成功、本物の幸せ、優れた人格が手に入るというのに。熱意は消え、エネルギーは無駄使いされ、野心があったとしても、自分を向上したいという刺激なしでは、次第にそれも失われていくだろう。息子のために何もかもお膳立てし、彼自身の戦いをあなたが代わりに戦ってしまったら、最後に残るのはひ弱で頼りないひとりの人間だけだろう。

1857年の大恐慌当時イギリスを訪れていたアメリカの天文学者マリア・ミッチェルは、イギリスの貴婦人のひとりに、イギリスの娘たちは親が財産を残してくれなかったら一体どうするのかと尋ねた。

「兄弟たちに頼って暮らすんですわ」というのが回答だった。

貴婦人は、「アメリカではどうなさるんですか？」と聞き返してきた。

ミッチェルは答えた。

「自分で稼ぐのです」

人に支えられて人生を生きてきた人間は、万が一のときにほとんど役に立たない。不運が訪れると、彼らは寄りかかれる誰かを探す。その誰かがいないと倒れてしまい、いったん倒れてしまえば、裏返しになったカメや落馬した鎧武者のように役立たずになる。田舎で生まれ育った少年の多くが期待以上の成功を収めるのは、早い段階から支えになるものをなくし、自らの足で立つしかないからである。

若者を放りこめば、一人前の大人に変身させて返してくれるような人間工場などどこにもない。人はよく「チャンスがない」と言うが、そういう状況こそがチャンスなのかもしれない。自分の居場所が用意されるのを待っていてはいけない。自分の居場所は自分で作るのだ。誰かが引っ張り上げてくれるのを待っていてはいけない。自分で自分を引き上げるのだ。

ヘンリー・ウォード・ビーチャーは、大きな教会から高い給料で声がかかるのを待ちはしなかった。最初に声がかけられた職を受け入れた。シンシナティ近郊の小さな町の牧師だった。彼は文字どおりその教会の光となった。ランプの手入れをし、暖炉に火をともし、部屋を掃き、鐘を鳴らしたのである。給料はたった年間２００ドルだった。しかし彼は立派な教会と高い給料が偉大な人間を作れないことを知っていた。彼が欲しかったのは仕事とチャンスだった。もし自分のなかに何か隠れているものがあるのなら、仕事がそれを引き出してくれると考えていたのである。

ベートーヴェンが、作曲家のイグナーツ・モシェレスが書いた曲に目を通していると、楽譜の最後にこう書かれているのを見つけた。

「神のご加護により、終われり」

ベートーヴェンはその下にこう書いた。

「何を言う、自分のことは自分でやるのだ」

ひとりの若者が、橋の上で釣りをしている人たちを気のない様子で眺めていた。彼は貧しく、意気消沈していた。やがて彼は、魚がたくさん入った魚籠《びく》のそばに近づいてため息をついた。

「これが自分のものだったらいいのになあ。魚を売れば食べ物が買えるし、宿代も払える」

「だったら、欲しいだけやるよ」

　釣りをしていた老人がその言葉を聞きつけてそう言った。

「ただし、ちょっとした頼みを聞いてくれたらね」

　若者が聞いた。

「頼みって何でしょうか?」

「わしが戻ってくるまで、釣り糸を見といてくれるだけでいい。ちょっと用を足して来たくてな」

　若者は老人の依頼を喜んで引き受けた。

　老人はなかなか戻って来ず、若者はいらいらしてきた。そうこうするうちに魚が次々と釣り針に食いつきはじめ、若者は自分の悩みも忘れて夢中で釣り竿を引いた。こうして、老人が戻ってくる頃にはたくさんの魚を釣り上げていた。老人はもともと魚籠に入っていたのと同じだけの魚を数えて取り出すと、それを若者に渡しながらこう言った。

「約束どおり魚をやるよ。君の釣った分からね。君が欲しいと思うものをほかの人間が持っていたら、欲しい欲しいと思うだけで時間を無駄にしていないで、自分の手で釣り糸を投げ入れなければいけないことがわかってもらえればそれでいい」

　スコットランドの湖を観光中の一行を突然の嵐が襲い、船が転覆する危険にさらされた。風が最も強くなったと思われる頃、一行のなかでもいちばん体が大きく力も強い男が、高まる恐怖に耐えられずにこう言った。

「さあみんな、祈ろう」

「だめだめ、そんなの」

年老いた船頭が無遠慮に言った。

「祈るのは女子どもに任せろ。あんたは船をこぐんだ」

「自分で何とかする」という自助の精神こそが、この世における偉大な成果のほとんどを実現してきた。元手がないというのを理由にして、ためらい、尻込みし、目的に向かって動こうとせず、何らかの幸運が舞いこむのをただ待っている若者がいかに多いことか。

しかし成功は苦労と辛抱から生まれるものだ。おだてたり、賄賂で釣ったりして成功を手に入れることはできない。代価を払ってこそ手にすることができるのだ。

現代のどこを探せば、エリヒュー・ブリット以上に成功のチャンスがない若者がいるだろうか？ブリットは鍛冶屋の見習いとして、日がな一日、時にはロウソクの灯りのもと夜遅くまで鍛冶場で働かねばならなかった。それでも彼は、食事中には目の前に本を置いて勉強し、いつも本をポケットに忍ばせて空き時間に読み、夜の時間と休日を勉強時間に当てた。こうして多くの若者が無駄に過ごす細切れ時間を使って優れた知識を身につけることができた。裕福な若者や怠け者たちがあくびをし、伸びをして、目を覚まそうとしている時間に、若きブリットはチャンスを見つけ、それを活用していたのである。

彼は30歳にしてヨーロッパの主要言語をすべて習得し、アジアの言語も学びつつあるところだった。ブリットに、ほかの若者にはないチャンスがどれほどあったと言うのだろうか？

天才と呼ばれるものの90パーセントは、粘り強さと、信念に基づく勤勉さと、そしてほとんどの場合、徹底した努力の産物にすぎない。また、ひとつのアイデアを粘り強く追求することが、人並みの才能の持ち主に対して天才の称号を与えることになるのである。

そうしたことを、逆境に立ち向かい、何かを成し遂げよう、何者かになろうと頑張っている若者が理解しさえすれば、新たなる希望が湧いてくるはずだ。面白いのは、天才ということを語りたがる人間ほど、努力をしたがらない人間だということである。怠け者であればあるほど、天才がなした偉業について語りたがるようである。

「天才とは苦労することをいとわない底知れぬ能力のことである」というのが天才の定義としては適切だろう。偉業を成し遂げた人たちが、苦悩する現代の若者に、自分たちの名声の多くがまっすぐな汗と努力の結晶であることを伝えることができさえすれば、若者にどれだけ刺激と勇気を与えることができるだろう。

世界から称賛される文学作品を書きあげるまでには、心の痛みや頭痛、神経のすり減るような思い、くじけそうになる試練、つらい時期、恐れや絶望があったこと、さらには著者の全力投球が必要だったことを、苦悩し、あがき、もがく若者に知ってほしいと何度願ったことか。一編の詩、一冊の本は、ほんの短い時間で楽しく読んでしまうことができるが、それを生み出すには何日にも何か月にも及ぶ、神経をすり減らすようなディテールの組み立てや、単調で退屈な作業が求められ、自信さえもぐらついてしまうことがあるのである。

文学における傑作の数々は、一行ごと、段落ごとに、吟味彫琢され、何度も書き直されたあげくにできあがっている。時の試練に耐えて残る作品には、文学者たちの信じられないほどの労力が注がれているのだ。

ローマの詩人ルクレティウスはほとんど生涯のすべてをかけて一編の詩を紡いだ。その詩こそが彼の人生であった。

アメリカの詩人ウィリアム・カレン・ブライアントは代表作の『タナトプシス』を１００回も書き直し、それでも満足しなかったと言われる。

イギリスのエッセイスト、ジョン・フォスターはたったひとつの文を書くのに1週間も悩むことがよくあった。どんな文章でも、切ったり貼ったり、バラバラにしたり、刈りこんだり、根こそぎ引き抜いたり、作品として残す価値があると思えるようになるまで、あらゆる努力を注ぎこんだ。フォスターの友人で神学者のチャルマーズはフォスターの人柄について聞かれてこう答えている。

「こつこつとやる人間だ。何しろ1行に1週間かけている」

歴史上最も偉大な天才のひとりであるフランシス・ベーコン卿でさえも、死ぬ際に、「あとで使うために書き留めた思いつき」というメモで埋め尽くされた大量の原稿を残している。

イギリスの法律家で政治家のエルドン卿は、法律についての博識ぶりで世のなかを驚かせたが、学生時代貧しくて本が買えず、人から何百ページもの分厚い法律書を借りては自らの手で書き写した。ルソーは、その流麗で生き生きとした文章を作り出すのに必要な労力について、次のように言っている。

「私の原稿はインクで汚れ、線を引いて消され、行間に書き込みがあって、判読するのが困難なほどだ。しかしそれこそが私のかけた労力の証だ。原稿のどれをとっても、出版するまでに4度か5度は書き直した。……時には、これでよしとなって紙に書きつけるまでに、5晩も6晩も頭のなかでああでもないこうでもないとこね回すこともあった」

ベートーヴェンは、仕事に対する苦労をいとわぬ厳格さ、それにかける粘り強い努力という点で、おそらく彼の右に出る音楽家はいないだろう。彼の作品のなかで、少なくとも12回以上書き直されない箇所はほとんどなかった。ベートーヴェンのお気に入りの格言は次のようなものだった。

「向上心を持って努力する者に『ここで行き止まり』と告げる柵を立てることはできない」

ハイドンの家はとても貧しかった。父親は馬車大工をしていて、友人もいない孤独な人物で、母親は召使いをしていた女性だった。

ハイドンは小さい頃に家を出て、ある音楽教師の下働きとして働きはじめた。彼はそこで多くのことを学んだが、その一方で彼に対する主人の処遇はひどいものだった。ハイドンはその家を出てウィーンで理髪師になった。そこで、ある人物の靴を磨いたことをきっかけに、有力者の知り合いができた。

1798年、この貧しい少年の作品『天地創造』が音楽界に出現するや、日の出の勢いで世間の評判となった。ハイドンは王女から宮廷に招かれ、王や妃たちと食事をともにした。彼の名声は揺るぎないものとなり、もはや髪を切って暮らしを立てる必要もなくなり、貧困とも無縁となった。しかし、その後に作曲した800あまりの作品で『天地創造』を超えるものはない。

彼は、ナポレオン軍の銃撃が鳴り響くなかで死を迎えた。弾丸のいくつかはハイドンの家の庭先にも飛びこんできた。

スコットランドの天文学者ジェームズ・ファーガソンは、食うのもやっとの貧しい農家の息子だったが、兄のひとりが本を暗唱しているのを聞きながら文字の読み方を学んだ。まだ年端もいかない子どもの頃に自らの手で力学の原理をいくつか発見し、製粉機や紡ぎ車の模型を作り、ガラスのビーズに糸を通して星の距離を測り、見事な天空の地図を作った。

ピョートル1世が17歳の若さでロシアの最高権力者となったとき、ロシア人民は野蛮人より少しまし な程度であったし、皇帝本人も野蛮な感情や傾向があり、それは在位期間を通じてしばしば外に現れた。

皇帝は自分自身とロシア国民を文明人に変えようと決意した。多大な力を注いで改革に着手すると、26歳のときにヨーロッパ諸国の歴訪を開始し、各国の美術や組織を学んだ。オランダのサーダムでは東インド会社の造船所を見て大きな感銘を受け、自ら志願して造船技師の見習いとして働き、「聖ペテロ号」の造船を手伝って、それを即座に買い取った。その後も視察の旅を続け、イギリスでは製紙工場や製材工場、縄製造所、時計屋、その他さまざまな工場で働き、ほかの労働者と同じように仕事をし、同じような扱いを受けた。

視察旅行のあいだ彼が心がけていたことは、訪問先に関して事前に可能なかぎりの情報を得ることであり、現場では「さあ、何もかも見せてください」と求めた。視察に向かうときはメモ帳を持っていき、覚えておく価値があると思ったものは何でももらさず書きとめた。道端で作業をしている当地の人間を見かけると、馬車から降りて、農業についての会話を交わすだけでなく、彼らの家までついて行き、家具を観察し、彼らが使う農具の絵を描いた。そうやって細部にわたる正確な知識を身につけた。ほかの手段では手に入れることが難しいたぐいの情報であり、のちに彼はそれを見事に活用して、国を向上させたのである。

第19章

価値を高める

「運命は汝の周りにではなく内側にある――

汝自らが汝を作りあげねばならない」


エマソンはこう言っている。

「世界はもはや神が創りたもうた粘土ではない。むしろ労働者たちの手の内にある鉄だ。人びとはたゆまず徹底してハンマーを叩き、自らの足場を築かねばならない」

自らが持つ「素材」を最大限に活用するには、その素材を衣服や鉄や人格に変えなければならない――それこそが成功というものだ。どこにでもある「素材」をかけがえのない価値を持つものに高めることこそが、大いなる成功なのである。


まだ加工されていない鉄の塊を最初に手にするのはおそらく鍛冶屋だろう。彼は鉄について限られた知識しか持っていないし、鉄床《かなとこ》より高いところへ昇ろうなどという野心はさらさらない。この鉄の塊に対して自分ができる最高のことは、それを馬の蹄鉄に変えることだと考えていて、それが首尾よくいきさえすれば大満足だ。1ポンドの鉄の塊の価値は2セントか3セントだと値踏みし、それに多くの時間や労力をかけても意味はないと思っている。そのたくましい筋肉と少々の技術によって、鉄の価値は1ドルから、おそらく10ドル程度に高められる。

次に登場するのは刃物職人だ。鍛冶屋より少しだけ学があり、少しだけ野心的で、少しだけ洞察力がある彼は鍛冶屋に向かってこう言う。

「君が鉄から見つけられたのはこれだけか？　鉄をこっちによこせ、頭と技術と労力を使えばどれだけのことができるか見せてやろう」

彼には鉄の塊のもう少し奥深くまで見えている。鉄を焼き入れしたり、焼き戻したりする工程について学んでいるし、いろいろな道具や研磨機や焼きなまし炉を持っている。鉄を溶かし、炭化して鋼鉄にし、引き延ばし、鍛造し、焼き戻しをし、高温で熱し、冷えた水や油に浸けて硬度を高め、丹念に、忍耐強く、研いだり磨いたりする。一連の作業が終わると、2000ドルの価値を持った刃物ができあがり、同じ鉄の塊のなかに10ドル相当の蹄鉄しか見いだせなかった鍛冶屋を驚かせる。刃物職人のより洗練された工程によって鉄の価値は大きく高められたのである。

「刃物も大いに結構だね。それ以上いいものができないと言うなら」

刃物職人の技術の結晶を見せられた別の職人がそう言う。

「でも君は、この鉄の塊から、その価値の半分も引き出していない。もっと程度が高くて、いい使い方がおれには見える。何しろ鉄を研究していて、鉄の可能性もわかっているし、鉄から何ができるかもわかっている」

この職人は刃物職人より繊細な指先、優れた洞察力、優れた技術、高い理想、高い目的意識を持っていて、鉄の塊の分子のなかにまで分け入って、蹄鉄より、刃物より、奥深くまで見通すことができる。そして、鉄の塊を美しい裁縫用の針に変える。その先端には顕微鏡でしか見分けられないような小さな目がうがたれている。目にも見えないほどの細い針先を作るには、刃物製作よりも精緻な工程、一段上の技術が要求される。

この職人は、自分の技術は実に素晴らしく、鉄の可能性を最大限に引き出すものだと思っている。実際、彼の手により刃物の何倍もの価値がある製品が生み出されている。

だが、ちょっと待った！　もっと切れる頭脳ともっと繊細な指先とを持ち、もっと働き者で、もっと高度な技術を有し、もっと優れた訓練を受けている、もうひとりの腕の立つ職人が現れて、蹄鉄や刃物や針を軽々と追い越して、鉄の塊を時計用の精巧なゼンマイへと変える。ほかの連中が蹄鉄や刃物や針といった、たかだか数千ドルの価値しか見いだせなかった鉄の塊から、その鋭い眼光で、10万ドルもの価値を持つ製品を見いだしたのである。

しかし、さらにレベルの高い芸術家的職人が現れて「まだまだ鉄の可能性を引き出し切れていない、自分には魔法の力があって、鉄にもっとすごい奇跡を起こすことができる」と言う。彼にとってはゼンマイでさえもお粗末で話にならないようだ。鉄の塊はうまく扱えば、金属学の知識がない人には想像がつかないくらい弾力性を持たせられることを知っている。注意深く焼き戻しさえすれば、鉄は硬く鋭利でどっしりした金属になるだけでなく、まるで命を吹きこまれたかのように新しい性質を持つことを知っている。

透視能力でもあるかのような鋭い洞察力によって、この芸術家的職人は見抜いている。ゼンマイ作りの各工程をさらに洗練させることができること、それぞれの工程をさらに完璧なものに近づけることができること、鉄の特性をうまく利用することができれば、繊維や糸のように細くしても素晴らしい働きをさせられることを。

洗練されたいくつもの工程と見事な焼き戻し技術によって、鉄の塊を、目に見えないほど繊細なヒゲゼンマイへと変貌させる。長い苦労の末に、彼は夢を実現したのだ。数ドルの価値しかない鉄の塊を、１００万ドルの価値があるもの、おそらく同じ重さの金《きん》の40倍もの価値に匹敵するものへと引き上げたのである。

まだまだ、もうひとり別の職人がいる。その仕事はかぎりなく繊細で、その製品は教育のある人にもあまり知られておらず、だから辞書や百科事典には載らないが、鉄のほんのひとかけらだけを使い、驚くほどの正確さと、優美で繊細な指使いで、鉄の可能性を最大限に引き出す。それと比べれば、ゼンマイもヒゲゼンマイも粗末で原始的で安っぽく見えてしまう。仕事を終えたとき彼の手にあるのは、歯医者が歯の細い神経を抜くときに使う小さな鉤《かぎ》がついた精妙な器具だ。金1ポンドは、ざっと言って250ドルの価値があるが、このほっそりとした鉤状の鉄製品を1ポンド分集めれば、その何百倍もの価値があるだろう。

別の専門家たちがさらに製品を洗練させていくことはあっても、粒子となって空中を漂うほどに細分化できる鉄の可能性をすべて引き出し尽くすのはまだはるかに先のことだろう。

今の話はまるで魔法のようにも聞こえるが、その魔法をもたらすのは、誰にもある地道な能力を使うことであり、目や手や観察力を鍛えることであり、労を惜しまず細心の注意を払い、一生懸命働き、意志と気概を持つことである。

素材としてはいくつかの荒っぽい性質しか持たない鉄でも、その分子のなかに知恵を注ぎこむことによって、これほど見事に価値を向上させることができるのだとすれば、肉体と頭脳と道徳と精神の見事な融合物である人間に成長の限界などあろうはずがない。鉄の価値向上には十数通りの方法があるが、人の心と人格を成長させるには1000通りもの方法があるはずだ。

人の成長の度合いにもともとの素材が影響するのはごくわずかだ。人間という素材を溶かし、鍛え、最高の形へと整えるものは、自らの理想を定めて、それに向けて努力し、学び、経験を積む、そのプロセスだ。

鉄の塊のなかに、それぞれの職人が完成した製品を見いだすように、われわれも自分を立派な製品へと仕上げたいなら、日々の人生のなかに光輝く可能性を見いださなければならない。見いだすものが蹄鉄や刃物だけだとしたら、どれだけ努力し、どれだけ苦労してもヒゲゼンマイを生み出すことはできないだろう。われわれは自分が偉大なるものにふさわしいと自覚しなければならない。戦うことを覚悟し、試練や逆境に耐え、必要な投資をし、そうした苦労や忍耐や努力が必ず報われると信じなければならない。

平均的な男女であれば、生まれつき与えられた素材にはまったくと言っていいほど差はない。しかし、ほかの人間より成長のための手段をたくさん持つ者は、手段に乏しいものに比べ、自らの価値を100倍、500倍、いや1000倍にも高めることができるだろう。そしてその他大勢の者たちは、自分の素材がいつまでも未加工で粗雑なままでいることを不思議に思い、その責任を運の悪さのせいにするだろう。

チャンスがないことや、大学に行けないこと、教育がないことを嘆く者がいる一方で、その半分もチャンスのない人間が、ほかの若者が顧みないような細切れ時間を使って勉強をし、教養を身につける。同じ素材を使って、ある者は宮殿を建て、ある者はあばら屋を建てる。同じ大理石の原石から、ある者は美しい天使を呼び出して、見る者を喜ばせ、ある者はおぞましい怪物を呼び出して、見る者すべてに怖気を震わせる。

人生という鉄の塊の価値をどれだけ高められるかは、自分自身に負うところが大きい。そして、ゼンマイやヒゲゼンマイになれるかは、どんな理想を持っているか、自らを高めようとする強い意志があるか、そしてハンマーで打たれ、延ばされ、熱せられて水や油に突っこまれるのに耐えられる気力があるかどうかにかかっている。

言うまでもなく、それはつらく痛みを伴うものであり、最上の製品を作りあげるまでには相当な耐久力が必要となる。しかし、だからといって、生涯ずっと鉄の塊や蹄鉄のままでとどまっていていいのだろうか？

第20章 ありふれた美徳が成功へと導く

成功に必要な才能とは、自分が得意なことをやること、そして何をやるにしても評判など気にせずきちんとやること、それに尽きる。

――ヘンリー・ワーズワース・ロングフェロー（アメリカの詩人）

問題は、何を知っているかではなく、知っていることをどう生かすかだ。
――ジョサイア・ギルバート・ホランド（アメリカの作家）

技に熟練している人を観察せよ。彼は王侯に仕える。
――ソロモン

若者の心に最も響き、心励まされる真理はこれだろう。

「人間のしたことは人間にできることである」

偉業を成し遂げた人物を祭壇に祭りあげ、傑出した人物として別格扱いするのは好ましくない。そうではなく、志ある若者が模範とすべき成功の基準を作っていると考えるべきだ。彼らが見せる手本は、ありふれた美徳を発揮するだけでどれだけのことが達成できるかを教えてくれる。その美徳とは、勤勉であり、忍耐であり、倹約であり、自制であり、決意であり、勤労であり、粘り強さだ。

誰もが身につけ、使うことのできるこうした素朴な美徳が持つ力を理解するためにいちばんいいのは、具体的な実例を見てみることだ。目標を明確に定め、それに向かって忍耐強くこつこつと努力することだけで、大きなことが成し遂げられている。

ありふれた美徳を発揮することで成功を勝ち取ることができることを最もよく示す実例は、木こりから大統領となったエイブラハム・リンカーンである。

リンカーンは、ほかのどのアメリカ人よりも、アメリカの若者たちから英雄視されている人物である。若い人たちは、彼を非常に優秀な人物であり、高邁な目的を持つ人物として育てられたと考えている。しかし、彼の人格をよく見てみれば、特にどうと言うことのない美徳、ありきたりな資質で成り立っていることがわかる。リンカーンを半分、神のように思っている貧しい少年少女たちも持ちあわせている資質ばかりである。

リンカーンの強みは、男らしいこと、まっすぐで、まぎれもなく誠実なことだ。リンカーンは頼りにしていい人間だった。自分の可能性を最大限に引き出したいという志があった。何がしかの知識をつけたい、何がしかの人間になりたい、貧しい境遇にうなだれることなく、何らかの形で世のなかの役に立ちたいと願っていた。ただひたすらに、少しでも自分の状況を改善したいと望んでいた。

リンカーンには、成長に対する純粋な飢餓感、今よりも大きく充実した人生を求める熱い気持ちがあった。それは確かなことだが、天才的な才能や、類いまれな能力があった形跡は見られない。実直な人物であり、自分をよく見せようという気はまったくなかった。

実直さはリンカーンの大きな魅力だった。彼を知る者は誰しも、彼がひとかどの人物であり、心の広い寛大な友人であり、ぬかるみにはまった豚だろうが、災難に見舞われた貧しい未亡人だろうが、助言が欲しい農夫だろうが、あらゆる人やものをトラブルから救い出そうとするやさしい気持ちがあることを感じ取っていた。人助けの精神があり、開けっぴろげで、率直で、裏表がなかった。とりつくろったり、隠しごとをしたりすることはけっしてなかった。心の扉がいつも開かれていたので、彼が何を考えているかは誰からもよくわかった。

苦労をものともせずに何かに打ちこむことのできる能力は、天才にも匹敵する――というよりも、その能力こそが天才そのものである。

もし若者たちに対して、リンカーンが成功した要因をいくつかあげて、それぞれの貢献度をパーセントで示せと言ったら、全体の50パーセントを占める突出して優れた能力を探し出そうとするだろう。しかし私の考えでは、この答えは歴史がすでに出している。

自分の目的に対する誠実さ、純粋で利他的な動機こそがリンカーンの最大の美点であり、そして、それらの美点は、アメリカの貧しい少年にも、身分の低い少女にも手の届くものである。

正直さと誠実さが、リンカーンの成功要因の20パーセントを占めるとしよう。犬のような粘り強さと、苦労をものともせず努力する能力が10パーセントずつ。すべてのことを手抜きせず、完全に最後までやり抜こうとする気概が10パーセント。志と向上心、人生を実りあるものにしようとする気持ちがそれぞれ10パーセントずつ。

こうして積み上げていけば、天賦の才能と呼べるようなものがひとつもなくても、簡単に１００パーセントにすることができる。このように、リンカーンという人物は、どこにでもある資質、この国のどんなに貧しい若者にも手が届く最もありふれた美徳だけで作りあげることができる。その構成要素のなかには、天才と呼ばねばならないほどの、圧倒的で、近寄りがたいものなどひとつもないのである。

それは世界に対する神のこのうえない祝福であり、貧しい少年少女に対して勇気とやる気を与える事実である。リンカーンが成した偉業は、彼の人格の勝利であり、その人格は金や家柄や権力とは無縁で、貧しく身分の低いものでも手に入れられる資質を積み重ねたものなのである。

セオドア・ルーズベルトは、コロラド州の山岳地帯で行った演説でこんな話をしている。

あなた方は私の成功を、自分たちとはまったく無縁な、手の届かないものだと考えている。しかし、はっきり申し上げて、私が手にした大きな成果は、もっぱら偶然の賜物です。もし私が成功したとおっしゃるならば、その意味するところは、誰でも成功できるということです。なぜなら私は、家庭や仕事で義務を果たそうとしたのと同じように、アメリカ国民としても義務を果たそうと務めただけなのですから。

私が死ぬとき、私をよく知る者たちが私のことを、思いやりのある協力的な夫だった、愛情深くて賢明でよく働く父親だった、寛大で親切な隣人だった、誠実な市民だったと思ってくれるなら、それはアメリカの大統領だったという事実よりもはるかに光栄なことですし、私の人生が成功だったという証になります。

誰が意図したのでもない偶然の出来事がいくつかなければ、今いる地位に私がいなかった可能性は十分にあります。けれども、私は何かの偶然の出来事によって、優れた人格を得たのでもなければ、家庭や地域のよき一員になったわけでもありません。ですから、あなた方おひとりおひとりに、私と同じような成功を収めるチャンスがあるのです。そして、最終的に私の成功も、みなさんが達成されることと同じくらい偉大なものだということになるなら、こんなにうれしいことはありません。

第25代アメリカ大統領のマッキンリーには優れた知性があったわけではない。その経歴にも、驚き、目を見張るようなものはなかった。大天才でもなければ、学者として名を成したわけでもない。学校の成績もとりたてて優秀なものではなく、弁護士としてもそれほどではなく、議会でも目立った功績をあげたわけではなかった。ただ、彼には優れた分別があった。そして天才にも匹敵する能力――勤勉と粘り強さがあった。

こつこつと働き、頑張り抜くことができたし、議会で自分がどんな人間かを示す唯一の方法は信念を貫くことだと理解していた。そして友人の政治家の助言に従って、関税を自分の得意項目にした。

人類の偉人たちの伝記は、貧しい普通の若者の意欲を奪ってしまうことが少なくない。伝記に出てくる人物が天才だと思ってしまったとたん、伝記はその効力を大きく失ってしまう。若者は自分が天才ではないことをわかっているから、自分に対してこう言う。

「話としては面白いけど、自分にはとても真似できないな」

しかし、その若者がマッキンリーの伝記を読んだとしたら、自分に同じことができない理由をひとつも見つけられないはずだ。マッキンリーの人生には、特別な能力やチャンスによって大きく飛躍したり、とんとん拍子にことが進んだりした場面などないからだ。彼にはずば抜けた才能はなかったが、平均して何でもそこそこできた。常識に富んでいたし、仕事も熱心に行った。機転と心配りがあって、あらゆるチャンスを最大限に活用したのである。


鉄の意志を持ち、自分は成功すると固く信じる者を妨げるものは何もない。彼は障害に直面するとそれを飛び越えるか、穴を掘ってくぐり抜けるか、迂回する道を作るだろう。障害があるとかえってやる気がみなぎり、決意が固くなり、知恵がつき、生まれ持った資質が研ぎ澄まされる。歴史を見ればこうした例に満ちあふれている。意志のあるものにとって困難などないのである。

イギリスの文学者サミュエル・ジョンソンはこう言っている。

「われわれが称賛と感嘆の目で仰ぎ見る人類の偉大な功績はすべて、粘り強さという向かうところ敵なしの力が実現したものである」
「同じ素材を使ってある者は宮殿を建て、ある者はあばら屋を建てる」という言葉があるが、これは言い得て妙である。レンガと漆喰は、建築家がそれを使って何かしないかぎり、レンガと漆喰のままである。意志の弱い人間には障害となる岩も、意志の強い人間には踏み台となる。ある者の心をくじく困難も、別の者にとってはやる気の源泉となる。その人間は困難を跳躍台だと見て、それを使って失敗という裂け目を飛び越え、成功という地面に降り立つのである。

南軍の総司令官リー将軍の副官として活躍した「石の壁」ジャクソンことロバート・ジャクソンも若い頃は遅鈍なことで有名だった。しかし、その遅鈍さと表裏一体に、こつこつと努力する力と粘り強さも持ちあわせていた。課題を与えられると、やり遂げるまでけっして放り出さなかった。ウェストポイントの陸軍士官学校に入学後の彼の授業での口癖は「数日前の課題をやり遂げるのに手いっぱいで、今日の課題にまで手が回りませんでした」だった。

この、何かを着実にやり抜くという姿勢を最後まで保ちつづけ、新入生のときは最も見込みのない生徒だったのが、卒業のときはクラスで17番になっており、スタート時点において彼より成績もよく頭もよかった同級生を53人もごぼう抜きした。同級生たちは「学校が4年制ではなく10年制だったら、ジャクソンはきっと首席で卒業しただろう」とうわさしたという。

世界はいつも、固い意志を持つ人間に道を譲る。勝利への王道などはないし、成功という神殿に、開け放たれた扉はない。

ありふれた美徳のなかでも最もありふれているのが粘り強さだが、粘り強さは、固く閉ざされたチャンスの扉を開く「開け、ゴマ」の呪文として、どんなに素晴らしい貢ぎ物よりも優れている。どんな男女であれ、この粘り強さという美徳を身につけることができるし、そうすれば目指す目標に届かないままで終わることもなくなるし、進歩を妨げることにしかならない快楽への道と迷いこまずにいることもできる。

きわめて厳しい状況を耐え抜き勝利するというお話は、歴史における最も魅力的なテーマのひとつであり、目標に対する執念は、世界に名を残してきた者たち全員に共通する特徴である。粘り強さとは、政治家にとっての知恵であり、戦士にとっての剣であり、発明家にとっての極意であり、学者にとっての「開け、ゴマ」である。

才能にとっての粘り強さとは蒸気機関にとっての蒸気のようなものでああり、蒸気機関が意図したとおりに動くための原動力なのである。粘り強さをたっぷり持っていれば、才能などほんの少ししかなくても、才能があって粘り強さがない人間よりもよほど頼りになるし、はるかに遠くまで行くことができる。

固い意志を持つ人間を成功から遠ざけておくことはできない。金を奪えば、貧しさをばねに変える。地下牢に閉じこめれば、不朽の名作『天路歴程』を書いてしまう。

信念を貫き、最後まできちんとやり抜こう。そうすれば英雄となることができる。自分で自分に誇りが持てるし、周りはあなたを称えてくれるだろう。

手を抜かずにきちんとやることも、誰もが育むことのできるありふれた美徳のひとつである。どんな仕事でもベストを尽くす人間は、「これで十分だろう」と言って適当に仕事を切りあげる人間をはるかに引き離してしまうだろう。ベストを尽くさずして「これで十分」なものなど何ひとつない。

義務に対して忠実であることも、権威ある指導者の地位へと上った者に共通する美徳だ。ナポレオンの通信文書には「誉れ」という言葉がよく見られたというし、ウェリントンの通信文書には「義務」という言葉が重要な言葉としてよく使われていた。

最近では「義務」という名の険しい道を進むことや、忍耐とゆるぎない粘り強さをもって名誉ある地位へと上ることを望んでいない人が多いように思える。

私のもとには若者からちょくちょく手紙が届く。その手紙には「法律の世界でダニエル・ウェブスターのようになれる確かな見込みがあるのなら、全力で勉強するし、生涯をその仕事に捧げる」とか、「発明界のエジソンや、医学界の偉大なリーダー、あるいはワナメーカーやマーシャル・フィールドのようなビジネス界の大物になれるのなら、熱意と情熱とパワーと集中力をもって仕事をするのに」などと書かれている。

それらの偉人たちが成し遂げたことを自分も成し遂げられるなら、どんな犠牲をも払うし、どんな苦難にも耐えると言うのだ。ところが、彼らの多くが、自分は、それらの偉人たちほどの優れた能力や、天才的な知性や、桁外れの才能を持ちあわせてはいないと考え、それゆえに進んで努力をしようとしない。

彼らはわかっていないのだ。成功とは、必ずしも、何か偉大なことを成し遂げることでもなければ、何か大きなことをするために大変な苦労をすることでもない。毎日の何でもない日常を正直に懸命に生きることも成功なのである。

ありふれたどこにでもある美徳を発揮すること、何であれやり始めたら最後までやり抜こうとすること、どんな取引においてもひたすら誠実であろうとすること、友人に嘘をつかないこと、周囲の人たちに役立とうとする気持ちをいつも忘れないこと、できるかぎり立派な市民、よき隣人、子どもにやさしくやる気を起こさせる父親になろうとすること——こうした単純素朴なことによってわれわれは成功を手にするのだ。

成功に大きな秘密などない。成功とはどこにもある当たり前の美徳を、肩ひじ張ることなく発揮しつづけることにすぎないのである。

非常に残念なことは、多くの若者が成功とは何か驚くべきものごとを成し遂げることだと思いこみ、それができる人間は生まれつき何かしら天賦の才能があるはずで、そうでなければあんなに目覚ましいことは成しえないはずだと勘違いしていることである。

第21章

ひとつのアイデアに生きる

自らの使命を果たそうと願う人間はひとつのアイデアに命を賭ける人間でなければならない。つまり、ひとつの圧倒的な目的を持ち、それがほかの目的の影を薄くし、自らの人生を導き統御するような人間である。

——ユリウス・ベイト（イギリスの聖職者）

ひとつの大いなるアイデアに対する健全なる飢餓感を持つことは、人生における美であり喜びである。

——ジーン・インジェロー（イギリスの詩人）

強い信念を持つ人間は他人の嘲りなどものともしない。

——ジョン・スチュアート・ミル（イギリスの思想家）

アイデアは大砲よりも大きな音で世界に響き渡る。思想は軍隊よりもずっと強い。信条は騎兵や二輪戦車よりも多くの勝利をあげてきた。

――ウィリアム・マクレガー・パクストン（アメリカの画家）

「編み機のことで、なぜそんなにお困りなんでしょう？　それならば、裁縫専用の機械を作ればいいではないですか？」

ボストンで機械製造の店を営むアリ・デービスは店を訪れた客にそう言った。その客は裕福な発明家で、ウールを編む機械を作ろうとして行き詰まり、デービスにアドバイスを求めたのである。

「そうできればいいとは思うが、実現は不可能だ」

「いや可能ですよ」とデービスは言い、「私が作ってみせましょう」と見得を切った。

「いいだろう」と客は言い、「もしそれができたら、一生働かずとも暮らせるほどの富を私が保証しよう」と請け負った。

デービスの言葉は冗談半分に発せられたものだったが、その斬新なアイデアは、そばに立っていたひとりの職人の頭のなかに居場所を見つけた。20歳そこそこの若者で、周囲の人間からは、まだまだちゃんとしたことを考える力はないと思われていた。しかし、その若者エリアス・ハウは見かけほど浅はかな人間ではなく、考えれば考えるほど、そうした機械を作るのはよいことだと思うようになってきた。

それから4年がたった。大都会で妻と3人の子どもを週9ドルの給料で養わなければならず、のんきだった青年も思慮深く働き者の大人になっていた。裁縫用の機械のことが朝から晩まで頭を離れなかった彼は、ついにそれを自分の手で作ろうと決意した。

両端が尖っていて中央に穴のある針を使えば、布を上下に貫通して進むだろうと考えて取り組みはじめたがうまくいかず、そのまま数か月が過ぎたとき、別のやり方もあるという考えが突然頭に浮かんだ。それからほとんど気でも違ったように昼も夜も一心不乱に取り組み、木と針金で作った大まかな模型を作りあげると、これは間違いなくうまくいくと確信した。

彼の頭のなかではそのアイデアがはっきりと形を取っていたが、自分の手持ち資金に加えて、それまでも何くれとなく支援してくれていた父親からの資金援助を足しても、模型ではない実際に動く機械を製作するには不足していた。そんなところへ救いの手を差し伸べてくれたのは、かつての級友で、ケンブリッジで石炭と木材の商いをしていたジョージ・フィッシャーであった。彼はエリアス一家を自分の家に下宿させてくれただけでなく、５００ドルの資金を提供してくれたのである。その見返りとして、できあがった機械が特許を取ることができた暁には、特許権の半分を彼に与えることになった。

１８４５年5月、裁縫機械、今で言うミシンが完成し、7月にはエリアスはウール地のスーツを2着縫いあげていた。1着は援助してくれたフィッシャー氏にあげ、もう1着は自分が着た。縫い目はしっかりしていて生地自体よりも長持ちしたという。

今でも保存されているその機械は1分間で３００針も縫うことができ、発明品の第1号機としては、ほかのどんなに優れた発明品よりも完成度が高かった。現代では、何百万台ものミシンが世のなかに出回っているが、どれひとつとしてこの1号機で採用された重要な原理が使われていないものはない。

湿地帯であるシカゴ一帯の土地を建物ごと持ち上げてその下に下水道を通す、いわゆる「かさ上げ工事」を行うことが決定されたとき、貧しい機械工を父に持つジョージ・M・プルマンという名の若者が名乗りをあげ、この大仕事の契約を勝ち取った。彼は広大な土地を持ち上げるだけでなく、そこで行われている事業をほとんど中断することなくそれを行った。

彼は長いあいだずっと、すべての鉄道路線に適用できる寝台車の計画を頭のなかで温めていた。試しにシカゴ・アルトン鉄道の古い客車に寝台を取りつけてみたところ、かなりの需要が見込めることがわかった。その後、客車が豪華であればあるほど需要は大きくなるという考えのもと仕事を進めた。コロラドの金鉱で3年を過ごした後シカゴに戻り、1台1万8000ドルもする寝台車を2つ製作した。誰もがそれを「プルマンの愚行」と言って笑ったが、プルマン自身は長旅の退屈さを和らげてくれるものならば、すぐにでも受け入れられるだろうと信じ、自分のアイデアにすべてを賭ける強い信念を持っていた。

プルマンは美しさに商業的価値があることを固く信じていた。自らが築きあげ、その名を冠した美しい街プルマンと同じく、その壮麗な寝台車はそうしたプルマンの信念を体現したものである。

彼は従業員たちに、快適で美しく清潔な環境を提供することは良い投資だと考えていて、それを裏づけるかのように「プルマン」という街は清潔で秩序だった快適な街の模範となった。

世界の姿を変えてきたのは、いつでも、ひとつのアイデアを持ち、それを実行に移してきた人間である。蒸気機関というアイデアは、古代ギリシャの哲学者たちの書物のなかにその萌芽が見られるが、それがアイデア以上のものに発展するまでには2000年以上の年月を必要とした。

17世紀、イギリスにトーマス・ニューコメンという男が現れる。チャンスに恵まれない鍛冶屋だったが、蒸気が急激に膨張したり収縮したりする力を利用してピストンを動かすというアイデアを思いついた。しかし彼の蒸気機関は1馬力を生み出すのに30ポンドもの石炭を消費するものだった。

現代的な蒸気機関の完成に中心的役割を担ったのはジェームズ・ワットである。スコットランドに生まれたワットは少年時代は貧しくて教育もろくに受けることができず、15歳のときロンドンに出て職探しをしたが、うまくいかなかった。

幸い、グラスゴー大学のある教授が作業部屋を提供してくれ、ワットは職探しをする合間にも、古いガラス瓶を蒸気だめ代わりに、中空の杖をパイプ代わりに使って実験を行った。一瞬たりとも時間を無駄にしたくなかったのである。

ワットはニューコメンの蒸気機関を改良し、ピストンが4分の1から3分の1ストローク動いた後はシリンダー内に蒸気を注入しないようにし、残りの距離はシリンダー内に残っている蒸気を膨張させて動かすようにした。これにより、蒸気の4分の3近くを節約できるようになった。

ワットは、普通の人間なら心が折れてしまうほどの厳しい貧困と苦難に見舞われたが、彼自身が熱意の人だったのに加えて、妻のマーガレットが肝の据わった女性で、ワットに対して「自分に不便をかけることは気にしないで頑張れ」と励ましてくれた。ロンドンで悪戦苦闘しているとき、彼女はこんな手紙をワットに送っている。

「もしその蒸気機関がうまくいかなくても、いつかきっとうまくいく。絶対に気を落とさないでね」

ワットはその瞬間について次のように語っている。

「私は散歩をしていた。よく晴れた日曜日の午後だった。古い洗濯場の前を通り過ぎたときも蒸気機関のことを考えていた。するとアイデアが舞い降りて来た。蒸気は一種の弾性体だから、真空があれば、そこに勢いよく流れこむはずで、シリンダーに空っぽの容器をつなげば、蒸気はその容器のなかに流れこみ、シリンダーを冷やすことなくそこで凝縮できるかもしれない」

そのアイデアは単純なものだったが、そこには実用的な蒸気機関の第1号機へとつながる発想があった。

歴史家のジェームズ・マッキントッシュ卿は、ひとつのアイデアだけを手がかりに歩みはじめたこの貧しいスコットランドの青年を「すべての時代、すべての国における発明家の筆頭」に位置づけている。


ジョージ・スティーブンソンもよいお手本になる。昼間は炭鉱の穴ぐらのなかで働いて一日6ペンスを得、夜は仲間の作業員たちの服や靴を繕ってわずかな金を手にし、夜学へと通った。そんななかで、初めて貯めた15ポンドを視力を失った父親に渡し、借金の返済に当てさせている。

人びとは彼のことを「頭が変だ」と言い、彼の「けたたましい蒸気機関は、その火の粉で家を燃やしてしまうだろう」とか「煙は大気を汚染する」とか「馬車の作り手や馬車の御者は仕事がなくなって飢えてしまうだろう」と言って批判した。イギリス下院の委員会も3日間にわたって山のような質問をぶつけた。その一例をあげよう。

「もし牛が線路に入りこんで、時速10マイルで進む機関車の前に立ちはだかったとしたら、大変な状況になるのではないか?」

それに対しスティーブンソンはこう返した。

「ええ、とても大変な状況です、牛にとっては」

政府の調査官は、蒸気機関車が時速10マイルで走り続けるなら、とろけてシチューになった蒸気機関を朝食に食べる役を自分が引き受けることになるだろうと言った。

「馬より2倍も速い蒸気機関車を走らせようなんて考え以上に愚かでばかげたものはあるだろうか?」

イギリスのクォータリー・レビュー誌は1825年3月号の記事でそう問いかけた。

「周辺住民たちは、あのような速さで進む機械が走るのを許してしまったとたん、コングリーヴのロケット弾のごときものが飛びこんできて被害を受けることになるだろう。今後承認を与えるすべての鉄道に対して議会は、時速を8マイルから9マイルに制限するものと信じたい。それが、安全確保できる最高速度だとするシルヴェスター氏の主張にわれわれは全面的に賛成するものである」

スティーブンソンは、当時建設中だったリバプール・アンド・マンチェスター鉄道に、馬ではなく新たに開発した蒸気機関車を使うよう提案しており、この記事はそれについて論評したものである。

鉄道会社は、この問題をふたりの著名なイギリス人技術者に託した。彼らの結論は、蒸気機関を使うのであれば、固定式の蒸気機関を1・5マイルごとに置いて、車両を滑車とロープを使って引くという形に限定するのが望ましいというものだった。しかし、スティーブンソンは自分の考えを試すよう鉄道会社を説得し、その結果、1829年10月6日にトライアルを行うとともに、最も優秀な成績を収めた蒸気機関車に2500ドルの賞金を与えることにが決まった。

運命の日、大勢の見物客が、蒸気機関車の競い合いを見にやって来た。トライアルに参加するのは4台の蒸気機関車、ノベルティ号、ロケット号、パーシビアランス号、サンパレーユ号だった。

そのうちパーシビアランス号は時速6マイルしか出すことができず、争いから脱落した。少なくとも時速10マイル以上出すというのが選考条件だったからだ。

サンパレーユ号は平均時速14マイルを記録したが、給水管が破裂してしまい、勝つ見込みがなくなった。

ノベルティ号も見事な結果を出したが、こちらも送風管が破裂し、争いから脱落した。

残るロケット号が平均時速15マイル、最高時速29マイルを記録し、栄冠を獲得した。

それこそがスティーブンソンの蒸気機関車であり、その理論を完璧に証明するとともに、線路に固定式の蒸気機関を置くという考えを完膚なきまでに打ち砕いた。スティーブンソンは、天才ワットが考案した蒸気機関に車輪を付け、当時の技術者の否定的な予想を尻目に、人びとや物資を運ぶ乗りものへと仕立てあげることに成功したのである。

あらゆる発明物語のなかで、ジョン・フィッチの物語ほどもの悲しく胸を打つものはない。彼はあらゆる意味で貧しい人物で、顔も貧しければ、心も貧しかった。貧しく生まれ、貧しく生き、貧しく死んだ。もし真の発明家というものがいるとするなら、彼こそがそうだった。自分の主張を通すためには肉体をも犠牲にすることを辞さない熱い魂を持つ人間のひとりだった。発明が失敗に終わりそうな窮地に陥り「片足を切り落として100ドルもらえるなら喜んでナイフを突きたてる」と言ったとき、それは掛け値なしに本気だった。

蒸気船を作るための資金をアメリカとフランスで集めようとしたがうまくいかなかった。彼は口癖のようにこう言っていた。

「あなたも私もそれまで生きていないと思うが、その日はきっと来る。蒸気船がほかのどんな交通手段よりも優れていると認められるときが。何隻もの蒸気船が西部の川をさかのぼってニューオーリンズからホイーリングまで行く日が。蒸気船が大西洋を横断する日が。ジョン・フィッチの名は忘れ去られるだろうが、別の人物がそのアイデアを現実のものにし、裕福で偉大な人間になるだろう」

貧しく、みすぼらしく、惨めで、嘲られ、憐れまれ、大物には否定され、金持ちには拒絶されながらも、フィッチは夢を捨てることなく、そして1790年、蒸気船としては初めて実用に耐えうる船をデラウェア川に浮かべたのである。その船は潮の流れに向かうときは時速6マイル、流れに沿うときは時速8マイルで航行した。

1807年8月4日金曜日の正午、ハドソン川の船着き場周辺には好奇心旺盛な群衆が大勢姿を見せていたことだろう。彼らが集まったのは、ひとりの「変人」の愚かな失敗としか思えない試みをその目で見るためだった。その男は、クラーモント号と名づけた「蒸気船」なるものに一団の乗客を乗せて、ハドソン川をさかのぼり、アルバニーまで連れて行くというのだ。帆もなしに、流れに逆らってハドソン川をさかのぼるなどという突拍子もない話を、これまで耳にしたことがあるだろうか？「こいつは爆発するぞ」と1人目が言い、「火事になるぞ」と2人目が言い、「全員溺れちまうぞ」と3人目が言った。

船からは黒い大きな煙の柱が立ち上り、まばゆいばかりの火の粉がシャワーのようにその上に降り注いでいた。そこにいる誰もが、ほぼひとり残らず、蒸気の力で進む船などこれまでに聞いたことがなかった。そんな船に金も時間も注ぎこむなど、この男はどうかしているというのが群衆の一致した見解だった。

客たちが乗船し、タラップがしまわれ、蒸気機関に火が入れられた。ウォーキング・ビームがゆっくりと上下に動きはじめ、クラーモント号は川のなかへと進んでいった。

「川をさかのぼるなんてできっこない」

やじ馬たちはそう言い募ったが、船は着実に川をさかのぼって行った。

こうして、若かりし頃に「不可能なことなどない」と言い切った青年は大きな成功を収め、実用的な価値を持つ蒸気船を初めてこの世に送り出したのである。

人類に対して、世界の通商貿易に革命をもたらすほどの大きな貢献をしたにもかかわらず、ロバート・フルトンは多くの人びとから社会の敵だとみなされた。フルトンを批判する人や皮肉屋たちはフルトンの名前を聞くたびに鼻を鳴らした。世間からの非難や嘲り、罵倒の激しさは、それを受ける者が人類にもたらした利益に比例するもののようであった。

クラーモント号が松の木を燃やし、炎が混じった分厚い煙の柱を煙突から噴き上げながら、威風堂々と川をすべっていくと、川沿いの住人たちはそのスペクタクルな情景を説明する言葉を見つけられなかった。彼らは川岸に駆け寄り、「火を噴き」ながら、オールや帆もなしにすごい速度で川をさかのぼる船を驚きの目で見守った。

船の大きな外輪がたてる騒音も彼らの驚きを増幅した。船乗りたちは自分の船を見捨てて逃げ、漁師たちは大慌てで櫓《ろ》をこいで家に帰り、この火を噴く怪物に道をあけた。インディアンたちも、蒸気船が初めてマンハッタン島の彼らの狩場に近づいたとき、白人の船に初めて遭遇した先祖たちと同じように慌てふためいた。

蒸気船に敵意を燃やした帆船の所有者たちは、クラーモント号に体当たりして沈没させようとした。それだけでなく、蒸気船の登場で損害を被る者たちは、蒸気船を発明したとするフルトンの主張を否定し、彼に対して訴訟を起こした。

しかし、クラーモント号の成功によって国じゅうのあらゆるところで蒸気船が建造されるようになった。アメリカ政府はフルトンを雇って蒸気式フリゲート艦の建造を支援させ、それはフルトン1世号と名づけられた。さらには、政府のために、機雷を敷設するためのダイビングボートも建造した。

この頃には彼の名声は世界中に鳴り響いており、1815年に亡くなったときには、各新聞はこぞって黒枠で縁取った記事を載せ、ニューヨーク州議会の議員は喪章バッジを着用した。伝統あるトリニティ教会の墓地に向かって長い葬列が進むなか、1分おきに号砲が鳴らされた。葬儀でこれほどの敬意が払われた私人はこれまでにほとんどいなかった。

いつの時代でも、人類を発展させてきた者は、周囲の目から見れば「何かに取りつかれた」者たちである。ノアが方舟を作ったときも、モーセがイスラエルの民のために働いたときも、イエス・キリストが堕落した人類を救うために生き、死んでいったときも、裕福で教養豊かな人びとから哀れみや嘲りを受けた。これは人類に偉大な貢献をした者すべてに共通する話である。

それでも、いつの時代でも、いかなる場所でも、人びとは、貧困や困難、苦労や嘲りや迫害、時には死さえも従容《しょうよう》として受け入れてきた。そうすることによって、人類すべてが歩む揺りかごから墓場までの道に光や慰めを投げかけることができるのなら、と。そうなのだ。人類に大きな貢献をする人間はいつだって、大いなる目的意識——圧倒的なアイデアを持った人間なのである。

世界にはまだまだ多くのアイデアが残されている。何もかもが発明し尽くされたわけではないし、すべてのよいことがし尽くされたわけではない。正すべき誤りは数多くあり、そのひとつひとつが、新しいアイデアはないかと人類に問いかけている。

第22章 勇気

スパルタ人は、敵が何人いるかなどとは聞かず、敵がどこにいるかを聞く。
——スパルタ王アギス2世

勇敢に、いさぎよく、ローマ人の流儀に従って、死神が私たちを誇らしく思うほどにやってのけるのです。

——シェイクスピア『アントニーとクレオパトラ』におけるクレオパトラのせりふ

死ぬときは、敵に後ろを見せずに死のう。
——バヤール（フランスの伝説の騎士）

私を征服してみよ。きっとてこずるはずだ。
——バイロン（イギリスの詩人）

確実性を求めて尻ごむ者には大きなことなどできない。

——ジョージ・エリオット（イギリスの作家）

幸運は勇者に味方する。

——ジョン・ドライデン（イギリスの詩人）

逃れえぬ火あぶりの刑に対して、笑みを浮かべながら抗う——それも、間違いなく英雄的なことだ。しかし、真の栄光は、避けられないものを甘んじて受け入れることにある。足かせをつけられることなく、いつでも逃げられる自由を持ちながら、高貴なる義務感にのみ従い、炎がおのが心臓へと這い上るに任せる——それこそが英雄の行いである。

——フレデリック・ウィリアム・ロバートソン（イギリスの聖職者）

「踏みとどまれ！　死んでも引いてはならぬ！」

クリミア戦争のバラクラヴァの戦いにおいて、イギリス第93歩兵連隊の指揮官コリン・キャンベルは部下たちにそう呼びかけた。圧倒的に優勢なロシア騎兵隊が連隊に襲いかかろうとしていた。

「アイアイサー！　おっしゃるとおりにします！」

兵士たちはそう返事をし、多くはその言葉にたがわず約束を守った。

「軍旗を持ち帰るんだ！」

　クリミア戦争のアルマの戦いにおいて、ひとりの大尉がそう叫んだ。部隊が退却しようとするなか、ひとりの少尉が前線に踏みとどまっていた。

「だめです！」とその少尉が声を上げた。「部隊のほうをこそ軍旗に向かって進めてください！」


「平民代表は話しあうために来ているのです」

　1789年6月23日、聖職者、貴族、そして平民が集う三部会において、平民を代表するミラボーは、平民代表の解散を求める国王の命令を伝えにきたドルー＝ブレゼ侯爵に対してそう言った。

「国王のお考えとやらについては承りました。しかし、われわれはあなたを、国民議会における国王の代行と認めることはできません。あなたには地位も名声も権利もない。国王の命令をわれわれに届ける人物ではない。戻って、あなたをここへ送りこんだ者たちに伝えてください。われわれは民衆の力によってここにいる。銃剣の力によるのでなければ、この場を離れはしないと」


　共和制ローマとカルタゴのあいだで戦われた第1次ポエニ戦争において、カルタゴの捕虜となったローマの執政官レグルスは、解放されてローマへと戻ってきた。ただし条件付きだった。カルタゴ側から「ローマに戻って講和を持ちかけよ。講和がならなければ、カルタゴに再び戻って捕虜となれ」と求められていたのである。

ローマに戻ったレグルスは、元老院に対して「講和すべきではない」と主張し、約束どおりカルタゴに戻ろうとした。元老院は、そんな不法な約束を果たすためにカルタゴへ戻る必要はないとレグルスを説得した。レグルスは静かに答えた。

「私を侮辱するつもりですか？　拷問と死とが私を待ち受けているのは確かだ。しかし、約束を破るという恥ずべき行為、やましい気持ちに比べれば、それがどれほどのものだろう。カルタゴの捕虜とはなっているが、私にはまだローマ人魂がある。私は戻ると誓った。これは私の義務だ。あとのことは神々に委ねよう」

イングランド女王メアリー1世が王位を継承して以来、カンタベリー大主教トマス・クランマーは、勇気をもって宗教改革を進めてきたが、その勇気も火あぶりの刑を宣告されたとたんにくじけてしまった。以前ヘンリー8世の色欲と暴政に惨めにも妥協してしまった心の弱さが再び姿を現し、クランマーは王の赦しを得るために、自らの考えを撤回する文書に続けて6回も署名してしまったのである。

それでも王の赦しは得られず、クランマーの強弱入り混じった複雑な性格は、その弱さの絶頂において、再び強さを取り戻した。3月21日、オックスフォードの聖メアリー教会に連れて行かれ、磔台に向かう途中で、再び改革の撤回を宣言するよう求められたときのことである。

「さて――」

クランマーは民衆に対する呼びかけを締めくくろうとしていた。民衆は静まり返ってその声に耳を傾けていた。

「これまでのどんな発言や行動よりも私の良心を悩ませる大きな問題がある。それは真実に反する文書を広めてしまったことだ。私はここに、わが信念に反する手によって書かれた文章――死を恐れ、命惜しさに書いた文章を破棄し、否定する」

そう言うとクランマーは、ためらうことなく火のなかに手を差し入れた。

「この手が書いたのだ。ゆえに、この手がまずは罰を受けるべきだ！」

磔台の上でそう叫び、命が尽きるまでけっして騒ぐことも泣き叫ぶこともなかったと言う。

「お願い、助けて！」

その女性は、若者の姿を見かけて金切り声を上げた。まだ18にしかならないその若者は、背が高く、身のこなしも大人びていた。女性は複数の男性に抱きかかえられていた。

「お願いですから、この人たちに私を離してくれるよう言って。息子が、かわいそうな息子が川で溺れているの。それなのにこの人たちは行かせてくれない」

彼女を抑えつけている男のひとりが言った。

「離すなんてとんでもない。今離したら川に飛びこんじまう。そしたら、たちまち急流に飲みこまれて、木っ端みじんだ！」

若者は上着を脱ぎ捨てると、崖のふちへと飛んで行き、しばらく岩や渦巻く流れを見ていたが、子どもの服がちらりと見えた瞬間、荒れ狂う急流のなかへためらうことなく飛びこんだ。

「ああ神さま、あの人が子どもを助けてくださる！」

母親がそう叫び、全員が崖のふちへと駆け寄った。

「あそこにいるわ！　息子、かわいい息子が……。どうして私は目を離してしまったんだろう」

そこにいる全員の目が、はるか下の渦巻く急流のただなかで、希望を捨てず、強い心で奮闘している若者に注がれていた。そのとき、若者は川から突き出した大きな岩に叩きつけられたかのように見えた。岩の上を水が泡となって流れている。たちまち若者は早い流れに飲みこまれてしまった。そこであきらめていたら、抜け出すことは不可能だったろう。しかし、若者はあきらめることなく、闘志を振り起こして、再び水面へと浮かび上がった。

何度か少年を捕まえかけたが、そのたびに強い流れが若者の手から少年を奪ってしまう。再度若者は試みた。若者のたくましい右腕が少年をつかみ、その体を水の上に持ち上げたと思った瞬間、見守る人びと全員の口から恐怖の悲鳴が上がった。少年と若者がもろともに滝へと落ち、渦巻く滝つぼのなかへと消えたのだ。

「あそこよ！」

やがて母親が叫んだ。その声は喜びにあふれていた。

「見て、ふたりとも無事よ！　神さま、感謝します」

彼女の言うとおり、逆巻く渦のなかからふたりが姿を現していた。数分後には川岸へとたどり着き、友人たちの手で引き上げられた。少年は意識は失っていたものの、命に別状はなかった。疲れ果てて身を横たえている若者に母親は言った。

「神さまはあなたにご褒美をくださることでしょう。きっとあなたには素晴らしいことが起きるはずです。私からはもちろん、たくさんの祝福があなたのもとへ届くことでしょう」

その若者こそ、誰あろう、若き日のジョージ・ワシントンであった。


アンドリュー・ジャクソン将軍が判事だった時代、小さな村で法廷を開いていると、殺人や強盗の前科があるならず者が乱入し、裁判を中断させた。ジャクソンはその男を逮捕するよう命じたが、警官は恐れて彼に近づくことができない。

「ならば応援を呼んできなさい」とジャクソンは言った。

しかし応援に駆けつけた警官たちも、このごろつきを恐れてすくんでしまっている。

「ならば私がやろう。法廷は5分間休廷とする」

ジャクソンはそう言って席を立つと、その男のほうへまっすぐ歩いていき、鋭い目つきでにらみつけた。怖じ気づいた男は武器を下に落とした。

のちにこの男はこう語っている。

「あの人の目には抗うことのできない何かがあった」


フランスのカルノー大統領の最後の公務のひとつは、インディアナ州に住むアメリカの少女にレジオン・ドヌール勲章を贈ることだった。

パンハンドル鉄道の列車が、高名なフランス人数人を乗せて、万博会場のシカゴへと向かっていた。それを見ていた当時10歳の少女ジェニー・ケアリーは、列車の前方の橋が燃えているのに気づいた。

このまま橋へと突入したら恐ろしい惨事となることは間違いなかった。

ジェニーは、家を飛び出して線路に向かうと、見晴らしのいい場所に立った。赤いフランネルのスカートを脱ぐと、列車が視界に入るや、それを線路上で大きく振りはじめた。それに気づいた列車は止まった。列車には700人の乗客が乗っており、ジェニーの勇気と冷静沈着さがなければ多くの命が失われていたに違いなかった。

列車に乗っていたフランス人たちは母国に戻ると、この出来事をカルノー大統領へ報告した。こうして有名なフランスの勲章が少女に贈られることになったのである。


1856年、弁護士のルーファス・チョートは、マサチューセッツ州ローウェルの大ホールで、約5000人の聴衆を前に、ジェームズ・ブキャナンの大統領選出馬を支持する演説を行っていた。

その演説の最中に会場の床が沈みこみはじめた。演説が進むにつれてどんどん沈んでいき、とうとう床の下で木材の割れる音がしはじめた。気づいた聴衆がいっせいに逃げ出したら、大惨事間違いなしだったが、司会を務めていたベンジャミン・フランクリン・バトラーの冷静さがそれを救った。

バトラーは聴衆に向かって、騒がないように指示し「状況を確認してくる」と告げた。調べてみた結果、床を支える支柱がもろくなっていて、聴衆が少し立ち上がって拍手喝采しただけで建物が崩壊してしまう可能性のあることがわかった。聴衆を心配させないためゆったりとした様子で戻ってきたバトラーは、チョートのそばを通り過ぎながら「もってあと5分だ」と耳打ちした。

それから聴衆に向かって「落ち着いて静かに退場しさえすれば、差し迫った危険はない」と告げ、

「いちばん危険なのは最も支柱が弱っている演壇なので、自分たちは最後に離れる」とつけ加えた。このバトラーの冷静さが、多くの人命を救うことになった。

ワーテルローの戦いでのこと。ふたりのフランス人将校が敵軍に向かって突撃すべく前進していた。敵軍のほうが自分たちよりはるかに優勢だった。相方が怯えている様子を見て取った将校が言った。

「お前、怖いんだろう」

「ああ怖いさ。お前がこの半分でも怖さを感じていたら、逃げ出しちまうだろうよ」

ほかの人間が、権力にこびへつらってぺこぺこしているときに、自分だけ毅然としているのには勇気がいる。仲間が着飾っているときに、自分だけ粗末な服を着ているのには勇気がいる。周りが不正な手段で金儲けしているときに、自分だけ正直に生き、貧乏人のままでいるのには勇気がいる。周りが「イエス」と言っているときに、自分だけきっぱりと「ノー」と言うのには勇気がいる。ほかの人間が義務を果たさないでいるときに、自分だけ黙々と義務を果たすのには勇気がいる。

少数の側に立ち、打ち負かされ、笑われ、嘲られ、ばかにされ、愚弄され、誤解され、不当な評価を受けながら、ひとりで世のなかに立ち向かうには勇気が必要だ。しかし、「少数だろうが何だろうが、正しい側に立たない人間は奴隷」なのであり、「正直なせいで犬に吠えられるからといって、人間として劣っているわけではない」のである。

人は自らの判断で行動することに腰が引け、何もかも人真似をして生きている。横並びで行動しなければ村八分にされる。公人が大衆におもねらずに行動するには勇気が必要だ。政治家も、男らしく毅然と、自らの信念に従って行動するよりも、言葉を濁し、問題をはぐらかしていたほうが楽だ。

この世に存在するために、周りの誰もかもに許しを乞うような人間になってはいけない。臆病さには何の魅力もなく、不安げな顔には愛嬌などない。どちらも醜く不快なだけである。勇気にはいつでも威厳と優雅さが感じられる。

フリートラントの戦いにおいて、フランス兵たちの頭の上を砲弾が飛び越えていったとき、ひとりの若い兵士が本能的に身をかわした。ナポレオンは笑いながら言った。

「君、もしあの砲弾が君に向けられたものだったとしたら、たとえ100フィートの穴を掘って隠れようとも、必ずや君を見つけ出してしまうよ」

心に決めたことはただちに行動に移せ。いくらいいことを考えても、行動に移さないかぎり、それははかない夢のままだ。「競争が激しいから」など言ってないで、行動を起こせ。競争相手だって人間なのだ。

困難には果敢に立ち向かえ。不運は勇気を持って忍べ。貧乏には毅然として耐えよ。失意には勇敢に向きあえ。勇気は伝染し、周囲に気高い情熱を広げていく。

心のなかの激しい葛藤が決着し、自らの信念に忠実であろうと決めたトマス・モアは晴ればれとした顔で断頭台へと歩いて行った。

妻は彼を愚かだとなじった。ほかの司教たちのように、教義を捨てさえすれば、釈放されるというのに、そうしようとせず、暗くじめじめとした汚らしい牢屋にいつづけるとは。

しかし、トマス・モアは恥辱よりも死を選んだのである。

彼の娘も、恐れをも乗り越える愛の力を見せた。彼女は、ほかの誰もが、母親さえもが見放した父親を信じつづけた。父親が斬首刑に処せられ、その首がロンドン橋に晒されたとき、当局に頭部の返却を願い出るとともに、自分と同じ棺のなかに納めるよう求めた。その願いはかなえられた。彼女が間もなく命を落としたからである。


勇気ある人間はしばしば若いうちに、世界を動かすようなことをやってのける。

アレクサンドロス大王は20歳で王位に就き、世界を征服し、33歳でこの世を去った。

カエサルは８００の都市を攻略し、３００の国家を征服し、３００万の人びとの頂点に立って偉大な演説家となり、史上有数の優れた政治家となったとき、まだほんの若者だった。

ジョージ・ワシントンは19歳でバージニア民兵軍の副官に任命され、21歳にして特使として派遣されてフランス軍と折衝し、22歳にして大佐として初めての戦闘に勝利した。

ガリレオはわずか18歳にして、ピサの大聖堂で揺れるランプを見て振り子の法則を思いついた。

グラッドストンは22歳になる前に議会入りし、24歳にして大蔵卿となった。

ロバート・ブラウニングは11歳にして優れた詩を書きあげた。

マルチン・ルターはわずか29歳にして有名な「95か条の論題」を司教の家の扉に釘で打ち付け、教皇に反旗を翻した。

ネルソン提督は20歳になる前にイギリス海軍の少尉となり、トラファルガーの戦いで致命傷を負ったのは47歳のときだった。

ナポレオンはわずか27歳にして軍を率いてイタリアの平野を進軍し、オーストリア軍の経験豊富な指揮官たちを次々と打ち負かした。

シェイクスピアはこんなことを言っている。

「ミツバチの針を恐れて巣に近寄れない者は、蜜を得ることはできない」

また、イギリスの詩人ジョアンナ・ベイリーにこんな詩がある。

勇敢な人間とは恐れを感じぬ者ではない。
そんなことは愚かで不合理だからだ。
そうではなく、気高い心で恐れを鎮め、
心震える危険に立ち向かう者こそ勇敢な人間である。

多くの優れた若者が自分にとっても世界にとっても価値のあることを何ひとつ成し遂げられないのは、ひとえにものごとを始める勇気を持っていないからだ。だから、今すぐ、自分の思いを行動へと移すのだ！

第23章
意志あるところ道は開ける

「道がなければ、作るまでだ」
――古代スカンジナビアの言い伝え

意志のある者に不可能などない。
――ミラボー

ひとりの勇敢な人間の鉄の意志は1000人をひるませるだろう。力のない小さな人間でも、揺るがぬ決意さえあれば、戦いの形勢を一変させ、逃げ出した大きな者たちを、高貴な戦いへと駆り立てるだろう。

――マーティン・ファークワー・タッパー（イギリスの詩人）

輝かしい未来が待つ若者の辞書に「失敗」という言葉はない。

――エドワード・ブルワー＝リットン（イギリスの作家）

揺るがぬ断固とした心の持ち主が現れると、面白いほどその周囲に空間ができ、彼に余裕と自由を与える。

――ジョン・フォスター（イギリスの作家）

「オラニエ公は夜空から星をつまみ取ることもできるんだろう。ライデンの街へ海水を引きこんで、あんたらを助けるって言うんだから」

スペイン兵たちは嘲るようにそう叫んだ。１５７４年、オランダのライデンは４か月もの長きにわたってスペイン軍に包囲されており、その包囲をオランダ軍の艦隊が解くだろうと聞かされたときのことである。高熱のためロッテルダムで病の床に臥せっていたオラニエ公ウィレム１世の乾ききった唇から次のような命令が発せられていた。

「堤防を破壊せよ、オランダを海に戻すのだ！」

それに対して民衆もこう答えた。

「土地を奪われるくらいなら、沈めてしまったほうがましだ」

ライデンの人びとは、北海から街の中心部に向かって15マイルにわたり立ち並ぶ堤防を次々と壊しはじめた。それは非常に大がかりな仕事であり、街を守る市民は食料不足による飢えに苦しみ、包囲するスペイン軍は、海水を操ろうとする虫けらどもの遅々として進まぬ作業を嘲笑った。しかし、いつの世でも、天は自らを助ける者を助ける。

10月1日と2日の2日間にわたり、海から内陸に向かって激しい風が吹き、オランダ軍の艦隊を高波に乗せて、スペイン軍の野営地近くまで運んでしまった。翌朝、ライデンの守備部隊は敵に襲いかかるべく出撃したが、恐怖に駆られたスペイン包囲軍はすでに夜の闇に紛れて撤退していた。

翌日には風向きが変わり、逆向きの強風が艦隊とともに海水をオランダの陸地から押し戻した。外縁の堤防はすぐさま修復され、北海の海水を元の居場所へと戻した。

翌年の春、花々が咲き誇るなか、街の解放を見事に成し遂げた記念としてライデン大学が創設されることを祝って、歓喜の行進が街を練り歩いたのである。

あらゆる偉人の伝記のなかでも、グラッドストン政権下で逓信大臣を務めたヘンリー・フォーセットが、若き日に父親に向かって口にした言葉ほど素晴らしいものはない。フォーセットの父親は、狩猟中に誤って鳥撃ち用の散弾銃で息子の両目を撃ってしまい、その視力を奪ったのである。悲嘆に暮れる父親にフォーセットはこう言った。

「気にしないで、父さん。目が見えないことは、僕の成功の妨げにはならないよ」

それから年月が流れ、ロンドンの街では、下院議員となったヘンリー・フォーセットが優しい娘に手を引かれて歩く姿が見られ、人びとの同情を誘った。彼女は勇敢な父親の補助をするだけでなく、その秘書役も務めていた。

考えてもみていただきたい。これから人生を始めようとする若者が突然、両目の視力を奪われ、それでも果敢な心と、ほとんど信じられないほどの強い意志とによって、分野は何であれ、傑出した人物になるということがどれほどのことかを。ましてやフォーセットは、一国において人から仰ぎ見られるほどの偉大な人物になったのである。

父親の目となった勇気ある娘フィリッパ・フォーセットもまた、果敢さと信念の素晴らしい実例である。彼女は、何百年もの歴史を持つケンブリッジ大学の歴史において、女性として初めて、偉大な男たちのみが獲得してきた地位――数学の主席合格者――を獲得した。当時これほどの業績を残した女性はおらず、世界中の注目を集めた。それを成し得た女性がいなかったばかりか、少数の例外を除き、のちに傑出した人物になった男性だけがその地位を手にしていたからである。

ミルトンは言う。

「名のある人間たちは、環境に恵まれていたわけではない。行く手を阻むさまざまな障害と戦って勝利を勝ち取ったのだ」

環境を克服する最善の道は、自分自身がよい環境になることだ。

しかし、成功には意志の力が不可欠だとか、ほかの条件が等しければ、意志の力が強ければ強いほど成功もより大きくより素晴らしいものになると強く主張したいとは思いつつも、環境や状況なんて関係ないとか、不屈の闘志さえあれば、誰もがナポレオンやピット、ウェブスターやビーチャー、リンカーンといった偉大な人物になれるという意見にうなずくことはできない。意志の力を思慮深さで味つけし、知識と常識とでそれを支える必要がある。さもなくば、猪突猛進してやぶに突っこむのが関の山だ。

頑固な事実を頑固な意志だけで乗り越えられると思ってはいけない。確実に言えることは、自分の能力や強さや忍耐力の及ぶかぎりにおいて何ごとかを成し遂げることができるということだけである。

進む方向によっては、とても乗り越えることのできない障害が前途を妨げることもあるが、自分の進もうとする方向が理にかなったものであれば、たいていの場合、乗り越えられない障害や、いつまでも前途を邪魔する障害には出会わないものである。強い意志と、知性と、粘り強さを持つ人間は、自然の理として、しかるべきところに道を見つけたり、自ら道を作ったりできるのである。

誰もがわかっていることだが、裕福な家庭に生まれた人間が、大した能力も経験もないくせに大会社のトップに収まったりする一方で、貧乏な若者は、たとえ並外れた能力を持ち、高度な教育を受け、人格にも優れ、豊富な経験があっても、何年も苦闘した末に手に入れるのがそこそこの地位でしかないということもよくある。要するに、最高の人間が最高に地位に就くわけではなく、環境が仕事や稼ぎや社会的地位に大きくものを言うのである。

同じように誰もがわかっている――意志のあるところに必ず道があるわけではないこと。努力すれば何もかもうまくいくわけではないこと。どれだけ意志が強い者であっても不可能なことはあること。選んだことをいつも実現できるわけではないこと。どんな意志の力を持って努力しても、本質的に越えられない限界があること。

けれども、意志の力が奇跡をもたらすことはないにしても、意志が全能と言ってもいい力を持ち、驚嘆すべきことを成し遂げていることは歴史が証明している。

シェイクスピアもこう言っている。


人間は時にはおのが運命をも支配する。

ブルータスよ、罪はわれらが星のなかにあるのではない。

われら自身のなかにあるのだ。人の下風《かふう》に立つも立たぬもな。


自分は不運の犠牲者だという人がいるのなら、私のもとに連れてきてほしい。その人物は「不運にも」性格がねじ曲がっていて、それがすべての災厄を招いているのだと証明してみせよう。怒りっぽいのか、うぬぼれているのか、ぐうたらなのか。品に欠けているのか、熱意に欠けているのか、それともそれ以外の成功に必要な資質に欠けているのか。

ディズレーリは言っている。環境が人間を作るのではない、人間が環境を作るのだと。

意志の力を信じよ。信じれば、「すべきだができない。必要だが不可能だ」という、うんざりするほど感傷的な宿命論を葬り去ることができる。

不屈の意志、揺るがぬ決意を持つ者は、道を見つけるし、さもなくば道を作る。努力する者には目の前が開ける。

「揺るがぬ意志を持つ者は世界を自らにあわせて形作る」とゲーテは言い、「人びとに欠けているのは力ではない、意志だ」とヴィクトル・ユーゴーは言っている。また孔子はこう言っている。

「大軍の軍師は倒されることもあろうが、意志の強い匹夫は倒すことができない」

若者は環境や境遇の本質を学ぶべきである。

貧しい人間が歩く道にたまたま障害物がなく、目的地にすんなりたどり着けるかと思えば、裕福な人間が歩く道では、行く手の跳ね橋が上がっていたり、道が封鎖されていたりして、競争に負けることもある。

金持ちの息子というだけで、それだけの価値のない男が高い地位に就いてしまったり、親の七光りのおかげで、弁護士に依頼人がつき、医者が患者を手にし、凡庸な学者が偉い教授になれたりすることもある。しかし、その一方で、地位や依頼人や患者や教授の職は必ずしも成功を意味しない。

長い目で見れば、概して、最高の人間が最高の場所を勝ち取り、粘り強く努力することが成功につながる――そのことを若者は学ぶべきだ。

怠惰な者や能力のない者が真の成功を勝ち取ったり立身出世したりする確率は、ウェブスター辞典のなかから適当に言葉を選んでよく混ぜ合わせ、それを床にばらまいて『失楽園』が生まれる程度のものである。

幸運というのは、まじめに取り組み努力する人間、退屈で味気ない、うんざりするような苦労をいとわない人間、強い心と勇気を持ち、汚いものや細部から顔をそむけない人間に微笑む。

若者は学ぶべきだ。「正々堂々と人生に立ち向かって運命を克服したものこそ偉大である」こと。「勤勉は幸運の母だ」ということ。幸運や運命と呼ばれるものは、十中八九、怠惰で熱意に欠け、無目的で不注意で、やる気のない者が作りあげた迷信でしかないこと。失敗する人間というのは、たいていの場合、チャンスが見えなかったり、つかみ損ねたりした人間だということ。チャンスは恥ずかしがり屋で、すばしこく、すぐに姿を消してしまう。鈍感で観察力がなく、怠惰で不注意な人間には捕えることができないのである。

頭脳さえも、重要性においては、意志の力に一歩譲る。優柔不断な人間は、いつだって人生という競争において脇へと追いやられる。逆境や障害を前にして立ち止まるのは弱くて優柔不断な人間だ。鉄の意志を持った人間、何ものにも自分の未来を邪魔させないと心に決めた人間は、それに粘り強さと気概が加われば、必ずや成功する。

若者たちに、人生の成功と幸福において意志が果たす大きな役割を示すことができればと切に思う。意志の力が成し遂げられることは本当に計りしれない。強い意志を長く持ちつづけられる人間にとって、理にかなったことであれば、それが何であれ、不可能と思われるものはめったにないのである。

「できません、不可能です」

副官がアレクサンドロス大王に向かって言った。

「立ち去れ」

勇猛なマケドニア人である大王は叫んだ。

「挑戦する人間に不可能などない」

高い理想を胸に人生を歩みはじめる者たちの実に多くが失敗してしまう。その秘密をひと言で示せと言われたら、私はためらうことなく「彼らは意志に欠けていたのだ」と言おう。もう少し意志を強く持つべきだったのである。

意志に欠ける人間とはどのようなものだろうか？　蒸気のない蒸気機関のようなもので、偶然に振り回され、あっちに行ったりこっちに行ったり、意志のある人間のなすがままとなる。

意志の強さは、若者の可能性を試す試金石だと言いたい――強い意志を持ち、一度引き受けたことは何であれ、しっかりつかんで離さないでいられるか？　人生をつかみ取ることができるのはその握力の強さなのである。

ナポレオンは言っている。

「真の叡智とは、断固たる意志だ」

節度をともなわない鉄の意志はナポレオンを生み、品格をともなう鉄の意志はウェリントンやグラントを――野望や強欲によって曇ることのない人間を生みだすだろう。

第24章 備えよ、そして待て

ここぞというときに何ができるかは、おそらく今の自分が何者かにかかっている。そして、今の自分が何者かは、過去数年の自己鍛錬の結果となるだろう。

――ヘンリー・パリー・リドゥン（イギリスの神学者）

教育を受けていない人間は切り出したばかりの大理石のようなもので、生まれ持った美しさはその片鱗も見えない。石を磨く職人が色を浮かびあがらせ、表面を輝かせ、石全体に潜むあらゆる陰影や模様を引き出して初めてその真価を発揮するのだ。

――ジョゼフ・アディソン（イギリスの詩人）

自らの能力を惜しみなく活用せよ、さすれば能力はさらに増す。知っていることを実践せよ、さすればより高度な知識が手に入る。

――マシュー・アーノルド（イギリスの詩人）

急ぐと、自らの踵につまずいて歩けなくなり、歩みを止めることになる。

——セネカ

知識が増えるにつれ、手間や労力を省けるようになり、少ない努力で仕事ができるようになる。

——チャールズ・キングスレー（イギリスの司祭）

鋼鉄の精錬法を発明したことで知られるヘンリー・ベッセマーは、1831年、18歳のときにロンドンに出てきた。その頃の自分について彼はこう言っている。

「人の企てという広大な海のなかで、私はゼロに等しい存在だった」

まだほんの若造で、ロンドンの街に知りあいとていなかったが、厚紙のうえに浅い浮き彫りを施す印刷方法を発明して仕事を得た。その方法はきわめて単純なものであり、誰もが1ペニーさえ出せば、10分程度で浮き彫りされた印紙から型を起こす方法を学ぶことができた。

これはイギリスの公文書に貼る浮き彫りの印紙を作成する方法として採用されたが、簡単に偽造できることが判明したため、ベッセマーは対策を検討し、偽造もできないし文書からはがすこともできないように、印紙に穴を明ける方法を発明した。

ベッセマーはイギリス印紙局の局長から、古い書類から使用済みの印紙がはがされて再利用されることで、イギリス政府が年間10万ポンドの損失を被っていることを聞かされていた。

局長も将来にわたり偽造の危険があることを十分に理解していた。そこで彼はベッセマーに、一定の金額でその発明を売却するか、年俸800ポンドで印紙局の局員となるか、どちらかを選べと提案した。ベッセマーは局員になることを選び、その朗報を将来を約束をしていた若い女性に伝えるため家路を急いだ。

婚約者に自らの発明を説明しながら、その方法を使えば、100年前の古文書から高価な印紙がはがされ、再利用されるのを防ぐことができると話した。

「そうね、よくわかったわ。でも……」と彼女は言った。「すべての印紙に日付印を押すようにすれば、あとで再利用しようとしたらわかるじゃない」

婚約者のこのちょっとした発言が、ベッセマーの穴明け機を無用の長物にしてしまった。ベッセマーは彼女のアイデアに感心し、それをただちに印紙局に提案した。

その結果、ベッセマーの印紙穴明け方式は捨て去られ、約束されていた印紙局の地位も反故《ほご》にされてしまった。その日以来イギリス政府は、報奨金を1銭も払うことなく、無邪気な娘の言った方法を平然と使って年間10万ドルにのぼる増収を享受している。

そうしたわけでベッセマーの財政事情は前途洋々と言えるものではなかったが、ベッセマーは若い男にとって何よりの財産はよい妻を持つことだと考え、ただちに婚約者と結婚した。こうして、ふたつの優れた頭脳が協力しあってアイデアを生む状況ができあがったのである。

それが功を奏し、何年かの研究と実験の末、ベッセマーは鋼鉄を安価に製造する方法を開発し、世界中の鉄鋼業界に革命をもたらした。彼の方法は、数トンの溶けた銑鉄《せんてつ》に下から熱風を吹きこんで激しく燃焼させ、その後に炭素を豊富に含んだスピーゲルというマンガンと鉄の合金を加え、それらを合わせて鋼鉄へと変えるというシンプルなものであった。

このシンプルな製法を見つけるまでには、もっと困難で金のかかる方法をいくつも試しては失敗するという試行錯誤を繰り返していた。まさに「待てば海路の日和あり」なのである。

今の時代に大きく不足しているのは「念入りに準備する」ということだ。自分の将来の仕事のために十分時間をかけて準備をする若者をめったに見かけない。教育にできるだけ時間をかけたくないと考えて、ほんのちょっと本をかじった程度で世のなかへと出て行く。

「もう待てない」というのが今の世の合い言葉であり、あらゆるものにその現象が見られる――商売でも、学校でも、何らかの集まりでも、教会でも。

高校や大学に上がるのが待てない。少年は青年になるのが待てず、青年は大人になるのが待てない。若者は大した教育訓練の蓄えもなしに慌てて社会へと出て行く。もちろんろくな仕事はできず、体力だけを使って休む間もなく仕事をし、体を壊して中年を迎え、40代の若さで死んでしまう。

つい先頃、ある大学の教授が西部に住む若い女性から手紙を受け取った。その手紙は、大学に進んで12回講義を受けたら、演説法を教えることができるようになるかと教授に聞いていた。

今どきの若者は、広さにおいても深さにおいても十分な基礎を築こうとしない。学校や大学でのつまらない授業が彼らの心をくじいてしまうのだ。だから、彼らはつまみ食いの教養をつけるだけを望んでいる。しかし、イギリスの詩人ポープが歌うように――

生半可な学習は危険だ。
ピエリアの泉を飲むなら深々と飲め。
かの泉を浅くすすれば酩酊し、
大いに飲めば素面《しらふ》に戻る。

無知を隠そうとして急場しのぎに勉強し、「何か失態をして、中身のなさが露呈してはいけないといつも震えている」のは哀れなものだ。近道や手軽な方法が今は求められている。しかし、成功への道を短くするのは、十分な時間を取って力を蓄えることだ。努力、しっかりした目標、誠実さこそが成功への早道だ。基礎に時間をかけず、その上に建つ人生という建物を崩壊の危機にさらしてはいけない。

サミュエル・ジョンソンは「本を一冊書くには図書館の半分はひっくり返さなければいけない」と言った。

ある女流作家がワーズワースに「ひとつの詩を書くのに6時間かけた」と言うと、ワーズワースは「私なら6週間かかる」と答えた。

トーマス・カーライルは執筆に大変な労力をかけた。知りうるかぎりすべての文献に当たってからでないと、1ページたりとも仕上げることができなかった。したがって、その一行一行が大量の書物を凝縮したものであり、それらの書物をこつこつと調べあげる膨大な時間の積み重ねである。今日でも代表作の『衣服哲学』はいたるところで目にする。わずかな金額でほとんどどこの書店でも手に入れることができ、世界中さまざまな国で読むことができる。しかしカーライルが1831年にロンドンにこの原稿を持ちこんだとき、3つの大手出版社から、ほとんど嘲るような扱いで断られた。そしてようやくフレイザーズマガジンが原稿を引き受けてくれたが、編集長はカーライルに「この作品は読者から『手放しの批判』を受けた」という朗報をもたらした。

アトランティック・マンスリー誌の出版元は、ルイーザ・メイ・オルコットの原稿を突き返し、教師を続けたほうがいいと忠告した。

ある有名雑誌はテニスンが最初に書きあげた詩を嘲笑し、この若き詩人をしばらくのあいだ忘れられた存在にした。

ラルフ・ウォルドー・エマソンの本で利益が出るほど売れたのは1冊だけだった。

ワシントン・アーヴィングは70歳近くになって初めて書籍からの収入で生活を支えることができるようになった。

かつて行われていた、子どもを見習い奉公に出すシステムがなくなってしまったのは、いくつかの点でとても残念である。今では、何であれ、商売を学ぼうとする少年はごくわずかだ。学生が試験に通るためだけに一夜漬けで勉強するように、その場しのぎで知識を仕入れるだけで、何かのテーマについてとことん学ぼうとはしない。

ダニエル・ウェブスターがまだ若く弁護士をしていた頃、近隣の法律図書館をすべてあたっても必要な文献を見つけることができず、大枚50ドルをはたいてそれらを購入した。貧しい鍛冶屋から依頼を受けて担当した裁判に必要だったのだ。裁判には勝ったが、依頼人が貧しかったため報酬として15ドルしか請求せず、裁判にかけた時間どころか、書籍代すらまかなうことができなかった。

それから数年がたち、ニューヨークを訪れたウェブスターは、副大統領も務めたことがある政治家のアーロン・バーから、最高裁判所で係争中の重要かつ難しい裁判について相談を受けた。ウェブスターはすぐに、それがあの鍛冶屋の裁判とよく似た、複雑に権利が絡みあった案件であることを悟った。そうなると、鍛冶屋の裁判を手際よく解決したウェブスターにとってその案件はかけ算の表のように簡単な問題だった。チャールズ2世の時代にまで遡って、法律の条文や判例をすらすらと正確に説明するウェブスターを見てアーロン・バーは大いに驚き、この案件について事前に相談を受けていたのかと聞いた。

「まさか」とウェブスターは答えた。「この案件を聞いたのは今夜が初めてです」

「よかろう、続けたまえ」

バーへの説明を終えたウェブスターは、鍛冶屋の裁判にかけた時間と労力を補って余りある報酬を受け取った。

画家のアルバート・ビアスタットは1859年、入植者の一団とともにロッキー山脈を越える旅をした。その旅の途中で数多くのスケッチを残し、それをもとに西部の風景を描いて有名になった。ロッキー山脈のパイクスピークへの道中、平野に見渡すかぎり点在する無数のバッファローの群れに目を奪われ、文明化が進むにつれそうした風景が失われる時代が来るだろうという感慨に打たれた。その思いを彼は温めつづけ、1888年に『バッファローの最期』という作品として結実させた。この傑作を完成するまでに30年近い年月を費やしたのである。

時の試練に耐え持ちこたえるものには、すべて深く強固な基礎がなければならない。ローマではしばしば、基礎工事こそ大建築物において最も金がかかる部分であり、深く掘り下げて自然石の上に建物を建てた。

独立戦争のバンカーヒルの戦いを記念してボストンに建てられた高さ221フィートのオベリスク、バンカーヒル記念塔は下部50フィートが地下に埋もれている。この記念塔を登る人の目には触れもしないし、関心も持たれていないが、その一見無駄にも思える部分こそが、どんな嵐が横なぎに吹きつけようともまっすぐに立ちつづけることを可能にしているのだ。

このように、人生における成功も、そのほとんどが地下に基礎を築くことに費やされなければならないのである。

オーストリアのピアニスト、ジギスモント・タールベルクは、どの曲についても少なくとも1500回練習するまでは人前で演奏する危険を冒さなかった。彼は自分に才能があるなどとはひと言も言わず、すべては努力のおかげだと言っていた。努力と粘り強さによって成功を収めた彼を思えば、自分には才能がないなどと嘆く人間は恥ずかしくなるはずだ。

イギリスの俳優エドマンド・キーンは、マッシンジャーの喜劇『古い借金を新しく返す方法』に出てくる悪党紳士ジャイルズ・オーバーリーチ卿を、至芸ともいうべき見事な技で演じきったが、その役を演じるのを承知する前に、1年半もかけて鏡の前で繰り返し練習し表現力を磨いた。満を持して舞台に登場すると、詩人のトーマス・ムーアとともに来場していたバイロン卿は、キーン演ずるオーバーリーチ卿を見て失神してしまい、のちに「あれほど恐ろしく邪悪な顔は見たことがない」と語った。

トリニティカレッジを卒業したばかりの学生が学長を訪ねて来て、学び終えたので別れの挨拶をしに来たと告げた。

「へえ、そうかね」と学長は答えた。「私はまだ学びはじめたばかりだがね」

非凡な人間も、たいていの場合、小さな頃は普通の子どもだった。非凡な人間になるには若い頃の取り組みが肝心だ。粗削りでがさつな、そればかりか頭のよくない若者でも、よい素材を持っていて、悪い癖がついてしまう前によい教師に出会うことができれば、教育訓練の力で驚くべき成果をあげることができる。

南北戦争当時、入隊したばかりの未熟で粗削りな新兵たちが、たった数週間か数か月の訓練で背筋の伸びた堂々たる兵士となり、男らしく芯があって礼儀正しい振る舞いのできる人間へと変貌した。あまりの変貌ぶりに友人でさえ見分けがつかなかったという。成長した青年にさえこれほどの変化をもたらすことができるなら、もっと若いうちに、肉体面、精神面の双方で体系だった訓練を施せば、どれほどの奇跡を起こすことができるだろう。

ダニエル・ウェブスターはあるとき、友人からある重要なテーマについて演説を求められたが、「忙しくてそのテーマに習熟する時間がないから」と言って断った。

「しかし……」と友人は食い下がった。「ちょっとした言葉だけでいいんだ。そうすれば、一般大衆の関心を大いに呼び起こすことができる」

ウェブスターはこう言い返した。

「私の言葉にそれほどの重みがあるとするなら、それは私がどんなテーマであれ、すっかり自分のものにしてからでないと話をしないからだ」

そのウェブスターがハーバード大学のファイベータカッパクラブで見事な演説をしたとき、一冊の本をプレゼントされた。ウェブスターが退出した後、持ち帰るのを忘れたその本のなかに、彼が行った即興演説の、入念に用意された原稿が見つかった。

古代アテネの政治家デモステネスは、突然発生した大きな緊急事態について演説を求められたが「準備ができていない」と断った。実際のところデモステネスは、多くの人間から大した才能がないと思われていた。どんなテーマであれ、入念に準備をしてからでないと演説をしなかったからである。会議や集会でどんなにうながされても、事前に準備ができていないときは、けっして立ち上がって発言することはなかったという。

アメリカ合衆国建国の父のひとりで初代財務長官を務めたアレクサンダー・ハミルトンは自分につ

いてこう言っている。

「人びとは私を天才だと思っている。私に才能があるとすれば、それは『何か課題があれば、それについてとことん勉強する』ことにある。昼も夜もそのことを忘れず、あらゆる角度から検討する。私の頭はその課題でいっぱいになる。こうした努力の結果を、人は天才の賜物だともてはやすが、そうではない。努力と熟考の賜物なのだ」

　努力は天才と凡才の区別なく報いてくれるのである。


　ロングフェローはこんなことを言っている。

「たいていの人間は、自分の考えがしっかりと根を張るのを待とうとせず、ことあるごとにそれを引き抜こうとする。子どもたちが、自分の蒔いた花の種がちゃんと育っているか見るために、花を引っこ抜いてしまうようなものだ」

　われわれは努力するだけでなく、それが花開くのを待たなければならないのだ。

　ニューヨークの聖職者セオドア・カイラーはこう言う。

「私はこのせわしない街ニューヨークで、30年以上にわたって、たくさんの若者たちの行く末を見てきた。それでわかったことは、成功する者と失敗する者の大きな差は、たったひとつ、持続力があるかどうかということだ。長続きする成功というのは、優れた瞬発力よりも持続力によって得られることが多い。簡単に気持ちが折れ、藁一本にも押し返されてしまうような人間は、いつだって落ちこぼれて破滅するか、施しという担架に乗せられて運ばれることになる。エイブラハム・リンカーンの

『一生懸命やる』というありふれた格言を理解して実行できる人間が確かな成功を収めるのだ」

熱意にあふれ、準備と訓練を完璧に行った人間のみが、自ら考えて行動することができる。われわれは学校のためにではなく人生のために学ぶのである。迅速さ、熱心さ、徹底という習慣も、緩慢、気まぐれ、おざなりという習慣も、どちらも簡単に身につき、身についたら離れない。

別の言い方をすれば、頭脳労働だろうが肉体労働だろうが、成功に必要な三大要素は「実践」「忍耐」「粘り強さ」であり、なかでも重要なのが「粘り強さ」である。

ならば、どんな運命にも
心をこめて立ち向かおう。
達成しながら、追い求めながら
努力して待つことを学ぶのだ。

第25章
ささいなことの大きな力

ささいなことを軽んじるな、見かけだけがすべてではない。
砂が積もれば山となり、一瞬が積もれば1年となる。
ささいなことの積み重ねが人生だ。
——エドワード・ヤング（イギリスの詩人）

ささいなことの大きさがわからないのは、人間が小さいからにほかならない。
——ウェンデル・フィリップス（アメリカの弁護士）

ささいなことを軽んじる者は、次第に落ちぶれる。
——シラ書

ひと粒のドングリからいくつもの森が生まれる。

――エマソン

人間はささいなものに導かれる。

――ナポレオン

「流れのなかのわずかばかりの小さな石がいくつもの川の流れを変えてきた」

「小さな罪の困った点は、小さいままでとどまらないことである」

「アルレットの愛らしい足が小川のなかできらきらと輝き、それが彼女をウィリアム征服王の母親にした」

ポールグレイブは『ノルマンディーとイングランドの歴史』でこう書き、次のように続けている。

「彼女がこのようにしてノルマンディー公ロベール1世を誘惑しなければ、イングランド王ハロルド2世がヘイスティングズの戦いで敗れることはなく、ノルマン王朝もなければ、大英帝国もなかっただろう」

ノアの大洪水の前に風がどちらの方向に吹いていたかを、化石として永遠の命を得た雨の波紋や杯状の構造を調べることによって知ることができるかもしれない。自分たちが見たこともない古代の巨大生物たちが、どの道を通って川のほとりへ行き、食べものを得たかも知ることもできる。

ヨーロッパへと押し寄せるアジア的専制主義の波を跳ね返し、高度な政治的自由のお手本と、限りない知的成長の芽を西洋にもたらしたのは、ギリシャという小さな国であった。ギリシャとペルシャが戦ったプラタイアの戦いが違う結果に終わっていたら、人類の歩みは1000年以上遅れていたことだろう。

アルプスの山中では、登山ガイドが完全なる沈黙を要求することがよくある。声の振動で雪崩が起きることがあるからだと言う。

アメリカ・インディアンの観察力の鋭さは、学識ある者たちが恥ずかしくなるくらいのものだ。あるインディアンが家に帰り着くと、吊るして干していた鹿肉が盗まれていた。彼はその場を注意深く観察すると、泥棒を追って森に分け入った。

途中ひとりの男に出会ったのでこう尋ねた。

「背が低く年を取った白人で、短銃を持ち、尻尾のない小さな犬を連れた男を見かけなかったか?」

男は「見たよ」と答えてから、インディアンがその人物を見てもいないことを知って驚き、「見てもいない人間をどうしたらそんなに詳しく説明できるのか?」と聞いた。

インディアンは答えた。

「泥棒の背が低いとわかったのは、石を積み上げて踏み台にしていたからだ。年寄りなのは、歩幅が狭かったからだ。白人なのは、歩くときにつま先が外側を向いていたからだ。インディアンはけっしてそんな歩き方はしない。短銃を持っているとわかったのは、立てかけた木に跡がついていたからだ。犬が小さいのは歩幅が狭かったからだ。尻尾を切っているのは、座っていた地面の跡からわかった」

隣あって空から落ちてきた2滴の雨粒が、そよ風に吹かれて数インチだけ距離が開いた。その雨粒は、ウィスコンシン州の裁判所の屋根の両側に分かれて落ち、一方がロック川からミシシッピ川を流れて南方のメキシコ湾にたどり着き、もう一方は、フォックス川からグリーンベイ、ミシガン湖、マキナック海峡、ヒューロン湖、セントクレア川、セントクレア湖、デトロイト川、エリー湖、ナイアガラ川、オンタリオ湖、セントローレンス川を通って、最後はカナダ東部にあるセントローレンス湾へと流れこんだ。そよ風の力は小さなものだが、そうした小さな働きが何百万倍にも増幅されて、寄りそって落ちた雨粒の運命を大きく変えたのである。

このように、ちょっとした違いが将来にどんな影響を与えるか誰に予想できるだろう？　地面にできた小さな割れ目が大きくなってアマゾン川になるかもしれないし、1ペニー盗んだことが死刑台への道を開くかもしれない。

1匹のコオロギが遠征軍を破滅から救ったことがある。指揮官と数百人の兵士たちは大きな船に乗って南アメリカ大陸を目指していたが、ひとりの兵士が持ちこんだ1匹のコオロギがいなければ、見張りの兵士の不注意のせいで岩棚に衝突していたことだろう。この小さな虫は、陸地が近いことを察知すると、あたりの沈黙を破って甲高い声で鳴き出し、乗組員たちに危険を知らせたのである。

小さなネズミ1匹でも、堤防をかじって穴を明け、ひとつの国を水没させてしまうことができる。オランダのある少年は、堤防の下のほうに空いた小さな穴から水が漏れているのを見つけた。この水漏れを防がないと、穴がどんどん大きくなると考えた少年は、自らの手で穴をふさぎ、人気のない夜の暗闇のなか通行人が気づくまで何時間もその姿勢を保った。その少年の名は今でも名誉あるオランダ人として人びとの記憶に刻まれている。


空気ほどに軽いささいなことが、世界を革命的に変えてしまうアイデアをもたらすことがよくある。ピサの大聖堂でランプを揺らしたままにしておくことは、堂守《どうもり》にとってはどうということのないことだったが、ランプが一定の速さで動くのを見て、若きガリレオは振り子の等時性を見いだし、それを使って時を計るという着想を得た。

「そのとき私は電話口に向かって歌っていた」とエジソンは言う。「すると、その声で振動した鉄の針の先っぽが私の指をちくっと刺した。それでひらめいたんだ。この針の動きを記録して、その動きをあとで振動版の上に再現すれば、声が再生できるはずだと。私は正確に声を再生してくれる機械を作ろうと決心して、助手たちに自分の発見を伝えて必要な指示を与えた。それが事のあらましだ。蓄音機は指がちくっとしたことの産物なんだ」

「前に見せていただいたときから進展がないようですが」

ある紳士がミケランジェロに言った。

「そんなことはありません」とミケランジェロは答えた。「ここのところはちょっと手直しし、あそこは磨きをかけ、ここの線は柔らかめにしてそこの筋肉を強調し、唇には情感がこもるようにし、足には力強さを加えました」

「みな、ささいなことばかりではありませんか」と訪問客は声を強めた。

「そうかもしれませんね」とミケランジェロは言った。「でも、ささいなことの積み重ねが完璧を生むのです。そして、完璧なことはささいなことではありません」

ささいなことにこだわり、1週間を費やして細部に手を入れられるかどうかが、成功と失敗の分かれ目になるのである。

ナポレオンは小さなことに関しても達人だった。細かすぎて部下たちが気にとめないような細部にまで気をくばった。彼にとって気くばりが不要なほど小さなものなどなかった。物資の調達、馬の餌、ビスケット、野営用の湯沸かし、靴など、あらゆることに首を突っこまずにはいられなかった。

進軍ラッパが鳴り響く頃には、すべての将校に対してナポレオンから、進むべきルート、中継地点に到着する日付、出発する時間について厳密な指示が出ており、全員が決められた場所に決められた時間に到着しなければならなかった。

アウステルリッツの戦いにおいて、ナポレオン率いるフランス軍がロシア・オーストリア連合軍を撃破し、その後のヨーロッパの運命を決定づけたが、そのときの歴史的な行軍ほど完璧に計画されていたものはないと言われている。

ナポレオンは遠征中の将校たちに対して、どんなにささいなことにいたるまで、完璧なまでに正確な報告書を出すよう求めた。

「報告書が手元に届くと、ほかの仕事の手を止めて、それを隅々まで読み、ほかの報告書と違いがないかを確認した。若い女性がいくら小説に熱中するといっても、報告書を読む私ほどではないだろう」

ナポレオンは成り行きや偶然に任せることはけっしてなく、それらを可能なかぎり排除しようとした。すべては実行に移される前にささいな点まで計画されていた。

失敗の多くは「ささいな点の見落とし」という言葉で説明することができる。

何年か前に議会を通過した議案にコンマがひとつ欠けていたために、アメリカ政府は100万ドルもの損失を被ることになった。

ある若者は、たったひとつの単語のスペルをミスしたために、その資格は十分あるのにもかかわらず、ニューイングランドカレッジの専任講師の職を手にすることができなかった。

重要な書類のささいな点を見落として失敗する弁護士がどれだけいることか。一見必要なさそうなちょっとした言葉を削除して、依頼人を訴訟に追いこみ、大損失を被らせることがよくある。遺言状においても、ちょっとした言葉を省略したり、ニュアンスを間違えたり、あるいはあいまいな言葉づかいをしたりといった弁護士の不注意によって、関係者の争いを招くことがある。

ベンジャミン・フランクリンは、自著の主人公、貧しいリチャードにこう言わせている。

釘が1本ぬけて蹄鉄がとれ、
蹄鉄がとれて馬が倒れ、
馬が倒れて乗っていた者が命を落とした。

「なぜかと言えば」と貧しいリチャードは言う。「蹄鉄の釘1本に、ほんのわずかにせよ、注意を怠ったからだ」

ひとつひとつはささいでも、まとまれば膨大な物証となるような無数の事実を粘り強く集めることによって、ダーウィンは進化論を導き出し、リンネは植物分類学の父となった。

鍋1杯の水と2つの温度計を使ってジョゼフ・ブラックは潜熱を発見し、ニュートンは1台のプリズムと1枚のレンズ、1枚の厚紙を使って、光の組成や色の成り立ちを解き明かすことができた。

パラジウムやロジウムなどの発見で知られるウォラストン博士をある著名な外国の学者が訪ね、数々の重要な発見をして科学に大きく貢献した研究室を見せてくれと頼んだ。博士は客を小さな部屋に連れて行くと、机の上の古ぼけたお盆を指さした。そこには実験用の時計皿、試験紙、小さな秤、そして吹管《すいかん》が載っていた。博士は言った。

「これが私の研究室です」

木の燃えさしと納屋のドアが、肖像画家ウィルキーの鉛筆とカンバスだった。

ウォルター・ローリー卿が16世紀に英国へ持ちこんだたったひとつのジャガイモが、何百万人分もの食糧として増殖し、アイルランドを繰り返し食糧危機から救った。

「このコロニーに大学を創るため、これらの本を贈呈します」

このように言ったのは、1700年、ニューヘイブンから数マイル東にあるブランフォードの村に集まった10人の聖職者たちである。そう言って彼らは、自分たちが囲んで座っているテーブルに何冊かの本を置いた。こうしてイェール大学は創設された。

偉大な人間というのはささいなことにも目を向けるものだ。別の言い方をすれば、真に偉大な知性にとってささいなことなど何もないのである。吹けば飛ぶような小さな事実にも、観察力の鋭い者は大きな問題の解決の糸口を見いだす。

チャールズ・グッドイヤーがゴムの製造法を発見したのは、ある混合物を鍋に入れたまま火にかけていたのを忘れて焦がしてしまったからだった。それまでその混合物には価値がないとグッドイヤーは思っていたのである。

イザムバード・ブルーネル卿は、フナクイムシが木に穴を開ける様子を見て、テムズ川トンネルを掘る工法についての着想を得た。

作家のウォルター・スコット卿はあるとき、とぼとぼと歩いている羊飼いの少年を見かけて、馬車に乗るよう誘った。この少年こそ、のちに建築家として名を成すジョージ・ケンプであり、彫刻を勉強したいという熱情に駆られて、50マイルの距離を歩いて美しい像を見学し、そこから帰る途中だったのである。ジョージ・ケンプはこのときの恩を忘れず、ウォルター卿が死んだとき、彼を記念してエディンバラに建てられることになった美しいスコット記念塔の設計に全身全霊を注いで取り組んだ。

ある貧しい青年がパリの銀行に職を求めて応募したが、断られてしまった。部屋を出るとき、彼は落ちていた小さなピンに気づいて拾った。それを見た銀行の頭取は彼を呼び戻し採用することにした。その青年はそこからパリ随一の銀行家へと出世していった。のちにフランス国立銀行の総裁にまでなるジャック・ラフィットである。

鎖の強さはいちばん弱い環《わ》によって決まる。ほかの環がどれだけ太くて強くても関係ない。われわれも自分の強い部分を誇りはしても、弱い部分には目を向けない。しかし、最も弱い部分こそが自分の真の強さを決めるのだ。

数々の戦闘で銃弾をくぐってきた兵士も、針で作ったひっかき傷が原因で死ぬかもしれない。氷山の衝撃や大海の嵐に耐えてきた船が、小さな虫が開けた穴がもとで穏やかな海に沈んでしまうことだってある。

小さなものでも、偉大な人間が見れば大きくなる。ひとりの人間のたった一度の気高く英雄的な行為が一国の地位を高めることもあれば、ひとりの人間がかけた温かいひと言が、その人に偉大な人生を歩ませることもあるのである。

第26章
給料袋には入っていない貴重なもの

自分の仕事に注ぎこむ質が人生の質を決める。できるかぎりベストを尽くそうとする習慣、常に自分に最高のものを求め、見返りがあろうがなかろうが、最低限とかそこそこの結果では妥協しない習慣、それが失敗と成功を大きく分ける。

ソローは言う。

「もし労働者が雇い主の提供する給料以上のものを手にしていないというのなら、その人間は欺かれている。欺いているのは自分自身だ」

働くのは給料をもらうためであり、それ以上の動機はないと言うなら、その人は不誠実であり、自分を欺いている。毎日行う仕事の質を高めるという点で自らをだましており、そのことは時がたってからでは、どんなに頑張っても取り戻すことができない。

人生という旅に乗り出したすべての若者にとって重要なこのテーマについて、私が何かひとつだけ言うとしたら、こうなるだろう。

「勤めはじめた頃にもらう給料の額については気にするな。そうではなく、将来技術を向上させたり、経験を広げたり、自分を高めたりすることができたときに、自分は自分にどれだけの給料を支払うことができるかを考えよ」

仕事とは人格や人間性を磨く機会でもある。実践の場で能力を鍛え、知識を広げ、知性を磨き成長させるための人生の学び舎であり、単に銭金だけを生み出す工場ではないのだ。

ビスマルクはドイツを統一してドイツ帝国を樹立したが、その礎を築いたのは、わずかな給料でドイツの駐ロシア公使の秘書官を務めていたときのことだったと言われる。その地位にあるときに戦略や外交のノウハウを吸収し、のちにそれを母国のために見事に生かしたからである。そのときのビスマルクの働きぶりはきわめて精力的かつ手際よいものだったので、ドイツ本国は公使よりもビスマルクの仕事を評価した。

もしビスマルクが給料のためだけに働いていたとしたら、永遠に事務員の職にとどまったかもしれないし、ドイツも小国に分裂したままだったかもしれない。

給料だけを目的にし、週末に受け取る給料袋の中身より大きなものを仕事に見いだせない人間もいるが、そういう人間で昇進が早いどころか、並みよりましな人でさえ私はひとりも知らない。給料ももちろん大切だが、本物の仕事に対する本物の報酬は、その大部分が給料袋の外にある。

給料袋の外にある報酬のひとつは、雇い主の成功の秘訣を知り、その失敗から学ぶ機会が得られることだ。しかも、お金をもらいながら商売や職業を学べるのである。もうひとつの、そしていちばん大きい報酬は、自分を成長させ、見識を広める機会が得られることだ。ひと回り大きく、役に立つ人間になる機会がもらえるのだ。

自分の仕事は何ドル何セントになるかということばかり考えている若者は、自分をどれだけだましているかに気づいていない。仕事によって技術を向上し、経験を広め、よりよく、より強く、より役に立つ人間になれる機会という、給料よりはるかに大きな報酬のあることを自分に知らせようとしないからだ。

この大きな報酬に比べれば、給料袋に入った数ドルなど、彫刻家が大理石から呼び出そうとしている天使に対する、彫刻家のノミから飛び散るくずのようなものだ。

雇い主が自分のよいところに気づいてくれず、自分の働きに見合うほど昇進させてくれなかったとしても不安に思う必要はない。雇い主が有能な従業員を探しているのなら、いや、探しているに違いないのだから、いずれは昇進させてくれるだろうし、それが雇い主の利益にもなるはずだからだ。

本人自身成功の見事な実例である政治家のウィリアム・バーク・コクランは次のように言っている。

「全力を尽くそうという忠誠心を持って仕事に臨む者は必ず成功する。与えられた仕事で期待以上の成果を残せば、もっと高い地位に就かせたほうが利益になるということを示すことができるし、昇進が利益につながるのであれば、必ずや昇進することができるだろう」

アンドリュー・カーネギー、ジョン・ワナメーカー、ロバート・オグデンといった実業界の大物たちが、働きはじめた頃の少ない給料に疑問を感じて値上げ交渉をしていたら、今の成功を手にできていただろうか？　もしそうしていたら、今でも少ない給料でほかの人間のために働いていたことだろう。彼らが求めていたのは給料ではなく、自分の能力を示し、ビジネスのノウハウを学ぶためのチャンスだったのである。暮らしていくには足りない週1ドルか2ドルの給料で満足し、さまざまなことを学んでいたのでいる。それが今の彼らを作ったのだ。

わずかな給料で、おそらく何年ものあいだ働いてきた若者が突如として、まるで魔法のように一足飛びに高く責任ある地位へと就くことがある。それはどうしてだろうか？　それはひとえに、雇い主から週に数ドルしかもらっていないのに、その聡明な若者は、質のよい仕事、熱意、強い意志、仕事に対する高い目的意識、ビジネス手法における洞察力の向上といった形で、自分に対して給料以上の報酬を払っていたからである。

億万長者になったニューヨークのある商人は、自らの成功物語について次のように話してくれた。「私はニューイングランドにある自分の家からニューヨークまで歩いて行った。ニューヨークでは週3ドル50セントで、ある店の掃除をする仕事を得た。その年の暮れ、会社から提案があった。今後5年間会社にとどまって週給7ドル50セントで働くというもので、私はそれを受け入れた。

その5年が終了するかなり前に、ニューヨークの別の大きな会社から、年俸3000ドルで外国駐在員として働かないかという誘いを受けた。私はすぐには受けず、『今は別のところと契約を結んでいるが、契約期間が満了したら喜んでその提案について話しあいたい』と伝えた」

契約期間が終わりに近づいた頃、彼は働いていた会社の社長室に呼び出され、新しい契約を提示された。複数年契約で年俸3000ドルという条件だった。彼は雇い主に「1、2年前に別の会社から同じ待遇で誘いを受けたが、現在の会社との契約を破りたくなかったのでその誘いを受けなかった」

と告げた。それに対して会社側は「そのことを考慮して君の処遇について再検討する」と回答した。しばらくして、信じられないかもしれないが、会社側は年俸1万ドルで10年の条件を提示し、契約は成立した。その契約期間のあいだ彼と妻は週8ドルで生活をし、節約に加えて投資を行い、11万7000ドルを蓄えた。契約が終わる頃、彼は会社の共同経営者として迎えられ、億万長者となったのである。

友人たちはおそらく彼に対してこんなことを言っていたはずだ。

「ばかか、お前は。こんなところで残業までして、ほかの人間が見向きもしないような仕事をしているなんて。しかも夜まで残って梱包の手伝いやら何やらして。そんなの誰も期待しちゃいないぞ」

そんな言葉に耳を貸していたらどうなっていただろうか？　同僚たちを、永遠にほかの人間のために働く人間として残したまま、自分だけ彼らの上に立つことができただろうか？　できたはずがない。しかし、ニューヨークまで100マイルの道のりを歩いてきた若者は、あらゆることを大きなチャンスだとみなした。いつ運命が彼の真価を認め、より高い地位へ昇らせてくれるかわからなかったからである。

そして、店を初めて掃除したそのときに、自分には大商人になる能があると感じ、実際そうなろうと心に決めた。その可能性をもらったことこそが報酬だと思った。

学びたかったことを自らの手で実際に行えるチャンス、第一線の商人たちが商売するのを目のあたりにするチャンス、彼らの経営手法を観察するチャンス、彼らのやり方を知るチャンス、その秘訣を盗むチャンス――それらが自分に対する報酬であり、それと比べれば給料としてもらう週給3ドル50

セントなど大した話ではなかった。

彼は自らを鍛えながら、重大なことはひとつも見逃さないように常に目をくばっていた。仕事をしていないときは、ほかの人間を観察してそのやり方を研究し、店に来る人には誰かれかまわず質問をし、仕事に関するあらゆることを学ぼうとした。いつの日か会社の共同経営者になるか、自分で店を持ちたいと思っていたからである。

店の掃除や店番をする少年に経営者の資質があるかどうかを見きわめるのは難しいことではない――もし経営者としての資質があるのなら、たった一日の働きぶりを見ればわかる。彼が仕事にどれだけ魂を注ぎこんでいるかを見れば、成長や進歩の余地があるか、出世しよう、偉くなろうという野心を持っているか、それとも仕事を怠けがちで、最小限の労力で最大限の給料を得ようとしているかがわかる。

就職したらこう考えよう。自分は自ら事業を起こし、自分のために働いているのだと。給料をできるだけ多くもらおうとするのはいいが、給料などささいなことだということを忘れてはいけない。自分が目にし、耳にするすべてのヒント、すべての情報、吸収できるすべての知識は、未来のための投資だと考えよう。それは自らの手で事業を始めるときに金銭以上の価値を持つことになる。

自分の持てるもの、創意工夫の力を総動員して、よりよい仕事のやり方を編み出そう。いつも前を向いて、最新の情報に触れるようにしよう。最大級の熱意で仕事に取り組もう。そうすれば、たちまちのうちに上の人に目をつけられて、自分でも驚く結果が待っているだろう。

自分自身に次のような言葉をかけてはいけない。

「こんな余計な仕事をする金はもらっていない。そもそも給料は少ないのだから、雇い主の目が届かないときにさぼったり、仕事をさっさと切り上げたりする権利がある」

なぜなら、これは自分の尊厳を損なう行為だからだ。人のなかには、ごまかそうとしてもごまかすことのできないものがある。それは、公正でありたいという気高い気持ちであり、それに目隠しすることはできない。自分に対する信頼を失ったら、何ものをもってしても埋めあわせることはできない。周囲の人間からの信頼が失われてもまだ成功することは可能かもしれないが、自分自身への信頼が失われたらけっして成功はできない。自分を尊敬できなくなったり、信用できなくなったりしたら、自分の地位を高めるという点においては、もはや自分の未来は終わっている。

私の知るある若者はニューヨークに出て来て、ある出版社に就職した。最初は週15ドルだったが、5年後には週35ドルに昇給していた。

ほかの従業員や友人たちは、そんなに少ない給料なのに終業後も会社に残り、家に持ち帰ってまで仕事をする彼をばかだと言った。しかし彼は、自分が求めているのは機会であり、給料ではないと言い返していた。

その仕事ぶりに目をつけたほかの出版社から週60ドルで引き抜かれ、それはすぐに週75ドルに引き上げられた。彼は新しい職場でも今までどおりに仕事を続け、よく働き、労を惜しまず、給料のことはまったく気にかけず、機会こそがすべてだと考えていた。

支払われている金額以上のことをしても何の足しにもならないと考える人がよくいる。しかし、この若者が社外の人間の目さえ引きつけたのは、まさにもらっている給料以上のことをしようとしたからである。

その結果はどうなったかと言えば、やがて彼は業界第3位の出版社に移り、年収1万ドルを手にしたばかりか、その会社の経営に関与するまでになったのである。

給料は、「あの人は誠実だ」とか「有能だ」といった評判や、報酬を得ながら身につける経験に比べれば大して重要ではない。評判や経験こそが大切なのである。

仕事を早く切り上げたり、チャンスさえあれば怠けたり、業務時間中に職場を抜けてどこかへ身を隠したり、仕事で外出中に寄り道をしたり、遊び疲れて午前中は仕事にならなかったり――そういうことをそれほど悪いことではないと思う従業員も多いだろう。けれども、昇進したり転職したりしようとするときに、その評判がついて回り、自分を求めてくれる人が誰もいないことになる。

自分の出来のよくない仕事ぶりを雇い主のせいにする者たちがいる。雇い主が自分の働きをきちんと評価せず、不当に扱っているからだと。

そういう若者たちに言いたい。雇い主の人格ややり方は、君たちにはどうしようもない。しかし、雇い主に正しい行いをさせることはできないかもしれないが、自分が正しい行いをすることはできる。雇い主を紳士にすることはできないかもしれないが、自分は紳士になることができる。雇い主がよくないからといって、自分たちの将来を台無しにしていいはずがない。雇い主がどれだけ意地悪くてしみったれであっても、当面のあいだ君たちの機会は雇い主とともにあるのであり、その機会を生かすのも殺すのも、踏み台にするのも障壁にするのも君たち次第なのだ。

自分の現在の立場、仕事のやり方は、自分より上にある扉を開く鍵なのである。手抜き仕事や、半端仕事は、失敗や屈辱へと続く扉を開く鍵しかもたらしはしない。

自分の仕事に注ぎこむ質が人生の質も決める。できるかぎりベストを尽くそうとする習慣、常に自分に最高のものを求め、見返りがあろうがなかろうが、最低限だったりそこそこの結果だったりでは妥協しない習慣、それが失敗と成功を大きく分ける。言われるがままに働くのではなく、仕事に職人魂を、燃え盛る情熱を、あふれんばかりの熱意を注げば、仕事は退屈で面倒くさいものから喜びへと変わるだろう。

給料が安かろうが、雇い主が理解してくれなかろうが、仕事には全力を投入しよう。出来の悪い仕事は、雇い主も少しは傷つけるが、君たちには破滅を意味しかねない。自分の仕事に誇りを持ち、毎朝しっかり準備をして臨もう。自分が仕事の達人になったつもりで取り組もう。自分の最善を尽くし、そこそこの仕事などして自分をおとしめたりしないと心に決めよう。

そういうふうにしていれば、後ろめたい気持ちなく、まっすぐと自分の顔を見ることができる。そうなれば、自信と気高さと誠実さから来る勇気がもたらされ、それはけっして色あせることがないだろう。

第27章 自分が嫌になったときには

何か失敗を犯したとしても、へまやドジや愚かなことをたくさんしでかしてしまったとしても、だまされたり、軽率な投資をしてしまったりしたとしても、時間や金を無駄使いしてしまったとしても、そうした亡霊たちをつきまとわせて、これからの幸せを棒に振ってはならない。

今さらどうしようもないことにくよくよして、エネルギーを無駄使いしてはいないだろうか？ そんなことに力を使ったり、時間を浪費したり、幸せを奪われたりしてはいけない。

苦い経験や失敗、不運なミス、そのほか心を苦しめ、生産性を落とさせる嫌な記憶に対処する方法がたったひとつだけある。それは忘れること、記憶を葬り去ってしまうことだ。

自分を苦しめるだけで何の役にも立たない過去への扉は閉じてしまおう。自分の足手まといになり、前進の妨げとなり、幸せを奪っているすべてのものから自由になろう。精神的に自由な、白紙の状態で明日に臨もう。昨日のことは忘れ、けっして振り返ったりしないようにしよう。

不快で有害な経験に対処する方法がたったひとつある。それは忘れることだ。

人としてやっていけないことのひとつは、自分が生まれつき不運で、運に見放されていると考えてしまうことだ。この世に運命などというものはない。あるとすれば自分の頭のなかにだけだ。自分自身こそが自分の運命であり、自分こそが自分の運命を左右するのである。

誰かひとりにつらく当たって、ほかの誰かをえこひいきするような運命もなければ、神の思し召しもない。シェイクスピアもこう言っている。

「罪はわれらが星のなかにあるのではない。われら自身のなかにあるのだ。人の下風《かふう》に立つも立たぬも」

敗北を認めるものが敗北者となる。「自分はだめな人間だ。よいものはみな誰か別の人のものだ」と考えて、それに甘んじる人間こそがだめな人間となるのである。

「こうなりたい」「こうしたい」と自分が思うことについて「そうなれる」という自信を持つことができれば、それにつれて能力も向上する。

自分の能力について他人がどう思おうが、自分だけは「なりたいものになれない」とか「したいことができない」などと思ってはいけない。自信を高めるためにあらゆる手を使おう。たとえば、自己暗示は自信を高めるのにとてもよい方法だ。

自己暗示の方法にはいくつかあるが、ただ頭のなかで考えるよりも、自分に向かって力強く、熱をこめて、声に出して話しかけたほうが、意識下の力を呼び覚ます効果が大きいようだ。

声に出した言葉には、同じことを頭のなかで考えるだけでは起こしえない力、われわれの内に眠ったエネルギーを目覚めさせる力がある。

声にした言葉は頭のなかにより長く印象が残る。頭のなかで言葉を考えるよりも、印刷した紙面を通して見たほうが印象が強かったり、景色やものを頭で思い浮かべるより、実際に目で見たほうが長く印象に残ったりするのと同じである。心に決めたことを、力強く、激しすぎるくらいに口に出して何度も繰り返そう。そうすれば、何も言わずに心のなかで思うより、それを実現できる可能性が高くなる。

自分を励ます言葉を口に出して言う自己暗示の方法を使うと、自分の弱点を直したり、欠点を克服したりするうえで信じられないくらいの効果を見せることがある。

「この世には自分のやるべきことがあり、その責任を自分は見事に果たす」と声に出してはっきりと断言しよう。そうすることによって「自分には大きなことができる」という自信を育てることができる。「自分は一生大したことはできない」などと認めてはいけないし、素振りに出してもいけない。

はつらつとした健康や強さ、力、有能さを絶えず自分に言い聞かせることによって、心がどれだけ強くなるかは驚くほどだ。考えること、理想を持つことが強い人間を作るのである。

最高の自分を引き出すよい方法は、ものごとに真正面から取り組み、自分に対して手加減をしないことであり、そして能力はあるのにその半分も使っていない自分の息子に語りかけるように自分に語りかけることだ。

何かをしようとするときは、自分に対してこう言おう。

「さあ、自分はこれを任せられた。しっかりやって、いいところを見せてやろう。できなければ腰抜けになってしまう。もう後には引けないぞ」

こうして自己暗示をかけると、たちまち気が奮い立ち、気合いがみなぎるの感じて驚くはずだ。最初のうちは、自分に話しかけるなどばかげたことに感じられるかもしれないが、非常に効果があることを実感すれば、自分の弱点を治す方法として、このやり方に頼るようになるはずだ。大きな欠点だろうが小さな欠点だろうが、声に出して言いつづけていれば、必ず克服することができる。

たとえば、生まれつき臆病で、人見知りをしたり、自分の能力に自信がなかったとする。そんな場合は、毎日自分に向かって「お前は臆病ではない。それどころか勇気と大胆さのかたまりだ」と言い聞かせる。そうすれば必ず効果があるはずだ。

「臆病になる理由などない。自分には他人よりも劣っていたり、おかしなところなどひとつもないのだから」と自分に言い聞かせよう。「自分は魅力的だし、人前での振る舞い方も心得ている」「もう二度と自分には価値がないとか、臆病だとか、劣っているとか考えたりしない」と自分に言おう。

もし自分が自発性に欠けているなら、「自分には何かを始め、最後までやり遂げる能力がある」と強く言い聞かせよう。

自分を信じ、自分を肯定的に評価しつづければ、勇気や自信や能力までもが増して、驚くことになるだろう。

自分の能力に見合う成功を手にすることのできない人間が多いのは、他人や仕事を遠ざけるような精神状態に陥っているからだ。

人は、不愉快な絵を避けるのと同じように、むっつりとして陰気な人間を避ける。

野心だけが大きくて、その割には大した成果を残していない人間は掃いて捨てるほどいるが、その理由は単純だ。そうした連中は、「気分が乗ら」なかったり、落ちこんでいたり、「ブルー」になっている日が多いからだ。気分がころころと変わり、それに振り回される人間はけっしてリーダーや影響力を持つ人間にはなれない。

そうした暗い影を寄せつけない最善の方法は、生活を光で満たすことだ。不和を持ちこまず、調和で満たす。心から誤った考えを追い出し、正しい考えで満たす。醜いものを締め出して、美しいものや愛らしいことだけを考える。不愉快なこと、不健全なことは排除し、心に快く健全なことを考える。いい考えと悪い考えは頭のなかで同時に存在しえないのである。

気分が乗っていようがいまいが、自分に対してこんな肯定的な言葉をかけよう――「気分を乗せなければならない」「気分が乗ってくるはずだ」「気分が乗っている」「自分はいつも通りだ」「自分の立場でできる最善を尽くすのだ」。意識してそう口に出し、力強く肯定していれば、それは現実になる。「ブルー」になったり、憂鬱な気分に襲われたりしたら、こんなふうにして切り抜けよう。可能ならばお風呂に入ってさっぱりし、きれいな服に着替えた後で、自分をどやしつけるのだ。絶望の泥沼にはまりこみ、気持ちが落ちこんで苦しんでいる自分の子どもや親友に語りかけるように、心の底から真剣に自分自身に語りかけよう。頭から離れない真っ黒でぞっとする情景を振り払おう。気の滅入るような考えや思い、自分を悩ませるくだらないものをすべてなぎ払うのだ。不快なもの、犯した過ちや嫌な思い出をすべて解き放ち、武器を取って自らの平穏と幸せを乱す敵に立ち向かい、集められる力をすべて集めて追い払おう。「何があろうと自分は幸せになるのだ」「楽しい気持ちを取り戻すのだ」と心に決めよう。

よく考えてみればわかるはずだ。世のなかは素晴らしい機会や楽しく明るい出来事にあふれている。そんな美しい世界にいて、かけがえのない贈りものであるはずの人生を、まるで失敗作であるように考え、悲しく暗い顔をして過ごすのは、非常に愚かなことであり、罪深いことである。

自分自身にこう語りかけてみよう。

「私はちゃんとした人間であり、やるべきことはやる。やるべきことは目の前にあり、私はそれに正面から向きあう」

憂鬱な気分になったときは、その原因について考えてみるといい。その理由は案外、体の疲れから来ていることがよくある。働きすぎだったり、暴飲暴食をしていたり、それ以外で何か体によくないことをしていたり。

あるいは、体ではなく神経が疲れているのかもしれない。仕事でストレスを感じていたり、長い時間興奮状態にあったり、生活が乱れていたり。そういうとき神経は栄養や休養や気晴らしを求めている。体の不調や不規則な生活、睡眠不足から気がふさいだり憂鬱になったりする人も多い。

そういうときには、生活環境をがらっと変えてみるのがよい。それをどういうやり方でするにせよ、そのとき抱えている悩みごとについてくよくよ考えるのをやめなければいけない。できるだけ楽しいこと、幸せなことを考えよう。周りの人たちに対して、努めて明るく楽しい雰囲気を振りまくようにしよう。親切な言葉をかけたり、楽しいことを話題にしたりしよう。そうしているうちに、気持ちが明るくなり、心を暗くしていた影が消え失せ、自分が喜びの光に包まれていることに気づくはずだ。

いつでも、何度でも、力強く、自分に言い聞かせよう。「自分が望むものに自分はなれる」と。「いつか成功したい」と言うのではなく、「自分は成功する。生まれたときからそう決まっている」と言おう。「いつか幸せになりたい」と言うのではなく、「自分は幸せになるように生まれてきている。現に今幸せだ」と言おう。

しかし、いくら「自分は健康だ。豊かだ」と口で言っても、自分がそれを信じていなければ、何の役にも立たない。今口にしていることを信じ、それを実現すべく努めなければならない。

「自分が必要なものはもう持っている」「こうなりたいものにもうなっている」と声に出して言おう。自分の気持ちが目標へと向かうようにし、その状態をしっかり持続させよう。それこそが、ものごとを創り出す心のあり方だからだ。疑ったり揺れ動いたりするような、後ろ向きな考えでは何も生まれない。

「自分自身こそが幸運なのだ」と詩人のホイットマンは言った。今の自分こそがなりたいものであり、それを実現したものだと考える気持ちを持って、そのことを繰り返し自分に言い聞かせることができるようになれば、きっと大きな変革が起きることだろう。

第28章 自然の女神からのちょっとした請求書

神のひき臼はゆっくり粉をひくが、きわめて細かくすりつぶす。
立ったまま忍耐強く神は待ち、すべてを正確にすりつぶす。
——フリードリヒ・フォン・ローガウ（ドイツの詩人）

悪事に対する条令が速やかに実施されないので人は大胆に悪事を働く。
——コヘレトの言葉

人間は時計だ。最初にネジを巻かれるが、
二度巻かれることはない。一度壊れると永遠に壊れたままだ。
——ロバート・ヘリック（イギリスの詩人）

老いは、ぼろ家に襲いかかる炎のように、無駄使いされた若さに襲いかかる。

――ロバート・サウス（イギリスの聖職者）

このあいだの日曜日、ひとりの若者がここで亡くなった。25歳だというのにとても老けていた。

――ジョン・ニュートン（イギリスの司祭）

道理に耳を貸さない者は、きっと手厳しい仕返しを受ける。

――「貧しいリチャード」の言葉

「痛い、痛い！」とベンジャミン・フランクリンは叫んだ。「私が何をしたというのだ、こんなひどい苦しみを味わうなんて」

「たくさんしているではないか」と痛風は答えた。「暴飲暴食をしたうえに、ぐうたら怠けて自分の足をずいぶん甘やかしていたじゃないか」

自然の法則に背いたその日に女神が請求書を送ってくることはめったにない。しかし、彼女の口座から引き出しすぎ、肉体までも抵当に入れてしまったら、いつの日か女神は肉体を差し押さえにくるだろう。女神はこちらが借りたいだけ貸してくれるだろうが、その借金を返すことができなければ、『ヴェニスの商人』のシャイロックのように人肉1ポンドを要求してくるだろう。

自然は、人が若いうちはツケを請求したりしないが、盛りが過ぎる頃に、腎炎や心臓病、肝硬変といった諸々の病気といった形でツケを回してくる。飲み屋の主人に支払っているのは請求書のごく一部にすぎないのだ。

われわれの体は実に見事にできている。都会の汚れた下水をあっという間に清潔な飲料水に変えてしまう浄水槽を想像してみてほしい。それと同じように、脳細胞の燃えかすやら、細胞組織の老廃物やらで真っ黒になった血液は、人が呼吸するたびに、肺のなかで明るくきれいな赤い血に戻される。この血液循環という魔法の流れから生まれる一滴一滴の血はすべて、人体という奇跡的な化学組織によって製造されたものだ。

その血液のなかには、われわれの成功と運命のすべてが含まれている。健康と長寿もあれば、病と早死にもある。希望と不安、勇気と臆病、活力と無気力、強さと弱さ、成功と失敗がある。さらには、そこから骨や神経や筋肉や脳、容姿のよさや醜さ――それらすべてが生まれる。そうであるならば、健康の法則に従い、血液という命の川の純度とパワーを保つことは、どれだけ重要なことだろうか。

哲学者のスペンサーは言っている。

「『卑しき肉体』という言葉をよく耳にする。その言葉に欺かれて、多くの人間が健康の法則に背いている。しかし神は、自らの最高の創造物をそのようにないがしろにする者たちを静かに取り除き、それほど愚かでない者たちの子孫でこの世を満たすのだ」

自然は持てるものは何でも人に与えてくれる。貯蔵庫にあるものをすべて見せて、何でも欲しいものを持っていけと言ってくれる。しかし、与えたものを人が何年も使わずに取っておくことは許さない。「使え、さもなくば失え」が自然のモットーなのである。使わなければ、この偉大な倹約家は、ひと粒残さず奪い去ってしまうのだ。

三角巾で吊って腕を使わずにいると、自然は皮膚が骨にくっつくほど筋肉を奪ってしまい、腕は使いものにならなくなる。しかし、腕を再び使おうと努力するなら、その努力の度合いに応じて奪い去ったものを少しずつ返してくれる。知性も同じで、怠け癖という三角巾で吊ったままにしていると、能力を奪われて、愚かな人間になってしまう。

ただで健康を手にできると思ってはいけない。この世には、ただで手に入る貴重なものなどないのだ。健康とは絶え間のない努力に対するご褒美なのである。

自然はその法則を破る行為をひとつも見逃さずに罰を下す。自然を激怒させれば、命を奪われることさえある。

ある偉大な外科医が、教え子たちを前にして手術を行った。近代科学の粋を集め、最近になってようやく可能になった手術だった。力強くも繊細な手の動きで、自分にできることはすべて見事にやり遂げた。手術を終えて教え子たちのほうに向きなおると、彼はこう言った。

「2年前なら簡単で安全な手術でこの病気を治療することができたかもしれない。6年前なら生活習慣を改めることによって病気を事前に防げたかもしれない。われわれは今の時点でできる最善を尽くしたが、自然のほうは自然で言い分があるだろう。自然はいったん死刑宣告をしたら、それを取り消すことには必ずしも同意してくれないのだ」

翌日その患者は死亡した。

思いがけない事故を除けば、自分の生活は自分で思うとおりにできる。それなのにアメリカ国内に7万5000人もの医者がいるというのはどういうことだろうか？　彼らの10分の1でさえ優雅な生活を送っているのは、われわれに責任がある。予防可能な病気で年間35万人もの人が命を落としているという事実が、現代文明のあり方をよく物語っている。

セネカは言った。

「神はわれわれに長寿を与えたもうたが、その命をわれわれ自身が短くしている」

ほとんどの人が、老いるということの意味をよく理解していない。老衰で亡くなる人はまれで、100人中老衰で死ぬのは3、4人しかいない。しかし、自然が人間という驚異的な仕組みを作ったとき、100年は生きることを意図していたはずなのだ。


自然はわれわれが行う取引をすべて――肉体的な取引も精神的な取引もすべて帳簿につけ、ひとつひとつの事項を借方、貸方に仕分けする。

自然がつける帳簿の1ページをのぞいてみよう。

【借方】若い頃の過度な運動、かみタバコ、喫煙、濃い紅茶やコーヒーの摂取、どんちゃん騒ぎ、走って駅に駆けこむ、勉強のしすぎ、過度の興奮……などによる心臓の損傷
【貸方】心臓過敏症やタバコ心臓、寿命の短縮化

【借方】早食い、不適切または下手に調理された食べ物の摂取、暑いときに冷えた水を飲む、やけどをするほどの熱い飲み物――特に繊細な胃の粘膜にタンニン酸を形成する紅茶の摂取、疲労していたり心配ごとがあったり、悪い知らせを聞いて胃液が分泌されないときに食事を取る……などによる消化器官の損傷

【貸方】消化不良、うつ病、何年にもおよぶ自身への惨めな思い、家族の不安、友人からの哀れみや反感

【借方】不摂生、薬の乱用、極度の興奮、乱れた生活、富や名声への焦燥、刺激的な食事や生活による思春期の短縮……などによる神経系の崩壊

【貸方】長年にわたる虚弱体質、満たせざる野心、救いようのない非効率、燃えつきた人生

【借方】夜更かしし、脳細胞が回復する間もなく酷使したことによる脳の損傷

【貸方】思考力の低下、脳軟化症、破れた夢

【借方】大学で首席になろうとしたり、賞をもらおうとしたり、誰かに成績で負けまいなどとして脳に過度の緊張をかける

【貸方】満たせざる野心、病に苦しむ人生

時には複数の項目がひとつの借方勘定にまとめてつけられることがある。それを相殺するために貸方勘定につけられるのは、ほんのちょっとの熱狂的興奮と、束の間の楽しみだけでなく、後悔や自責の念、恥ずかしさも加わる。罪を犯せば必ずばれると肝に銘じよ。すべては記録されているのだから。

そもそもわれわれが生き延びていること自体が不思議だ。生命にかかわるあらゆる法則に違反しながら、長生きできるものと思っている。たとえて言えば、暑さや寒さに対して微妙に調整する必要のある繊細な時計を持ちながら、それをふたのない箱に入れ、道端に放置してほこりや雨にさらし、それでいて正確な時を刻みつづけることを期待しているようなものだ。

われわれは水を濾過したり、寝具を干したり、部屋を換気したり、牛乳の成分を調べたりすることにはずいぶん気を使っているし、汚れたものや病人は遠ざけようとする。その割には、人で混みあった劇場には平気で頻繁に出かける。劇場には不衛生な人間もいれば、病気にかかっている人間もいる。何時間も座って、よどんで熱い汚れた空気を吸っている。数百ものガスバーナーから放出される二酸化炭素や、病人の肺から吐き出される息が充満した空気を。何時間ものあいだ毒で満たされた浴槽につかり、翌朝になってこの頭痛や体のだるさは何のせいだろうと頭をひねるのだ。

消化という繊細な作業にいそしむ胃にコップ1杯の冷たい水を平気で流しこむ。冷たい水のショックから立ち直り、温度を平熱までに戻して、胃液を分泌できるようになるまで30分かかるという事実を知らないか、軽視している。そしてもう1杯水を飲んで同じことを繰り返すのだ。

アルコールを飲んでは、胃壁を痛めつけ、皮膚や筋肉、神経鞘や脳を硬化させる。肉や野菜、パン、砂糖菓子、ナッツ、レーズン、ワイン、フルーツなどを体のなかで最も繊細な器官である胃に詰めこみ、そんな種々雑多なごちゃ混ぜの負荷を胃が文句も言わず処理することを期待している。

こんなふうに胃を酷使しておきながら、血液を脳や筋肉に集めてしまい、血液が胃に向かって過酷な作業の手伝いをするチャンスを奪っている。自然がそんなにも巨大な血管網を作っているのは、消化を助け栄養を運ぶためだという事実があるにもかかわらずである。

疲労感は自然がくれる数ある危険信号のひとつだ。疲れているときに体や頭脳を駆り立てても、得られるのは最悪の結果だけだ。睡眠を後回しにして働いていると、自然は罰を下し、不眠症になったり、時には精神の変調さえきたすことがある。

異端審問における最悪の拷問のひとつは、審問にかけられた人を眠らせないことであり、それはしばしば狂気や死へと追いやることがあった。

自然はわれわれの健康を保つために、全員を自らのもとに連れ戻し、眠りという霊気で包みこんで、人生の3分の1ほどの時間をそこで過ごさせる。そしてひそかに、人体という驚異の仕組みを点検し、修復してくれるの。すべての脳細胞がリフレッシュされ元気を回復する。体の組織の燃焼によって生じた老廃物は血液が洗い流して肺に送りこみ、息として排出される。こうして、朝になれば、体は新品同様の新鮮さと機能を取り戻している。

労働とは、金持ちにとっては食欲を増して夕食をおいしく食べるために行うものであり、貧乏人にとっては夕食を得て食欲を満たすために行うものである。いずれにせよ、やりすぎは病のもととなる。

古代スカンジナビア伝説における最高の神オーディンは、知識の泉である「ミーミルの泉」を飲むために、その代償として片目を差し出した。学者というものは、知識の泉を飲みほそうと必死になるあまり、自らの健康や幸せを犠牲にすることがよくある。医者や弁護士などの専門職の人は、名声や影響力、富のために人生において貴重なものを何もかも犠牲にすることがよくあるし、ビジネスマンは、富や権力を求めるあまり家庭や家族、健康や幸せをおろそかにすることがよくある。

偉大な博物学者のリンネは、頭脳を酷使しすぎて疲れきり、自分の仕事を理解できなくなったうえに、自分の名前さえも忘れてしまった。

イギリスの詩人カーク・ホワイトは努力してケンブリッジ大学への入学を果たしたが、それは命を引き換えにしてのことだった。夜遅くまで勉強し、興奮剤や薬物を使って無理に脳を働かせたあげく、24歳で命を落としてしまった。

イェール大学の学長だったティモシー・ドワイトも若い頃、過労で命を落としかけた。イェール大学の学生時代、9時間勉強しては6時間教えていたが、運動らしきものは一切していなかった。努力するのをやめることができず、しまいには神経をやられて、日に10分も本を読むことができなくなってしまった。精神に異常をきたし、回復するまでにかなりの時間がかかった。

人生の盛りもこれからというときに死ぬ男女を見たら、さぞかし天使たちも驚くことだろう。そうした男女を解剖した天使の報告書を読むことができれば、葬儀の席で「神さまのなされることはわからない」などと嘆くことが少なくなるかもしれない。

その報告書は、たとえばこんなふうに書かれている。


『天使による解剖報告書』


え、こんなに早く戻ってきたのか！　耐用年数１００年の肉体なのに30年で戻ってくるとは。神殿を建てはじめてから28年がたち、間もなく完成するというときに破壊されてしまったかのように。こんなに若いのに、白髪やしわは多いし、腰も曲がって、おまけに死んでしまうとは。

この美しい体は、つぼみが花開いて美しく咲き誇る前に恐ろしい破壊者に摘み取られてしまうように失われてしまったのか？　コルセットで体を締めつけ、ばか騒ぎをし、派手で軽薄な流行を追う生活の犠牲者となったのだろうか？


【報告例①】

この学識ある洗練された女性は肺疾患で死んだ。

汚れた空気を吸いこむことによって、人類は高い代償を払っている。自然は、神聖なる化学者が調合した、健康によい空気を提供しているというのに、人間はそれをわざわざ汚したあげく、寿命を縮めるという罰金を払っている。人間は水なしでもしばらくは生きられるし、食料や衣服や家具や家などなくともずいぶん長く生きられ、教育や文化にいたってはそれなしでもずっと生きられるが、もし健康でいたいというのなら、肺には健康な空気を一日2万4000回程度、たっぷりと与える必要があるのだ。

【報告例②】

これは愛すべき息子であり、優しい夫であった男のなれの果てだ。

教育もあり、洗練されていて、社会人になったばかりの頃は無限の可能性を秘めていた。しかし、悪魔の代理人が安物ブランデー——彼の言う「命の水」——をたった1杯15セントで提供した。そのなかに、夢や元気、ウィット、弁舌、体力、そして幸福が入っているとだまして。天使のなかでも最優秀の天使が「そんなものには手を出してはいけない」と説得を試みたが、無駄に終わっている。

この哀れな男は酒売りと取引を結び、それで得たものは何か？——麻痺した良心、家庭の崩壊、体の病、混乱した頭脳、妻の心労、子どもたちの不幸、友人たちの失望、勝ち誇る敵、後悔の毎日、夜の煩悶、惜しまれない死、誰も訪れない墓。

そして、こんな人間は世のなかにごろごろしているのだ。

「人間とは何と愚かな動物だろうか！」

卑しい欲望に駆られて破滅の道へと突き進んでいることに気づかなかったのだろうか？　いや、気づいてはいたのだが、そのときにはもう取り返しがつかなかったのだ。

死の床で握りしめていた彼の手のなかからしわくちゃになった紙が見つかった。そこには、震えて読み取るのが難しい字でこう記されていた。
「妻、子どもたち、そして4万ドル以上の財産をすべて失ってしまった。すべて私の責任だ。何もかも喉に流しこんでしまった。私はまだ35だ。失意のうちに死んだ妻や、養育を放棄したせいで死んだ子どもたちは、私が殺したも同然だ。今手持ちのわずかな金がなくなれば、次にいつ食事ができるかわからない。私は飲んだくれの一文なしとして死ぬ。このメモは私の最後の財産であり、私の歴史だ。これがどこかの酒飲みの手に渡ったなら、私の破滅的な人生から忠告を読み取ってくれ」

私たち天使から見ると、彼らの人生は哀れな道化芝居のようだ。時間はかけがえのない貴重なものなのに、彼らはそれをまるで水のように無駄使いする。天使たちさえも待ち望んでいる機会を、取るに足らないもののように放り投げ、チャンスを得られないまま落伍者としてこの世を去る。私たち天使には人生は貴重なものに思えるが、彼らは安っぽい飾りもののように足蹴にする。貴重な人生の時間を無駄にしないまま私たちのもとへと帰ってくる人間はほとんどいないし、森で秋に葉が落ちるように、真の寿命をまっとうして私たちのもとに返ってくる人間もほとんどいない。

人生とは、こんなふうに人間が手荒に扱うほど安っぽいものになってしまったのだろうか？

第29章
人生に美を

ローマの野蛮人たちがギリシャに侵略して神殿を汚し、美しい芸術品を破壊したとき、野蛮なローマ人でさえ、あたり一面に満ちあふれた美を感じて気持ちを和らげた。ローマ人たちがギリシャの美しい像の数々を破壊したのは確かだ。しかし、美の精神は死に絶えることなく、ローマの野蛮人たちを改心させ、彼らのなかに新たな力を呼び覚ました。ギリシャ芸術は表面的には滅びたが、そこからローマ芸術が産声を上げた。ギリシャの像の数々を破壊した野蛮人たちの棍棒も、ペイディアスやプラクシテレスら彫刻家のノミにはかなわなかったのである。

「最善の教育とは、どんなものですか？」
ある人がプラトンにこんな質問をした。プラトンはこう答えた。
「その者が持ち得るかぎりの美や完璧さを心と体に与える教育だ」

人生をよりよいものにするには——力強いだけでなく美しく健全なものにするには、美を愛することによって人生に彩りとしなやかさと豊かさを加えなければならない。

美しいものを味わうことができない人間、優れた絵画や神々しい夕焼け、自然の美しい光景に心を奪われない人間は、人間として何かが欠けている。

野蛮人は美を理解しない。装飾品に対する関心は持っているが、美的感覚が発達しておらず、ただ動物的本能や情熱に従っているだけだ。しかし、文明が進んでいくと、美に対する憧れや愛が高まっていく。そしてその高まりは、人にも、家庭にも、社会環境のなかにも見られるようになる。

優れた思想家であるハーバード大学のチャールズ・エリオット・ノートン教授は、人類の質を向上するうえで、美がきわめて重要な役割を果たしており、文明の度合いは建築物や彫刻、絵画などで測ることができると言っている。

まだ若いうちから美しいものを見る目を養い、感受性を高め、趣味を研ぎすまし、繊細な感覚と、さまざまな美の表現を愛する心を育てることができたら、人はどんなにか幸福になれるだろう。美しいものを愛する心を育てる以上によい投資はない。それがうまくいけば、人生全体に虹のような彩りと、大きな喜びとをもたらすだろう。幸福を呼びこむ力だけでなく、仕事を効率よくこなす能力さえも高められる。


美しいものが人の心を美しくさせることをよく示すエピソードがある。

シカゴのある学校の女性教師が、生徒たちのために学校の一角に「ビューティコーナー」を作り、そこにステンドグラスの窓や、東洋の敷物をかけたソファー、ラファエロの傑作『システィーナの聖母』、その他の美しい絵や写真を飾った。それ以外にもこまごまとした美術品が美しくアレンジして置かれ、その空間をにぎやかにしていた。

子どもたちはその小さな空間を大いに楽しみ、なかでも鮮やかな色あいのステンドグラスを気にいった。日々美しいものに触れるなかで子どもたちの振る舞いや行儀が少しずつ変わっていった。優しくなり、品がよくなり、考え深くなった。

特に、あるひとりのイタリア系少年は「ビューティコーナー」ができるまでは手に負えない存在だったが、みるみる間に立ち居振る舞いが穏やかになり、教師たちを驚かせた。

ある日女性教師が、最近そんなにいい子になったのはなぜかと少年に聞いた。すると彼は『システィーナの聖母』を指差しながらこう言った。

「マリア様が見ている前で悪いことなんかできないよ」

人の品格というものは主に目と耳から養分を得る。自然のなかの鳥の鳴き声、虫の音、小川のせせらぎ、木の間を吹き抜ける風の音、花や牧草の匂い、大地や空、海や森、山や丘の美しい色彩——そうしたものが、学校での教育と同じように、真の人間の成長には必要なのだ。目や耳を通して自分の人生のなかに美しいものを取り入れて美的感覚を刺激したり養ったりしなかったら、その人の性格はしなやかさに欠け、潤いのない、魅力の乏しいものになるだろう。

ジェームズ・アレンはその著書『思いと結果の法則』のなかで次のように書いている。

「心のなかで憧れる夢、心のなかで大切に育んだ理想——それがあなたの人生を作るのであり、そこへとあなたはたどり着くのです」

　人を作っているのは単なる物質ではなく、思考や理想の質なのである。美的感覚や感性を磨くことは、知性と呼ばれるものを磨くのと同じくらい重要だ。子どもたちが、家庭でも学校でも、美こそがかけがえのない贈りものだと教えられるときが、純粋で心優しく清潔なもののなかにこそ美があり、美こそが聖なる教育のツールだとみなされるときがやがて来るだろう。

　どこへ行っても、われわれのなかにある最も良質な部分を引き出してくれるものがたくさんある。夕焼けも、風景も、山も、丘も、木々も――すべてが秘められた魅力を教えようとわれわれを待ち構えている。鍛えられた目であれば、牧草地や小麦畑にも、葉や花にも、天使たちをもうっとりさせる美を見いだすはずだし、鍛えられた耳であれば、森と草原のハーモニーや、さらさらと流れるせせらぎの音や、自然の奏でる音楽のなかに言葉にできない喜びを発見するだろう。


　ある年老いた旅人がこんな話をした。

　西部へと向かう旅の途中、列車で年配の女性と相席になった。その女性はときどき開いた窓から身を乗り出して、大粒の塩のようなものをビンからばらまいていた。ビンが空になると、ハンドバッグからその都度補充している。

　その話を聞いた友人は、その女性なら知っていると言った。花を非常に愛している女性で、「同じ道を二度行くことはないかもしれない。だから自分の行く先々に花の種を蒔こう」という考えのもと、それを実践している。そして、列車に乗るたびに花の種を蒔き、沿線の地域を美しい花でいっぱいにしようとしているのだという。

誰もがこの老婦人のように美に対する愛を育み、人生の道のりに美しい種を蒔くことを心がけるようになれば、この地上は楽園と化すだろう。


休みの日は、自分の生活に美を取り入れ、普段はないがしろにしている美的感覚を養う大きなチャンスだ。神が創りたもうた美と魅惑のギャラリーに出かけよう。さまざまな風景――谷や山、野原や牧草地や草花、小川や谷川や河に、お金では購えない豊かさを、天使たちをも魅了する美を見いだすことができる。この美しさは家にいたままでは手に入れらない。実際にその目で見て感動する者たち、その景色からメッセージを受け取り、感情移入できた者たちだけのものである。

自然の美の大きな力を感じたことがない人がいるとしたら、人生における最大の喜びのひとつを見逃していることになる。

私はヨセミテ渓谷に行ったことがある。荒れた山道を馬車に揺られて100マイルも行った頃には疲れきっていて、残り10マイルをこのままじっと座っているのは耐えられないと思ったほどだった。

しかし山頂に着いて下界を見下ろすと、ちょうど雲の切れ目から太陽が出てきて、名高いヨセミテ滝とその周辺の光景が目に飛びこんできた。そこには、めったに目にすることがない美しさと絶景があり、疲れも何もかも一瞬のうちに吹き飛んだ。神々しいような美しさと雄大さに魂の奥深くまで震えるのを感じた。そんな気持ちになったのは生まれて初めてのことであり、その気持ちは一生忘れることがないだろう。

見た目や容姿の美しさは重要であり、それを無視することはできない。しかし外見を美しくしたいと思うなら、まず内面を美しくしなければならない。心のなかで考えていることは、醜いことでも美しいことでも、顔の表情に微妙に表れるからだ。心のなかで調和の取れない邪悪なことを考えていたら、どんなに美しい人でも、せっかくの容姿を台無しにしてしまう。

シェイクスピアもこう言っている。

「お前たちは、神から授かった顔があるのに、まったく別ものの仮面を作りあげている」

心のあり方次第で、美しくもなれば醜くもなるのだ。

怒りっぽさや、意地の悪さ、妬み、羨みは、神の創りたもうた最も美しい顔でさえ台無しにしてしまう。つまるところ、美しい性格から生み出される美しさにかなうものはない。化粧もマッサージも薬品も、偏見や自己中心的な考えや妬み、不安、精神の不安定といった思考習慣が作り出すしわを取り除くことはできないのである。

美しさは内面からもたらされる。心を美しくすれば、見かけが美しくなるだけでなく、体そのものが美しくなる。そして単なる容姿の美しさだけでなく、優雅さや魅力といった資質も得られるはずだ。

誰しも心当たりがあるだろうが、それほど器量はよくないのに、性格が魅力的なために、とても美しく感じられる女性がいる。美しい性格が体の動きを通して表に現れ、人に好感を与えるのである。

ある人が、イギリスの名女優ファニー・ケンブルについてこんなことを言っている。

「彼女は太目で背も低く、顔もひどく赤らんでいたが、素晴らしい性格が表に出て強い印象を与える人だった。女性であんなに威厳のある人をこれまでに見たことがない。どんなに容姿がいい人でも、彼女と並ぶと色あせてしまった」

フランスの政治家アントニー・ベルイェはこんな的を射た発言をしている。

「醜い女性などいない。美しく見せる方法を知らない女性がいるだけだ」

人としての真の美しさを作り出すのは、人の役に立とうとする姿勢や、周囲を明るくしようと努める気持ちだ。それが顔を輝かせ、美しくする。性格をよくしようと望み、努力しさえすれば、その人の人生は必ず美しいものになる。心のなかに美しく愛に満ちた考えを持ちつづけていれば、どこに行っても誰に対しても、健康的で明るい印象を与え、顔が十人並みだろうが醜かろうが、誰もそんなことを気にもとめないだろう。

不器量に生まれた不運を思い悩み、深刻に考えすぎてしまう女性がいる。しかし、他人の目から見れば、本人が思うほど不器量ではなく、要するに自意識過剰に陥っていることが少なくない。他人は本人が思うほど気にはしていないのである。過剰な自意識を捨てて自然な態度で明るく知的に振る舞い、人の役に立つよう努力していれば、たとえ容姿に不足な点があっても十分に補うことができる。

美しいものを見て味わうことほど、人の幸福に貢献し、満足や喜びを与えるものはない。幼い頃から美意識を養うようにさせれば、多くの人間を過ちや犯罪から救うことができるはずだ。美しいものを愛する心を育めば、子どもたちはがさつで粗野な人間にならずにすむし、さまざまな誘惑にも強くなるだろう。

ところが親たちは、子どもたちが美しいものを愛し、その真価を味わえるように育てる努力を十分にしていない。多感な子どもたちにとって、家にあるすべてのもの――壁にかけられた絵やポスターまでもが人間形成に影響を与えることに気づいていないのだ。子どもたちが優れた芸術作品を見たり、美しい音楽を聞いたりする機会を奪ってはならないし、美しい詩や文章を読み聞かせたり、自分で読ませたりする努力をすべきだ。そうすれば、子どもたちの頭のなかは美しいもので満たされ、彼らの人生に成功や幸せをもたらすことになるだろう。

美に対する憧れは、恵まれた子どもたちだけでなく、貧しい子どもたちにもある。ジャーナリストのジェイコブ・リースはこんなことを言っている。

「貧しさによる肉体的な飢えや食べ物に対する欲望は、美しいものへの渇望に比べれば半分も苦しいものではないし、満たすこともずっと簡単だ」

リースはよく花を携えて、ロングアイランドの自宅からニューヨークの貧しい人びとが住むマルベリー・ストリートまで出向いて、貧しい人たちに花をプレゼントしようとした。

「でも、結局渡すことはできなかった」

彼はそう言い、次のように続けている。

フェリーから降りて半ブロックも行かないうちに、花束を欲しいと騒ぎ立てる子どもたちに取り囲まれて一歩も先に進めなくなる。彼らに花束を渡すと、大事そうに抱えて走り去って行き、どこかに隠れてその宝物を眺めるんだ。よちよち歩きの幼児から、小さくてやせ細った子どもまでが集まってきて、花束を見るなり目を輝かせる。幼ければ幼いほど、貧しければ貧しいほど、もの欲しそうな目で私を見つめて、花束はどんどんなくなっていく。彼らに「だめだ」なんてとても言えやしない。

おかげで、これまでぼんやりとしか理解していなかったことが、はっきりとわかった。人の腹を空かせ、新聞に載るような犯罪へと走らせる飢え以上にたちの悪い飢えがあるということにね。子どもたちはみな美しいものが好きなんだ。それは、彼らの心のなかにある聖なるものの現れであり、またあってしかるべきものだ。

花を求めて叫びながら、子どもたちは、自分たちのできる唯一の方法でこんなふうに教えてくれていたのだ。スラム街の人たちの美しいものに対する飢えを放置し、花が育つはずの場所を汚くて醜い泥沼のままにしていたら、私たち自身が美しいものに飢えるようになるとね。魂がなくても図体だけは立派に育つかもしれないが、そんな人間は市民や母親として社会に何の貢献もできない。スラム街でくすぶって暮らすのが関の山だ。

だから今では、スラム街のなかに入りこんで家を建てたり、母親たちに美しく化粧する方法を教えたりしている。幼い子どもたちを幼稚園に行かせたり、学校に絵を飾ったりしている。以前は暗くてじめじめした場所に、美しい学校や公共の建物を作って明るい場所に変え、草花で飾ったり、小鳥たちを置いたりした。子どもたちにダンスをしたり遊んだりして楽しむことを教えた。それがいちばん必要なことだったんだ。こうして、薄汚れたものを拭い去り、スラム街の未来にのしかかっていた重荷を取り除いたのさ。

世界は美しいもので満ちている。それに気づくことのできない人が多いだけだ。周囲にあふれる美に気づくことができないのは、そういう訓練ができておらず、美的感覚が発達していないからだ。

偉大な画家ターナーの横に立って、彼の優れた風景画を見ながら、「あらまあ、ターナーさん。こんな素敵な風景は自然のなかでは見られませんわ」と驚きの声を上げた女性がいるというが、われわれもその女性と似たようなものだ。その女性にターナーはこう返したという。

「見られたらいいと思いませんか、奥さま？」

目の色を変えて利己的に金を追い求める風潮のなかで、どれだけ貴重な喜びを人生から締め出してしまっていることだろうか。ターナーが風景に見いだし、ラスキンが夕暮れに見いだした美しさを、わが目で見てみたいとは思わないだろうか？

われわれは俗なものだけを追い求めて自らの品格を貶め、美的感覚を曇らせ、せっかくの優れた本能を抑えつけている。そして、わずかな金銭のために他人を押しのけたり、何かを奪ったりする獣じみた本能に磨きをかけている。そんなことはやめにして、自らの人生に少しばかりの美をつけ加えたいとは思わないだろうか？

ある偉大な科学者は、神の目から見れば、すべてのものに計り知れない意味や実用性や目的があり、この宇宙には美しくないものなど何ひとつないと言う。美とは神が手ずから創られたものなのである。どんなに薄気味悪いものでも、大きな倍率の虫メガネを通して見れば、思いもよらぬ美しさが見つかるのと同じように、どんなにひどい環境でも、どんなに苛酷な状況でも、鍛えられ磨かれた心のレンズで眺めれば、美しさや希望のようなものが見えてくる。正しい心のあり方さえ持っていれば、あらゆるものから魅力を引き出し、どこにでも美しさを見いだすことができる。

この世は美しいもの、気高いものに満ちている。利己的に生き、物質的な財産ばかりをためこみ、金を積み上げることにすべてのエネルギーを注ぎこんで、人生の喜びを奪われてはならない。人生を苦しいものであるとか、金と飯の種を得ることが目的であるかのように扱うのではなく、きらきらと輝く美しいものにするのがわれわれの義務である。どこにいようと、何をしていようと、人生に美を取り入れよう。

第30章 暗示の力

ガラス窓が初めて実用化された頃の話である。イギリスの詩人サミュエル・ロジャースはダイニングルームで開け放した窓に背を向けて座っていて、ひどい風邪を引いた。食事のあいだじゅう、風邪を引きそうだなとは思っていたが、寒いから窓を閉めてくれと頼むことはできなかった。ところが、彼が開け放した窓だと思っていたのは、実際はガラス窓だった。

暗示が健康に与える影響について知る人は少ない。周りから「ずいぶん具合が悪そうに見える」とか「深刻な病気が遺伝している」と言われて、実際に病気にかかったり、時には命にかかわる病気になったりする例が無数にある。いくつか実例を見てみよう。

ある著名なニューヨークの実業家から、彼の友人たちが職場の同僚である若者に対して行ったいたずらの話を聞いた。その若者が朝出社してくると「顔色がよくないぞ。どこか具合でも悪いのか」と聞く。もちろん相手に疑われない自然な調子でである。これを友人たち全員が繰り返し行い、結果を観察する。すると朝は元気いっぱいだった若者が、周囲からの暗示に影響されて、午後1時頃には

「体調がよくない」と言って仕事を切りあげて家に帰ってしまった。

パリでは複数の病院で、患者を催眠状態にして暗示をかけ、外傷を引き起こすという興味深い実験を行っている。たとえば、患者の腕に冷たい棒を押し当てながら「これは非常に高温の熱い棒だ」と告げると、患者の腕はすぐにひどい火傷の症状を見せはじめたのである。

患者の腕に、モルヒネだと思わせて、単なる薄い生理食塩水を注射し、眠りに就かせることがよくある。経験豊富な医師なら誰しも、暗示によって痛みを取り除いたり与えたりすることができることを知っている。たとえにせ医者であっても、病人に希望を与えることで、驚くほど病気を治癒してしまうことができる。

看護師の考え方も病人の回復に大きく影響する。看護師が「きっと治る」という態度で接し、そう強く言いつづけたら、患者の回復を大いに手助けするはずだ。その反対に、看護師が患者は死ぬだろうと考え、そのことを患者に間接的にでも伝えたら、患者は気力を失ってしまうだろう。

暗示が、その効果を期待している人に対してもたらす力はほとんど奇跡的とさえ言ってよい。何年も病気に苦しみ、いっさいの望みを閉ざされたと思っている病人でさえ、優れた効果があるという触れ込みの新しい治療法を受けてすっかり元気になることがある。その優れた治療法を受けられるなら、たいていのことは犠牲にしてもよいと、彼の心はすっかり受け入れ態勢を整えている。だから、治療を受けると、すぐに効果が出て、「この薬はまるで魔法のようだ」と驚くことになる。

医師に対する信頼も、大きな治癒力を持つ暗示となる。患者の多くは医師が生死を握っていると信じている。医師に暗黙のうちに大きな信頼を置いているため、医師の発言は患者に対してよいほうにも悪いほうにも強く働くのである。

患者に対して「きっとよくなる」といった肯定的な暗示を与えることによる癒しの力も計り知れないほど大きい。これからは医師も患者に対して「絶対治るよ」と、時には熱っぽく声をかけて励ますようになるだろう。患者自身が何でも治す万能の治癒力を備えていること、傷が自然に治ったり、睡眠によって疲れが取れたり体力を回復したりすることでそのことがわかるはずだと伝えるだろう。

患者に対して周りの人が、あまり回復していないことをほのめかすような話をしょっちゅうしていると、患者が回復する見込みは薄くなる。ネガティブな暗示が繰り返されると、体に備わった回復力を阻害してしまうからである。


劣等感は、克服するのが最も難しい暗示のひとつだ。劣等感が人の性格にどれほどダメージを与えるか、どれほど人生を損なうかは計り知れないものがある。子どもの頃から、大した人間にはなれないと言われつづけてきたことにより、実際にキャリアを台無しにしてしまった人たちを私は知っている。人より劣っているという暗示は彼らを臆病で内気な性格にし、その自信を奪ってしまい、自らの個性を発揮することをできなくしてしまうのである。

私の知り合いに、クラスで1位の成績を収めながら、暗示の力によって人生を台無しにしかけた大学生がいる。彼は、級友たちが自分について「アヒルほどの威厳もないし、見かけもよくない」と悪口を言い、「聴衆の受けもよくないはずだから、何があっても演説会のクラス代表には選ばないようにしよう」と示しあっているのを聞いてしまったのだ。

彼には人並み外れた能力があったのだが、自分に対する自信に欠け、臆病で恥ずかしがり屋だったため、立ち居振る舞いがぎこちなく、ほとんど愚かに見えることさえあった。しかし、級友たちの会話を耳にはさみさえしなかったら、いずれはそれらすべてを克服していただろう。ところが、級友たちの会話を聞いてしまったため、自分は人より劣っていると思いこみ、それ以来立ち直れなくなってしまったのである。

役者は病気にならないと主張する役者がいる。その理由はこうだ。

「病気にならないのは病気になれないからだ。大スターなら病気になる贅沢が許されるかもしれないが、たいていの役者は病気になんかなっていられない。それは『絶対条件』だと言っていい。家にいるときだったら、あるいは、役者ではないただの人間だったら、ほかの人間と同じように寝込んでまっただろうと思うときも何度かあった。でも私は寝込んだりせず、ほかにしようがなかったから、病気からの攻撃を振り切った。『意志の力が最高の薬』っていうのはデタラメでも何でもなく、役者はその薬をいつもたっぷりと手元に蓄えておかなきゃいけないんだ」

ある綱渡り芸人は身動きできないほどの腰痛で苦しんでいた。しかしひとたび登場の呼び声がかかると、意志の力をすべて集めて立ち上がり、予定どおり一輪車で何度も綱を行き来した。演技が終わると、彼は腰を折るようにしてベッドへと運ばれてきたが、その腰は「冷凍したカエルのように固く」なっていたという。

健康と人の和については高い理想を持っていないといけない。そして、犯罪への誘惑と闘うように、和を乱すあらゆる考え、あらゆる敵と闘わなければならない。自分が望まない健康状態について認めたり、何度も口に出したりしてはいけない。自分の病気についてくよくよ考えたり、症状について研究したりしてはいけない。自分の体を完全にはコントロールできていないなどと考えてはいけない。病気に必ず勝つと信じ、自分より劣ったものに対する負けを認めてはならない。

若さと美しさと健康を保つ力が心には間違いなくある。最も長生きする人間は、概して、精神的にも道徳的にも確固としたものを持っている人だ。彼らは生命力を弱めたり、生活を壊してしまうような雑音や摩擦や不調和を耳に入れないような暮らしをしている。

現代のビジネスにおいて暗示ほど悪用されている手法はない。精神的弱者の気持ちを圧倒しコントロールすることによってものを売りつけようとする商人たちの犠牲になった哀れな人たちが、国じゅうどこに行ってもいる。暗示を催眠術のように使っている悪どいセールスマンや宣伝マンがいるのである。

他人の持ち物を盗んだら刑務所行きになるが、疑うことを知らない無邪気な人間を催眠状態にして抵抗力を奪い、欲しくもないうえ買う余裕もないものを自ら買うように仕向け、そのせいで本人と家族を貧乏へと追いやり、何年ものあいだ生活必需品を買うことすらできない苦しみを味わわせたとしても、それを罰する法律はない。

家に忍びこんで盗みを働くほうが、貧しい家の大黒柱の思考をコントロールして、必要もなければ支払う能力もないものを買わせるより、犯罪性は低いと考えられるし、そう考えるべきである。

しかしその一方で、ビジネスにおいて暗示を正しく使っている例もある。

現在多くの会社で広く一般的に行われているが、従業員たちに彼らを勇気づけるような本を渡したり、もっと頑張ろうという気になる内容の記事を雑誌や定期刊行物から抜き出してパンフレットの形で配布したりしている。そうすることによって従業員はやる気を喚起され、もっと大きなことをやってやろうという気概を持つ。

セールスマン向けの学校では、心理学的な手法を広く取り入れ、多くの実例を交えてもっと効率よくセールスを行う方法を生徒たちに教えている。

最新手法に敏感な商人たちは、暗示の力に関する知識を学んで、顧客の目に映えるような美しいショーウィンドウを作り、陳列方法も工夫している。

レストランの経営者はおいしそうな食べ物が食欲に与える暗示の力を承知していて、ウィンドウのなかや店のなかに食欲をそそる料理を陳列している。客がそれらを見ると、魔法の暗示が脳へと運ばれていくのだ。

フランスの陸軍大尉アルフレド・ドレフュスがスパイ容疑で逮捕された冤罪事件でも暗示の力が大きく働いている。

国じゅうからいわれのない疑惑をかけられ、それが暗示となってドレフュスを圧倒し、その人格を崩壊させ、無実だという彼の意識をひっくり返してしまった。彼の振る舞いはまるで罪を犯した人間そのもので、友人でさえその多くが有罪だと信じたほどである。

判決が出た後、彼をひと目見ようと集まった群衆たちの面前で、彼の着ていた軍服からボタンやバッジが引きちぎられ、軍刀も取りあげられて叩き折られ、人びとはあらゆる侮蔑の言葉を投げつけて彼を非難し野次った。そのときのドレフュスの様子は、何よりも強力な有罪の証拠に見えた。有罪だと信じこんでいる何百万の人びとが発する暗示の力はドレフュスの気持ちや人格を支配し、まったくの無罪であったにもかかわらず、その態度や振る舞いは、罪を問われた国家反逆の有力な証となってしまったのである。

キリストが十字架にかけられたときについた傷と同じような傷が修道士や修道女の体に現れるという、いわゆる聖痕現象も暗示の力を示す見事な一例だ。

こうした修道士や修道女たちは何年も何十年ものあいだキリストと同じような生き方をし、キリストと同じ苦しみを味わおうと努めてきた。そして、キリストの苦痛を追体験するために心血を注ぎ、その傷をありありと心に描くあまり、その気持ちが肉体の組織的構造さえも変化させ、磔になったキリストと同じように、手足に釘の打ち傷ができ、脇腹に槍を刺した傷ができるのである。

第31章

不安という疫病神

この怪物は揺りかごから墓場までつきまとう。やつにとって聖なる場所などなく、どこにでも入りこんでくる。招かれもしないのに、結婚式にも葬儀にもやって来る。どんなパーティにも、どんな祝宴にもいて、すべてのテーブルで席をひとつ確保している。

どんなに優れた知性でも推し量ることのできないほど言語に絶する損害や悲劇が、不安によって引き起こされてきた。才能ある者たちも、不安に駆られてしまっては、凡庸な仕事しかできない。挫折や失意や砕かれた希望の最大の原因となっているのも不安だ。

不安が誰かしらに何かしら素晴らしいものをもたらしたという話があるだろうか？　不安が誰かの健康状態の改善に役立ったことはあるだろうか？　不安は、いつでもどこででも、それとは正反対のこと、健康を損ない、生命力を枯渇させ、効率性を低下させてきたのではなかろうか？

不安というプレッシャーのもとで、人間はどれほどのことをし損ねてきたことか？　人びとはあらゆる悪習へとはまった。飲んだくれになり、薬物中毒になった。この怪物から逃れようとして、自らの魂を売り払ってきた。

思いを馳せてほしい。不安によって崩壊した家庭。打ち砕かれた大志。こなごなにされた希望や期待。この疫病神の犠牲になって自ら命を絶った人びと。もしこの世に悪魔というものが存在するのなら、それはあらゆる邪悪を生み出す不安のことではなかろうか?

しかし、不安がもたらすさまざまな悲劇の存在にもかかわらず、ほかの星から来た異星人が見たら、不安は人類の最も大切で最も役に立つ友人のように見えるだろう。不安をぎゅっと抱きしめて離したがらない人が多いからだ。

何とも不可解なのは、成功し幸福になるための鍵となるのは、自らのエネルギーを最大限に引き出せる状態に自分を置けるかどうかだということを完全に理解している人たちが、成功と幸福の最大の敵を心のなかに住まわせてしまっていることだ。心配したりやきもきしたりすることは、仕事を行う強さと能力と、心の平穏とを奪うだけでなく、人生の貴重な数年間を奪ってしまう。そのことを知っているにもかかわらず、けっして起きないかもしれないことについて取り越し苦労する癖をつけてしまうとは何とも不思議な話である。

どんな人でも、いらぬ不安に神経をすり減らしていては実力を発揮することはできない。世のなかで不安に取りつかれることほど、活力を吸い取られ、大志をくじかれ、実力を奪われるものはない。

仕事は命を奪わないが、不安は多くの命を奪ってきた。何かを行うことよりも、行うことを恐れることのほうが人を苦しめるのだ。行うことを恐れると、そのことを頭のなかで何度もリハーサルしてしまうだけでなく、その行為のなかに何か嫌なことを見つけてしまう。

不安は活力を吸い取り、エネルギーを枯渇させるだけでなく、仕事の質にも深刻な影響を与える。能力を低下させてしまうのだ。気持ちに不安を抱えていると仕事で最高の能率を発揮することができない。力を最大限発揮するには、頭脳が完全に自由に働く必要がある。ところが不安を抱えていると、悩める頭脳は活力を失い、明瞭かつ論理的に考えることができないし、何ものにも集中できない。

エルマー・ゲイツ教授ほか著名な科学者たちによれば、慢性的に不安を抱える人間の血液は、有害な化学物質や破壊された組織によって機能が低下しているという。不安が分泌液のなかの化学物質を変化させ、健康にとって致命的な有害物質を生み出すのである。

ある心配性の女性の話を何かで読んだことがある。彼女は、将来きっと自分の幸せを損なうはずの不運な出来事のリストを作ったが、そのリストをどこかになくしてしまった。ずいぶんたってからそのリストは見つかったが、自分でも驚いたことに、そのリストの出来事で現実になったものはひとつもなかった。

これは心配性の人たちにとって朗報ではないだろうか？　今後起きそうな悪いことをすべて書き出してから、そのリストをしばらく放っておくのだ。そのおぞましいリストのなかで現実のものになるのはほんのわずかしかないことがわかって驚くことになるだろう。

けっして起こらないかもしれないことを恐れるのはやめよう。自分を悩ませてきた悪習をやめるのと同じように。心のなかを勇気と希望と自信で満たそう。

不安が心のなかに住みついてしまうまで放っておいてはならない。あれこれ悩んでいずに、すぐに解毒剤を使おう。そうすれば不安という敵は逃げていく。不安とは正反対の考えを思い浮かべるのだ。それによって無力化できなかったり、取り除いたりできないほど大きな不安、心に根を張った不安などない。

恐れや不安、悩みなどは、それとは正反対の思い――勇気や大胆さ、自信や希望、自己信頼を心に思い浮かべていれば、たちまち消え失せてしまう。恐れとは自分の弱さを意識することである。何かに取り組む自分の能力に疑いを抱くときに恐れが生ずる。病気に対する恐れも、それと闘う自信がないときに生ずる。

人間が恐れるものはいつもだいたい、まだ起きていないことである。まだ存在していないものであり、現実のものではない。そうではなく、恐れていた病気に実際かかって苦しんでいるとしても、恐れは病気による苦痛を一層悪化させ、それが命に影響を及ぼす可能性を大きくするだけだ。

恐れに身を委ねてしまう代わりに、心に成功を思い描き、希望に満ちた楽観的な態度で仕事に取り組めば、失敗することはめったにない。反対に気落ちして弱気になり、パニックに襲われて不安のえじきとなったら、成功するのに必要な努力をすることができなくなり、結局自ら失敗を呼びこんでしまうことになる。

不安やそれに類似した気持ちに、よいところなどひとつもない。不安はいつでもどこにでもいる疫病神だ。しかし、実体もなければ、正当性もない。それにもかかわらず、この想像上の怪物のいいなりになっている人をいたるところで目にする。

第32章 昼間の憂さをベッドにまで持ちこむな

仕事を終えたら、心のエンジンを切ろう。夜、オフィスや工場の戸締まりを終えたら、仕事も頭から締め出そう。仕事を家まで引きずって、夜を台無しにしたり、安眠を妨げたりするのはばからしい。

砂漠で眠るラクダのように、背中に積み荷を載せたまま眠りに就く人が多い。積み荷を下ろす方法を知らず、夜のあいだも心を働かせている。夜中じゅうずっと心配しつづけ、心を張りつめたままでいることの多い人は、寝室に弓を置いて毎晩、弦《つる》を緩めるようにするといいだろう。そうすれば、心の弦を緩めて心が弾力を失わないようにしなければならないことを忘れないでいられるだろう。インディアンたちは弓を使い終わったらすぐ弦を緩めて弾力を失わないようにすることを心得ていた。

昼間一生懸命働いたうえに、夜の時間のほとんどを頭を使って仕事を続けていたら、朝目を覚ましたときにはくたくたに疲れていることだろう。頭をすっきりとさせて集中力を高める代わりに、すべての能力レベルを下げ、レースの前夜に一晩じゅう乗り回された競走馬と同じくらい勝利の可能性がない状態に自分を追いこんで仕事に取り組むことになる。そんな状態では、ナポレオンほどの強い意志を持つ人間でも勝利を手にすることはできない。

そんなふうに夜にまで頭を働かせて、神経をすり減らし、きしませるようなことをしていたら、命を削り、活力を奪うことになる。そんなことはやめにしないといけない。

夜――特に眠りに就く前は、けっして仕事の問題とか、悩ましくいらいらさせられるようなことについて考えない習慣をつけることが、健康を保つために重要だ。眠る前に頭を占めていたことは、眠っているあいだじゅうずっと心に影響を与えつづけるからである。

昼間よりも夜に老けこむ人たちがいる。昼間のほうが老けこみそうなものだが、不安を抱えていると、その逆が真実となるようだ。昼間仕事に没頭しているときは、自分の病気や、仕事のトラブルや、不幸な出来事について考えている暇がない。しかし仕事から退《ひ》けたとたん、悩みごとや不安の亡霊たちが束になって襲いかかり、心を恐怖で満たす。健やかに眠って疲れを回復できれば若さを取り戻せるのに、その代わりに老けこんでしまうのだ。

心の乱れは生命力を吸い取り、気力を失わせ、人生を縮める。激しい怒りや、気持ちを腐らせるような考えや、さまざまな心の乱れに身を任せていても、いいことはひとつもありはしない。人生はあまりに短く、あまりに貴重であり、そうした無益で、心を苦しませ、健康を損なうようなものごとに拘泥している暇はない。

夜になると想像力が活発になり、不快で腹立たしいものごとが日中よりも深刻に感じられる。夜の静寂と暗闇のなかにいると、創造力のおかげですべてが誇張されて見えるのだ。

ベッドに入る前に、時間をかけてでも、心の調和を保って穏やかで静かな状態に持っていき、可能なら顔に笑みを浮かべながら眠りに就くべきだ。けっして眉間にしわを寄せたり、戸惑い、悩み、困った表情でベッドに入ってはいけない。眉間にしわが寄っていれば伸ばし、心の平穏を乱すものはすべて排除し、人に対する嫌な感情を持たずに眠りに就こう。

眠りに就く前に、忘れて許す習慣、幸福や成功の敵をすべて心から追い出す習慣をつけるのはとてもよいことだ。日中ほかの人たちへの接し方が、感情的だったり、愚かだったり、意地悪だったとしたら、夜寝る前はそれを水に流し、リセットするのによいときだ。聖パウロがエフェソの信徒たちに勧めた次の言葉を実践してみよう。

「日が暮れるまで怒ったままではいけません」

不快だったり、つらい思いを消し去ることが難しければ、何か気持ちが晴れるような本を読むのがよい。眉間のしわがなくなり、幸せな気分にしてくれるもの、人生の素晴らしさと美しさを見せてくれるもの、つまらぬ劣等感や、狭量で優しさに欠ける考えが恥ずかしくなるようなものを。

ちょっと練習すれば、自分の気持ちを素早く完全に切り替えて、眠りに就く前に人生と正しく向きあえるようになる。そうすれば、その効果に驚くはずだ。

朝日を覚ましたとき、気持ちが穏やかで落ち着いているうえに、疲れが取れて元気が回復しており、一日をスムーズに始められ、一日じゅう笑顔が絶えないことだろう。不機嫌だったり、不安だったり、嫌な気分でベッドに入ったときと比べて、その大きな違いに驚くはずだ。

遊びや気晴らしをして気持ちをリフレッシュし、疲れを取り、元気を回復させるのもよい。仕事と同じくらい身を入れて遊び、楽しくよい時間を過ごせば、夜はぐっすりと眠れてエネルギーを充電でき、気分も明るくなって、翌日の仕事に全力で取り組むことができるだろう。
試しに眠る前に心を整えるようにしてから人生が激変した人を何人か知っている。以前は、これから起こるであろうよくないこと考えて、不安や心配で気持ちがくたくたになり、気分が落ちこんだままベッドに入っていた。仕事中に起きた問題や、プライベートでの不運な出来事、犯したミスをくよくよと悩み、妻と一緒になって自分たちがどんなに不幸かを語りあっていた。その結果、眠りに落ちるとき気持ちは乱れており、夜の静けさのなかで、そうした憂鬱で暗く醜いイメージが恐ろしいほどに強調されて、心のなかに深く深く沈みこんでいった。そして朝目覚めるときにはくたくたに疲れ果てている。本来であれば、新たな気持ちと、みなぎる意欲を持って新しく生まれ変わったような気分で目を覚ますべきであるのに。

理想の自分や将来像や、達成したい願いなどをできるだけ心に刻み、誓い、頭に描いてから眠りに就けば、健康も成功も幸福もその手に収めることのできる可能性が格段に高まる。自分の内に秘められた素晴らしい力が、頭に思い描いたことを型に取り、現実のものへと変えていくことに驚くはずだ。こうした内なる創造的で健康的な力にこそ人生の成功の秘訣がある。それを手にした者は幸いである。

第33章 貧乏から抜け出すには

心の底から、いやその半分でも「自分はずっと貧乏なままだろう」と考えていたら、どんな人間でも豊かにはなれない。人は自分が期待するものを手に入れるようになっているのであり、何も期待しなければ何も手に入らない。失敗のほうを向いて歩いているのに、どうして成功というゴールにたどり着けるだろうか。

豊かさの出発点は心にある。心が反対の方向を向いていたら、豊かになどなれない。何かのために活動をしているのに、その何かとは別のことが起きることを予想してしまうのは致命的だ。あらゆるものごとはまず心のなかで型が作られ、その型に従って形作られていくものだからだ。

ほとんどの人が、正しい方法で人生と向き合っていない。そして自分の努力の大部分を台無しにしてしまっている。心のなかで考えていることと努力の方向が一致しておらず、あることに取り組みながらも、心のなかでは何か別の結果を予想しているからだ。心が目的とは別の方向を向いてしまっているため、追い求めるものを引き寄せるどころか追いやってしまっている。成功を確信し、失敗など考えもしない気持ちが結果を呼び寄せるのに、そうした強い心が欠けているのだ。

裕福になりたいと願っているのに、心のなかでは「このままずっと貧乏のままだ」と考え、望みをかなえる自分の能力を疑っているのは、東を目指しながら西に向かって進んでいるようなものだ。成功を手にする自分の能力を疑っているようでは、成功に向けて何もいいことがないばかりか、失敗を自ら引き寄せているようなものだ。

成功したい人間は、成功すること、上昇することを思わねばならない。前向きで創造的、建設的で独創的に、そして何よりも楽観的に考えなければならない。

人は自分の顔が向いているほうに進んで行く。貧乏のほうに顔を向けていたら、貧乏へと進んで行くだろう。しかし、きっぱりと回れ右をして、貧乏に関係することを拒否し、考えもせず、認めもしなければ、豊かさというゴールに向けて歩み出すことになるはずだ。

富を引き寄せようとするのなら、疑いの心を排除しなければならない。自分と願望のあいだに疑念が立ちはだかっていては、自分の行く手をはばむ障害となる。人は信念を持たなければならない。「自分には無理だ」と思っている人間は富を築くことはできない。この「自分には無理だ」という考えが、何にもまして多くの人間の人生を台無しにしてきた。自信こそが豊かさへの扉を開く魔法の鍵なのである。

いつも仕事がうまくいかないとばかり言っていながら成功した人間など見たことがない。後ろ向きな考えをしたり話したりする習慣は、前進にとって致命的なのである。

神は、この地球上に住む膨大な数の人間たちが必要なものを奪いあわなければいけないようには、この世界を創っていない。すべての人間に十分行き渡るように創っている。この世で人が欲し追い求めるものは、それが善なるものであれば、不足しているものなどひとつもないのだ。

人は幸せになるため、喜びやうれしさを感じるため、豊かになるために創られた。問題は、供給は無尽蔵だということを人びとが信じず、本来豊かさが流れこんでくるはずの心の扉を閉じてしまっていることである。要するに、いわゆる「引き寄せの法則」に従っていないのだ。心の扉を閉ざし、自分に対する信頼が弱いため、供給物が流れこむのをせき止めている。引き寄せの法則に従えば、それが流れるようになるし、逆らえば、流れを止めてしまう。問題は供給側にあるのではない。地球には全員が享受できるだけの豊かさがあるのだ。

豊かさの出発点は心であり、心のありようが豊かさに相反するものだったら、豊かにはなれない。心が貧しければ、富を引き寄せることはできず、求めるものを遠ざけることになる。まず心のなかに豊かさを創らなければならない。それができて初めて物質的な豊かさがやって来るのだ。

ほかの人間には、快適さや贅沢、よい家やよい服、旅行の機会や余暇といった、よいものがふんだんに用意されているのに、自分にはそれがないと考えている人が実に多い。よいものは自分たちのものではなく、まったく別の階級に属する人間のものなのだと信じ、納得してしまっている。

しかしなぜ、自分は恵まれた人たちとは別の階級に属しているのだろうか？　それは自らを自らの手でその階級に押しこみ、自分で自分に限界を設け、自分と豊かさのあいだに境界線を引いてしまっているからだ。豊かさに対して心を閉ざし、締め出し、引き寄せの法則が働かないようにしてしまっているのである。手に入れられないと本人が信じてしまっているものを手に入れさせてくれる法則などあるはずがない。自分のものだとは思ってもいない素晴らしいものを手元に届けてくれる思想など存在するはずがない。

この世で最も呪わしい考えのひとつは「貧乏は必然だ」という信仰だ。多くの人間が、この世には必然的に貧乏になる人間がいて、彼らは貧乏になるように運命づけられていると考えている。しかし、人間を創造した神の設計図には貧乏も欠乏も不足もなかったのである。この地上において「必然的な」貧しさなどない。地球は人がまだほとんど手をつけていない資源に満ちている。そんな豊かな環境のなかで貧乏でいるのは、自分で限界を設けてしまう気弱な考えのせいだ。

明らかになりつつことがある。それは、思考が現実になること、人生に組みこまれて人格の一部を形成すること、そして、もし貧乏を恐れたり予期したりしていたら、その考えは人生のなかに取りこまれ、貧乏をもっと引き寄せる磁石へと自分を変えてしまうだろうことである。

豊かで裕福という新しいイメージ、新しい理想を持とう。貧しさという神、欠乏や不足という神を崇拝するのはもうこれくらいにしようではないか。人間に対する神の供給に限度はないと考えよう。そう信ずれば、自ずと豊かさが流れこんできて、二度と貧しさを味わうことはないだろう。

大きな望みがあるのなら、そうなった自分を演じなければならない。成功者になろうとするのなら、成功した自分を演じなければならない。自分が裕福になれることを示そうとするなら、そうなった自分を演じなければならない。それも、おずおずとではなく、力強く堂々と演じきらなければならない。

裕福であることを感じ、裕福な考えをし、裕福な格好をしなければならない。自信たっぷりに演じて、裕福になるに足る大物であることを周囲に印象づけなければならない。

貧乏であること自体は悪いことではない——自分は貧しく、貧しいままでいなければならないという貧乏な考え方こそが致命的なのだ。そうした考えを持ち、貧しさのほうに顔を向け、貧しくてもしかたないと考え、貧乏から顔をそらそうとせず、退路を断つ決意で貧乏から抜け出そうとしないことが人生を損なうのだ。

「心のなかの貧しさ」を克服することができれば、物質的な貧しさなど簡単に克服することができる。心のあり方を変えれば、物質的な環境もそれに応じて変わるからだ。

貧しい考えを持ち、貧しさから貧しさを生み出すような環境に自分を置き、いつも貧しさを考え、貧しさを語り、貧しさに生きていたら、心も貧しくなる。

心が豊かさのほうを向いていないかぎり、豊かさに向かって歩みを進めることはできない。絶望のほうへ顔を向けているかぎり、けっして喜びという港に着くことはできない。

心を貧しさのほうに向けつづける人間、あるいは不運や失敗が続いてしまうといつも考える人間は、豊かさというゴールが待つ方向へと進むことはできない。

貧しさとは永遠に縁を切り、今後一切の関係を断つのだと心に誓おう。自分の着るものや外見、振る舞い、家庭のなかから貧しさの痕跡をすべて消すこと、自分の真の気概を世間に示すこと、これ以上落伍者として生きるのはやめること、力や自立といった前向きなものに顔を向けることを決め、そしてその決意を揺るがすものは何もないと心に誓えば、力強さがみなぎり、自信や元気や自尊心がみなぎって、驚く結果が待っているだろう。

集められるだけの気力を集めて決意しよう。この世界にはあらゆる人に対してよいものがたっぷりと用意されており、他人を傷つけたり妨害したりすることなく、自分の分け前を手にすることができると。人は能力を、豊かさを手にするように創られている。それは生まれながらの権利だ。人は成功するために、幸福になるために創られているのだから、神に与えられた運命をしっかりとつかみ取るのだと心に決めよう。

第34章 倹約のすすめ

ちりも積もれば山となる。
——スコットランドの格言

1ペニーの節約は1ペニーの稼ぎ。
——イギリスのことわざ

ちょっとした無駄使いに気をつけよ。少しの水漏れでも巨大な船を沈ませる。
——ベンジャミン・フランクリン

節約より確かな儲けはない。
——ラテン語のことわざ

できるだけ稼ぎ、できるだけ蓄え、できるだけ与えよ。
――ジョン・ウェスレー（イギリスの司祭）

すべての富の基礎には節約がある。
――ジョサイア・ギルバート・ホランド（アメリカの作家）

倹約について語るとき、富を測る単位は常に最小通貨だ。ポンドではなくペニー、ドルではなくセントで測られる。だから収入や給料を受け取る者は、どれだけ金額が少なかろうと、倹約することはできるし、それによって富の基礎を築くことができる。

倹約を意味する「thrift」という言葉のもともとの意味は、自分の持ち物をしっかりつかんで離さないというものだ。浪費や無駄使いとはまったく逆の、節約とか慎重さを意味する。倹約によって手持ちの資産が増えて、自然な欲求に楽に応えられるようになるまで、当面は自制して慎ましい生活を送るということである。

倹約において最も基本となるのは稼ぎ以上に使わないこと、給料からわずかでも何がしか貯金すること、将来に備えて手にした金額の一部を可能なかぎり定期的に積み立てることだ。

実業家で大富豪のラッセル・セイジは次のように語っている。

自らの人生を歩みはじめるにあたってすべての若者が心すべきは、貯蓄の習慣を身につけなければ、けっして富を築くことはできないということだ。たとえ初めは数セント程度の貯金であっても、まったく何も貯金しないよりはましだし、月日がたつにつれ、稼ぎの一部を貯金するのが楽になってくるはずだ。驚くほど早く銀行口座の残高が増えていくし、それを続けることができれば、年を取ってから悠々自適に暮らせる可能性が高くなる。

収入を1セント残らず生活費として使ってしまっておきながら、いつまでたっても生活が豊かにならないと嘆く人がいる。そして、富を築いた人を見ては、その人間のことを「ラッキー」だと言う。ビジネスの世界にラッキーなどというものはほとんどなく、何かをするときにそんなものに頼る若者はおそらく何も成し遂げることができない。

人生で成功を収めた人たちというのは、若いときに正しく歩みを始めた人たちだ。学校にいるときはきちんと学び、時間の半分をぶらぶら過ごして給料をもらおうなどとは考えもしていない。「一攫千金」など探しもせず、訪れもしないチャンスを待つこともなく、時代が悪いなどというありもしない事実を嘆くこともない。

紅茶王のサー・トーマス・リプトンは次のように言う。

「若者にどれだけたくさん友だちがいようが、何よりも確かで、着実で、急な要求にすぐ応えてくれ、前進する力になってくれるものとして、表紙に銀行名のついた革張りの小さな帳面以上のものはない。貯金は成功の要だ。若者を自立させ、足場を与え、活力で満たし、正しい方向へと後押しする。そればかりか、あらゆる成功の最良の部分――幸福と満足をもたらしてくれる」

20歳になってから貯金を始め、勤務日一日ごとに26セントずつを複利７％で貯金したら、70歳になる頃には３万２０００ドルもの金額が貯まる計算になる。

「ちりも積もれば山となる」という格言は耳にたこができるほど聞かされていると思うが、ある言葉が格言にまでなるのは、それが真実であり重みがあるからだ、ということは心にとめておいたほうがよい。倹約はすぐに富につながるものではないが、倹約が富への道を開くことは多くの人が証明している。

「ある程度の能力とセンスがある若者なら、倹約ができて誠実でさえあれば、財を成して人生の成功を手にできない理由はない」

そう言うのは精肉業で富を築いた実業家のフィリップ・Ｄ・アーマーである。彼は、成功の要因は何かと聞かれて次のように答えている。

「倹約して無駄使いしなかったことが最大の要因だと思う。そうなれたのは、母の教えとスコットランド人の血のおかげだ。スコットランド人は伝統的に倹約家で無駄使いを嫌うからね」

「若い人は、必ず何がしか貯金する習慣を身につけるべきだ。どれほど収入が少なくてもだ」とシカゴの有名百貨店マーシャル・フィールズの創業者マーシャル・フィールドは言う。その言葉どおりに実行してきたフィールドは、世界で最も成功し世界で最も裕福な商人となった。あるとき私は彼のもとに人を送ってインタビューさせてもらったことがあるが、そのとき何が人生におけるターニングポイントだったかを聞くと、フィールドはこう答えた。

「最初に手にした5000ドルを、使うのを我慢して貯金したことだ。それだけの額が自分にはあると思うことで、チャンスに挑戦する気持ちが起きた。それがターニングポイントだったと思う」

初めての貯金というのは多くの若者のキャリアにとってのターニングポイントとなっている。その一方で、倹約する気持ちが失われつつあるのが現代文明における最大の元凶のひとつだ。贅沢、虚栄、他人より目立ちたいという願望は、今の世のなかの、特にアメリカにおける悪習のひとつである。それに関してこんなことを言う人もいる。

「調査によると、貧困の原因のトップにくるのは、浪費癖の親から受け継いだ無駄使いの習慣だ」

ベンジャミン・フランクリンはこう言っている。

「稼ぎより支出を少なくするすべを知れば、錬金術に使う『賢者の石』を手にしたようなものだ」

多くの若者が抱える大きな問題は、社会に出るときに貯金する習慣を身につけておらず、それがために、けっして「賢者の石」を見つけられないことだ。社会に出るまでに稼ぎより支出を少なくするすべを学んでいれば、楽々と自立できるだろう。大切なのは最初の貯蓄なのである。

アンドリュー・カーネギーも言っている。

「まず学ぶべきことは貯金をすることだ。貯金をすることによって倹約というあらゆる習慣のなかで最も貴重な習慣を育てることができる。倹約は財産を作る最強の手段であり、野蛮人と文明人のあいだに一線を引くものだ。倹約は財産を築くだけでなく人格をも育てる」

大多数の人間は自制心を発揮しようという気持ちさえなく、将来のより大きい幸せのために現在の楽しみや安楽を我慢しようなどとはしない。明日のことなどほとんど考えず、刹那的な喜びやいっときの楽しみのために金を注ぎこみ、それでいながら、自分より成功している他人をうらやみ、「自分はどうしてもっといい暮らしができないのか」と不思議がる。彼らは金も知識も未来のために蓄えようとしない。

リスたちでさえ夏が永遠に続かないことを知っている。本能的に冬の到来を察知し、冬に向けて食料を蓄える。ところが、大半の人間は何も蓄えようとせず、手に入るものすべてを消費してしまい、病気になったり年を取ったりしたときに、蓄えもなければ当てにできるものもないという羽目になる。今現在のために将来を犠牲にしてしまっているのだ。

こうした人たちの手から少しずつお金が逃げ出していくプロセスは、巧妙かつ不可解である。私の知り合いには、必需品ではないもの、いわゆる「雑費」――タバコや酒、菓子、ソーダ、さまざまなガラクタといったものにかけるお金のほうが必需品や衣食住にかけるお金よりも多いという若者が何人もいる。それでいて彼らはそのお金がどこに消えたか不思議に思っている。記録も取っていないし、欲望を抑えることもめったにない。こっちに5セント、あっちに10セントとばらまき、これに25セント、あれに25セントと支払いながら、そのときは気づいていない。それが1週間、1年と積もり積もって大金になってしまうのだ。

少し前にこんな話を聞いた。ニューヨークに住むある若者が友人に、お金がないこと、貯金ができないことについて愚痴をこぼした。すると友人がこう尋ねた。

「贅沢品に金を使っているんじゃないのか？」

「贅沢品だって！」

若者はそう言い、次のように返した。

「タバコやアルコールのことを言っているんなら、ぼくは平均以下だと思うね。ときどきタバコを買ったり、友だちに酒を1、2杯おごったりする程度だから。週に6ドルちょっとかな。ほかのやつらはもっと使っているやつが多いけど、ぼくは支出は控えめにしているんだ」

それに対して友人は、こう話を継いだ。

「10年前のことになるけど、ぼくも君と同じようなものに同じくらい使って、階段を4階も上らなくちゃいけない不便なアパートに月30ドルを支払っていた。ちょうど結婚したばかりで、あるとき妻に『君に見合った家に住ませてやるのがぼくの望みだ』と言ったら、彼女はこう答えた。『もしあなたが私を愛してくれているなら、百害あって一利もない2つのことをやめてくれないかしら。そうすれば、それに使っているお金だけで10年以内に素敵な家を持てるはずよ』

妻は紙と鉛筆を持って私のそばに座り、5分もたたないうちに自分の言うことの正しさを証明してみせた。このあいだ郊外で一緒に食事したとき、君はぼくたちの家の美しさと便利さを褒めただろ。あの家は3000ドルしたんだが、それは全部タバコと酒をやめて貯めた金だ。

だが、金を貯めることで、幸せな妻と立派な家以外にも得たものがある。それは自制心と健康、自分に対する誇り、本物の男らしさ、永遠の幸せだ。タバコや酒に喜びを見いだしてる若者にはこう言いたいね。節度をもって嗜んでいるのかどうかに関係なく、鉛筆と紙と自分の判断力を使って、稼いでいる以上のものをあれやこれやで浪費していないか確認してほしいとね」

聖書に出てくる放蕩息子の物語には心に響くものがある。聖書に書かれている「放蕩の限りを尽くして彼は持てるものを浪費してしまった」という言葉には、財産を浪費してしまった以上の意味がある。放蕩息子は自分自身をも浪費してしまったのである。あらゆる浪費のなかでもっとも深刻なのは、ものの浪費ではなく、自己の浪費、エネルギーの浪費、道徳心の低下、人格の劣化、そして倹約によって生まれるはずの自分に対する誇りの喪失である。

倹約は富の基礎であるだけでなく、人格の基礎でもある。倹約という習慣は人格の質をも向上させるのだ。

金を蓄えることは人間性を蓄えることも意味する。不節制をやめ、破滅につながる悪い習慣をやめることを意味する。不節制の代わりに健康を手にすることを意味する。濁って混乱した頭脳ではなく明晰な頭脳を意味する。

そればかりでなく、貯金をする習慣があるということは、世のなかで成功し向上していく意欲があることを示す。貯金の習慣は自立心や自己信頼の精神を育む。ほんのわずかな銀行への貯金は、自らの状況をよくしたい、よりよい生活をしたいという意欲の証である。希望を、意欲を、成功への決意を意味する。

けちけちすることなく収入の一部を貯金する若者を人は信用する。貯金ができるということは、素晴らしい資質を数多く持っていることの証なのだ。ビジネスに携わっている人たちはそういう若者を見てこんなふうに自然に考える――金を蓄えているのなら、エネルギーもバイタリティも無駄使いせずに蓄えているのだろう、世のなかを後ろ向きではなく前向きに見ているのだろう、先見の目があって賢いのだろう、いっときの満足のために将来のより大きい利益を犠牲にしたりしないと決意しているのだろう。

ちょっとした銀行預金があれば自分に対する誇りや自信が増す。自分に実際的な能力があること、自分が自立に一歩近づいていることを示してくれるからだ。世のなかを以前より少しだけ確かな目で見ることができ、少しだけ背筋が伸び、より自信を持って未来に立ち向かうことができる。自分が望むものと自分とのあいだにいつでも使える資金が少しあるとわかっているからだ。

自分の支えになるものがあるという意識は、多くの人間につきまとって恐怖を与え、能力を発揮できない原因となる不安に対する防御壁となり、あらゆる点で自分というものを強くしてくれる。将来に対する不安や懸念を和らげ、不確かさや恐れや疑念から生ずる抑圧から能力を解き放ち、最高の仕事ができるようにしてくれる。

倹約にとっての天敵をあげるとすれば、負債を抱えること、人から金を借りること、毎日の出費の記録をつけないこと、分割払いで購入することである。

有名なイギリスの説教師スポルジョンによれば、借金、不潔、悪魔が悪の三位一体を形成しているという。借金は悪魔という利子つきで当面の苦労を和らげてくれるものなのである。

今の時代、借金への誘惑は急速に増しつつある。街のいたるところで「あなたを信用しています」

とか「どなたにでもお貸しします」といった広告を目にする。そして、それと一緒にやって来るのが「楽々お支払い」といった宣伝文句つきの衣料や家具の分割販売だ。ところが、言葉とは裏腹に、その「楽々お支払い」は人生から幸せを奪ってしまう。「楽々」なのは分割払い金を受け取る者の話なのである。

分割払いという幻想には用心しなくてはならない。1回の支払いが少ないからといって、オルガンや、ひと揃いの本や百科事典、避雷針、農機具など、なくても困らないものをあれやこれや買ってしまう貧しい家庭が百万とある。そういうふうにしながら、彼らは貧乏のままにとどまっている。月賦を取り立てに来る集金人のために生活を切り詰め、いろいろなことを犠牲にして支払う金を絞り出しているのだ。

借金に関しては、数えきれない人びとのほろ苦い体験が、次の古いことわざに結晶されている。

「借金は苦労のはじまり」

心安らかな人生を送りたければシェイクスピアの次の忠告に従うべきだ。

「金は借りてもいかんし、貸すのもいかん」

よく冗談めかしてこんなふうに言われる。

「貧乏は不名誉ではないが、大いに不便だ」

とはいえ実際、貧乏は不名誉であることも多い。貧乏に生まれても、そこから這い上がることは可能だし、余儀なく貧乏になった人でも、それを乗り越えることは可能だ。豊かさと機会に満ちたこの偉大な国で、貧乏でありつづけるのは、多くの場合、不名誉であり屈辱でもある。

サミュエル・ジョンソン博士は友人のボズウェルにこう言った。

「貧乏と、そこから生まれる誘惑と不安には近づかないよう忠告する」

貧乏でいることには屈辱的なものがある。努力の証として見せられるものが大してないというのは、元気の出る話ではない。何とかして何がしかを蓄えることができなければ、自分でも自分は大した人間ではないと思えてくるし、他人からもそう見られているのがわかる。蓄えというのは、自分の能力や見識、勤勉さを映し出すものだからである。大事なのは金そのものよりも、金を稼いで貯めることであり、それが倹約ということなのである。倹約もせず、何も蓄えなければ、世間はその人間を役立たず、落ちこぼれ、怠け者、だらしない人間、浪費家だとみなす。金を稼ぐ能力がないか、それがあるとしても、節約する能力がないと思われてしまう。

しかし、忘れてならないのは、倹約はけちだとか守銭奴とは違うということだ。時には惜しみなく使うことも倹約である。倹約とは、そうすべきではないものに重きを置いてしまうことのないよう絶えず注意するということなのである。

蒔くべき種を節約したり、その種から育つ植物に肥料を与えないようにしたり、ビジネスに必要な宣伝費を惜しんだり、食事や着るものを切り詰めてわずかばかりの出費を抑えたりという過ちを犯してはいけない。

「1ドルの節約は1ドルの稼ぎ」と言われるが、上手に気前よく使った1ドルは数ドルの稼ぎに相当する。1ドルの節約が多額の損失となることもあるのだ。古い考えにとらわれず、かつ気前のよい人は、今の時代では、何ドルも稼げる時間を使ってこつこつと小銭を貯める人間よりはるかに成功できるはずだ。

1ドルは使われて初めて価値を発揮する。「何度使われようが1ドルの価値は減らない」のである。奥にしまいこまれた金は、地中奥深く埋まっていてツルハシの届かない黄金と同じで何の役にも立たない。人が金を動かし続けさえすれば、十分行き渡るだけの金がこの地球にはあるのだ。

第35章
成功と失敗を分けるもの

人生のハイウェイには失敗の残骸が散らばっている。海底に瓦礫が散らばっているのと同じように。データによると、事業を始めた者たちの大半が失敗に終わるそうだ。

なぜ人は失敗するのか？　なぜ意気揚々と船出した事業が無残な難破で終わるのだろうか？　なぜひと握りの人間だけが成功し、多くの人間は失敗するのか？　完全な失敗ではない部分的な失敗というのもある。部分的には成功し、生涯を通して低空飛行はできるが、大空へと駆け上ることはできず、心は完全には満たされない。

事業の成否を分ける要因はたくさんあり、列挙するのがせいぜいだ。健康、持って生まれた才能、人柄、性格、適切な出発地点、遺伝的特質、優れた判断力、センスのよさ、冷静さなど。これらすべてが人生における成功確率に影響を与える。本の一章を使ってできることと言えば、危険な場所に赤旗を建てて、注意を促すくらいだ。若さという港から、順風を受けて、翻る旗とともに成功への期待に胸をふくらませながら船出した船を難破させ沈没させた岩場や浅瀬の海図を示すのである。

自分自身に対する信頼や、自分が人生でなすべきことに対する信念の不足が失敗の原因となっているケースが数え切れないくらいある。

うまくいっていないのに原因がさっぱりわからないという人は、ささいなことが一生を台無しにしてしまう力に気づいていない。小さなことがビジネスを壊滅させ、仕事を失敗させる。代金の支払いを速やかに行わないとか、期限までに手形の支払いをしないといった小さなことが信用を傷つけてしまうのだ。

自分たちには得意分野があるから競争にさらされる危険がないと油断して失敗したり、マンネリズムに陥り、最新の品ぞろえをして店を魅力的に保つ努力をせず、新しいものや流行に敏感で先進的な若者に商売を奪われてしまう例も多い。彼らは、優秀なセールスマンとはどうあるべきか、商売に適した場所はどこか、最新の方法とは何か、顧客の取り扱いはどうあるべきかを学ぼうとしないのだ。

内部で目に見えない腐敗が進行して組織としての能力を麻痺させ、ゆるやかに事業を窒息させつつあるのに、そのことに気づかずに失敗することもよくある。ものごとがうまくいかないときに、自分たちの事業の状況を直視しようとせず、抜本的対策ではなく一時しのぎの策ばかりを用いつづけ、ついには大なたを振るってさえどうしようもなくなって失敗する場合も多い。

組織から不良従業員を取り除くすべを知らず、非効率的な方法で働く非効率的な従業員を雇いつづけ、宣伝広告によってもたらされる仕事より多くの仕事を失ってしまうという失敗も多い。

大した能力もなければ、適切な訓練も受けていないのに、こけおどしだけで乗り切ろうとしたり、時代の流れについて行けずに失敗する者も多い。

自分にふさわしい場所を見つけられないために、階段を昇ることができず、目立たないままで終わる若者も多い。彼らは四角い穴にはめこまれた丸い棒なのだ。

本業とは別の副業によって身を滅ぼす人も非常に多い。成功のためには効率性が重要だが、強い集中を続けることなしには効率性の実現は不可能だ。臨時収入を得たり、稼ぎを増やすことができるという軽い気持ちで副業に手を染める人は少なくない。しかし副業を持つような人間は大物にはなれない。小さな人間にとどまって、収入の大きい高い地位に昇り詰めることはできない。力を分散し、エネルギーを無駄使いしているからだ。副業が危険なのは、気持ちを一点に集中できず、力を分散させてしまうからであり、強い集中力なしでは大きなことはできないのである。

やることと考えることが矛盾していたり、後ろ向きな考えで成功を遠ざけてしまう人も多い。あることを目指して取り組みながら、心のなかでは別の結果を考えてしまっている。自分の望むものと心のあり方が一致していなければならないことがわかっていない。成功するために一生懸命取り組んでいるのなら、心のなかでもよい結果を期待しなければいけないし、まったく反対のことを考える気持ち——疑念や恐れによって悪い結果を招いてはいけないのだ。

「確かな筋からの情報」という触れ込みの内部情報に頼って身を滅ぼす人もいる。他人の判断に頼って株式投資をしてしまうのだ。

一度の失敗でめげてしまい、倒れたときに起き上がる方法を知らないで失敗する人も多い。彼らは気分に流される人であり、失意に押しつぶされてしまう人である。勇気、そして人生に対する楽観的な見方は成功者に欠かせないものであり、恐れや不安は成功にとって致命的である。

他人の力を借りることによって自分の力を何倍にもすること、つまり権限委譲ができず、小事のなかに埋もれて失敗する者も多い。

自分ひとりでじたばたしていて、人をうまく使ったり、他人の知恵を借りたりすることを知らない人間も多い。

若者が成功できない原因のひとつは仕事と恋に落ちないからだ。仕事が退屈な労働になってしまったら、成功はおぼつかない。

貧しい家に生まれたり、さまざまな障害を抱えていても、意志の強い人間にとっては成功の妨げとはならない。何かが不足していることはそれを埋めるための行動へと駆り立てるし、障害は跳躍するための踏み台となる。だとすれば、なぜ人は失敗するのだろうか？　ほとんどの人間が失敗したり、中途半端な成功しか収められない原因は何なのだろうか？

その答えはひとつではないが、そこから得られる教訓はシンプルだ。ある作家はこう言っている。

「成功の原動力たるゼンマイは、間違った方向に巻いてしまえば、失敗のゼンマイにもなる」

前へ進むための歩み、成功へと上る歩みは、失敗への歩みともなる。成功するための資質も、それが行きすぎたり誤って使用されたりすると、不利益にもなりうる。

どれだけ厚くて頑強な堤防であっても、小さな穴が開いて水が漏れだせば、間違いなく決壊し惨事へとつながる。成功のための資質をほとんどすべて持っていたとしても、ひとつかふたつの欠点によって、それらが台無しになってしまう可能性もある。反対に大きな障害となりうる欠点があるにもかかわらず、ひとつかふたつの優れた資質が成功へと導くこともある。

臆病で、自分に対する信頼に欠け、考えたことを断行する勇気がなく、リスクのある事業を前にして確実さを求めてしまう若者はけっして成功を望めない。ある人はこう言っている。

「自分に対する信頼に欠けていることが失敗の原因の大半を占める。自分の強みを信じることのなかにこそ、その人の強みがあるのであり、どれほど才能があろうが、自分や自分の能力に自信を持てない者は何ものにも勝てない」

またある人はこう言っている。

「商売をしている人が大失敗をしでかす原因は、多くの場合、商才の欠如というよりもむしろ、商売に取り組む姿勢に問題があるからだ。素晴らしい能力を持ちながら、他人の意見に流されてしまいがちな、愛すべきだが困った性格の商売人が非常に多い。彼らは商売に対する確固たる信念もなければ、原理原則も持たない。論理的に考えればよくないことなのに、希望的観測に従ってそれを受け入れてしまう。ある友人のために危険な手形に裏書きしたかと思えば、別の友人を喜ばせるために、お人好しな直感に基づいて、その友人のリスクを負担してしまう。その結果、自らの勤勉と知恵の結晶である資金を、無能な人間たちを助ける慈善的行為に注ぎこんでしまい、彼らが破産するや、憤慨する債権者からは誹謗中傷の的となり、ゴシップ好きの大衆からは嘲り半分の同情を受けることになる」

力を分散してしまうことも多くの人間の成功を妨げてきた。やるべき仕事に全力を投入しないと、最後には確実に破滅が待っている。何かで成功するには、自分のエネルギー、知性、勇気、熱意を、最後の一滴まで投入する必要があるのだ。これらが少しでも欠けると、残りの部分だけでは足りない危険性がある。ここぞというときに、仕事への集中が少し欠けただけで、破滅につながる可能性が十分にある。偉大な人間になれない原因の多くは、自分を小さく分割してしまい、ほかに並ぶ者がない専門家になるのではなく、いろいろなことがそこそこできる何でも屋になることを選択してしまうからだ。

ひとつのことを極めないことが失敗の大きな原因となる。この世には、老若男女を問わず、ひとつところにとどまって進歩せず、低い地位と少ない給料に甘んじている人が掃いて捨てるほどいる。それもこれも、自ら選んだ職業を極めることに価値があるなどと考えもしないからだ。

勉強不足も多くの失敗の原因となっている。成功するための資質を持っている人間なら、成功のために決定的に重要な知識が欠けたままで放置していることはありえない。必要とあれば、リンカーンがそうしたように、一冊の本を借りるために50マイルの道のりだって歩くだろう。グラスゴーの少年のように街灯の明かりのもとで本を読み、エリヒュー・ブリットのように鉄床《かなとこ》の傍らで勉強をするだろう。そして、逆境に立ち向いながら望むものを成し遂げてきた偉大なる人々がしてきたことを学んで実行するだろう。

しっかりと自分を見つめ、周りの声にも耳を傾けてみるのだ。そうすれば、失敗の原因が周囲環境にあるのではなく、自分自身の資質や欠点、欠陥にあることがわかるはずだ。ある裕福な工場主も次のように強く主張している。

「人の性格ほどそのキャリアに大きな影響を与えるものはない。いくら能力や知識、社会的地位や資金があったとしても、最終的に世のなかにおける地位を決めるのは性格だ。運が悪かったと言っている人間を私の前に連れてきてほしい。いわゆる不運な人間の災いを招いているのは、気が短いとか、うぬぼれているとか、軽薄だとか、熱心さが足りないとか、性格に問題があるからだということを示してみせよう」

成功にとっての最大の敵は怠惰だ。額に汗して働くことが嫌いな若者があまりに多い。彼らは優雅な仕事を探し求める。上品な服に身を包み、衣服を汚すことなく、指先でちょいちょいとできる仕事だ。一生懸命努力するのが嫌いで、他人に指図して主人のように振る舞うことを好み、面倒なことは他人に任せる。今の世のなか、そんな怠惰な人間に居場所はなく、にっちもさっちもいかなくなるのが落ちだ。何か価値のあるものを手に入れるためには、労働は不可欠な代価なのである。

ある偉人はこんなことを言っている。

「長く生きてきていろいろな経験を積むにつれて、単なる賢さにはあまり価値を置かなくなり、勤勉さと忍耐力のほうが重要だと思うようになった」

ゲーテは「天才の9割を占めるのは勤勉だ」と言い、ベンジャミン・フランクリンは「勤勉は幸運の母」だと言った。それ以外にも勤勉を称える言葉は数多い。怠惰や怠慢はこの世における失敗の原因の大半を占めると言っても過言ではないように思う。

きちんとした教育を受け、将来を嘱望されながら、振るわないままに終わる者たちがいたるところにいる。最初に持っていた大きな志は徐々に消え失せ、当初の理想は次第に水準を下げていく。志は、装置を動かすばねだ。いくらその他の部分は完璧でも、ばねが欠けていたら致命的だ。自分を高めたい、何かを達成したいという思いがなければ、人生において大きな成功を収めることはできない。

実業家のトーマス・B・ブライアンはこう言っている。

「一生懸命努力はしているのに失敗したり、中途半端な成功で期待を裏切られたりする主な原因は優柔不断だ」

大きなリスクがかかっている重大な分岐点において迅速に決断を下すことによって財を築いた実業家は数多い。その一方で、目標を深く考えずに変更したり、理由もないのにぐらつかせたりしたことによって失敗した例も数かぎりない。気持ちがぐらつきやすい人間は、ほかの点でいくら優れていたとしても、人生というレースにおいて、何をすべきかを理解し、かつそれを実行することのできる意志の強い人間によって脇へ押しやられてしまう。ひとつの目的に向かって確固たる意志で全力を傾ければ、その目的自体が意味のないものでないかぎり、失敗することはないと言ってもいいだろう。

病気も失敗の原因となることが多いのは間違いないが、心のあり方や考え方がその原因となっていることが多い。気持ちが悲観的で弱気だと健康にとってきわめてよくない。不安や恐れ、心配、嫉妬、行きすぎた利己主義は体に毒であり、体の機能が十分に働かなくなり、その結果として病気を引き起こしてしまうのだ。

気持ちをそれと正反対のほうに向ければ、病気に苦しむ多くの人間に頑健な体をもたらすだろう。正しい考えを持って正しく生きさえすれば、めったに病気にはかからなくなるだろう。間違った心のあり方は弱い体、病気、苦痛の大きな原因なのである。

持続的な成功の基礎にあるのは勤勉と粘り強さである。この基礎は誰もが築くことができるし、成功への足場とすることができる。持って生まれた強みが大きいか小さいかに関係なく、そうなろうと思いさえすれば、いつでも勤勉で粘り強くなれる。そして勤勉さと粘り強さを武器にして、陶芸家のパリシーのように「骨を折り、耐え、待ち、ないものは自ら作り出せば」、成功はあなたのものだ。

■著者紹介

オリソン・S・マーデン（Orison Swett Marden）

1850年、ニューハンプシャーの貧しいスコットランド移民の家庭に生まれる。幼い頃に両親を亡くし、不遇な子ども時代を過ごす。

17歳で手にした英サミュエル・スマイルズの『自助論』に影響を受け、「成功するためにはどうすればいいのか」という成功の研究に没頭する。44歳までに書き留めた「成功者の成功の秘訣」を1894年、「Pushing to the Front」として出版。世界25か国で翻訳される大ベストセラーとなる。明治時代の日本においても150万部を超え、政府が許可する英語の教科書にもなった。

1897年、人生とビジネスで成功をつかむための専門誌「サクセス・マガジン」を創刊。「フォーブス」「ニューズウィーク」「フォーチュン」「タイム」と並んでビジネス５大雑誌と呼ばれ、多くの読者を獲得する。歴代編集長にナポレオン・ヒル、オグ・マンディーノ、スコット・デガーモなどの人材を輩出しただけでなく、その表紙を飾ることは名実ともに成功者となった証として、多くの成功を目指す者の目標のひとつとなった。

マーデンの成功理論は、究極の楽観主義。真の楽観主義とは、安易なプラス思考ではなく、失敗して挫折を経験し悲観的になった者こそ手に入れられるものだと説いた。

また、ジャーナリストの視点から多くの成功者への取材を重ねた彼がたどり着いたのは、「成功に王道はない」という根本原理でもあった。

人生のすべてを成功哲学の確立に捧げたマーデンは、45冊の著作を発表し、デール・カーネギー、ロバート・シュラー、ノーマン・ビンセント・ピールなどにも多大な影響を与えている。

■訳者紹介

関岡孝平（せきおか・こうへい）

1952年静岡市生まれ。静岡大学工学部卒業後、大手電気メーカーでコンピューターの開発に携わる。在籍中から出版翻訳を手がけ、定年退職後の現在はフリーランサー。

訳書に『投資家のヨットはどこにある？』『1日1回のレンジトレード』『富を築く技術――稼ぐための黄金のルール20』『【原典完訳】引き寄せの法則』『富と幸福の探し方』『現代語新訳　世界に誇る「日本のこころ」3大名著』（いずれもパンローリング）などがある。

2017年4月3日 初版第1刷発行

フェニックスシリーズ ㊿

前進《ぜんしん》あるのみ
――「究極の楽観主義」があなたを成功へと導く

著 者　オリソン・S・マーデン
訳 者　関岡孝平
発行者　後藤康徳
発行所　パンローリング株式会社
〒160-0023 東京都新宿区西新宿7-9-18-6F
TEL 03-5386-7391　FAX 03-5386-7393
http://www.panrolling.com/
E-mail info@panrolling.com
装 丁　パンローリング装丁室
印刷·製本　株式会社シナノ

ISBN978-4-7759-4172-0
落丁・乱丁本はお取り替えします。
また、本書の全部、または一部を複写・複製・転訳載、および磁気・光記録媒体に入力することなどは、著作権法上の例外を除き禁じられています。

©Kohei Sekioka 2017　Printed in Japan

好評発売中

歴史の大局を見渡す

人類の遺産の創造とその記録

ウィル・デュラント ／ アリエル・デュラント【著】
ISBN 9784775941652　176ページ
定価：本体価格 1,200円＋税

ピューリッツァー賞受賞の思想家２人が贈る、5000年の歴史をおさめた珠玉のエッセイ集

著者たちの名声を確固たるものにした超大作“The Story of Civilization”（文明の話）のあと、その既刊10巻のエッセンスを抽出して分析し、歴史から学べるレッスンという形でまとめたものが本書である。新事実を知るのではなく、人類の過去の体験を概観して欲しい。

今、ここを生きる

新世代のチベット僧が説く
マインドフルネスへの道

ヨンゲイ・ミンゲール・リンポチェ【著】
ISBN 9784775941591　334ページ
定価：本体価格 2,000円＋税

EQの祖、ダニエル・ゴールマンが前書きを寄せている

仏教の理論は一般的には分かりにくいものである。文化が違えば尚更である。その解説や証明は、仏教の修行に興味をもった科学者たちの協力により解決された。仏教と西欧科学が協力し合い、データ収集し、より理論的に説明できるようになった。瞑想と脳の働きなどを、ぜひ、参考にして欲しい。

好評発売中

オプティミストは なぜ成功するか

ポジティブ心理学の父が教える 楽観主義の身につけ方

マーティン・セリグマン【著】
ISBN 9784775941102　384ページ
定価：本体価格 1,300円＋税

前向き（オプティミスト）＝成功を科学的に証明したポジティブ心理学の原点

本書には、あなたがペシミストなのかオプティミストなのかを判断するテストがついている。自分がペシミストであることに気づいていない人もいるというから、ぜひやってみてほしい。「楽観主義」を身につければ、ペシミストならではの視点をもちながら、オプティミストにだってなれる。

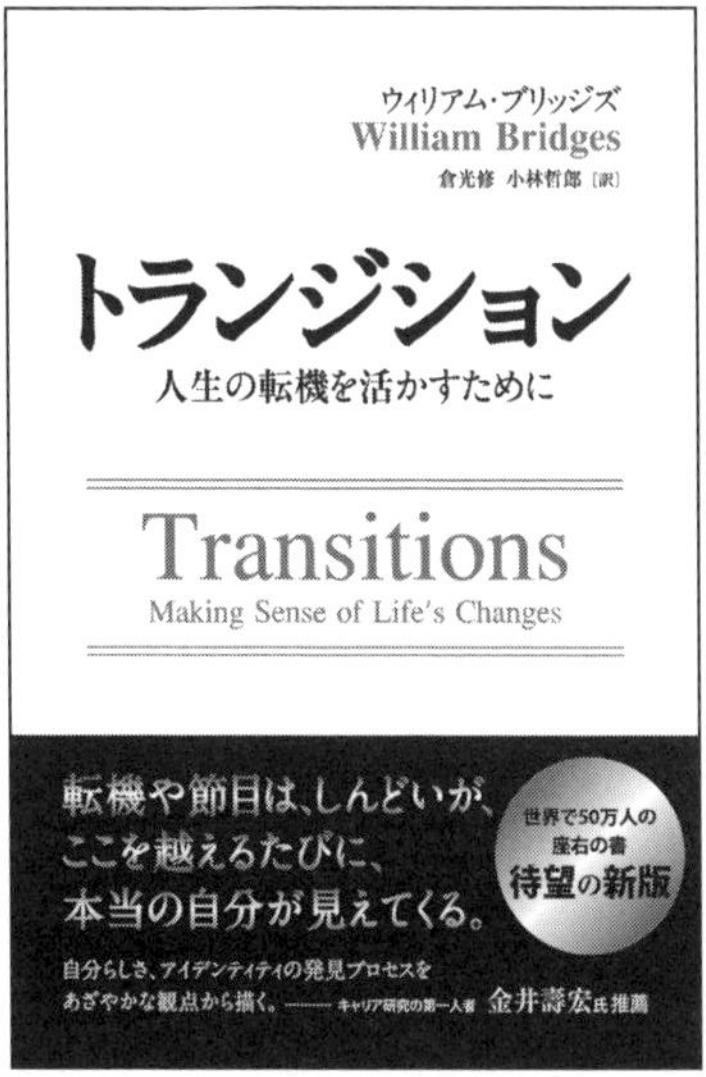

トランジション

人生の転機を活かすために

ウィリアム・ブリッジズ【著】
ISBN 9784775941225　280ページ
定価：本体価格 1,300円＋税

**世界で50万人の座右の書
待望の新版**

本書は転機のしくみと心の動きを解説し、ニュートラルゾーンでの苦しみをどのように乗り切っていくべきか助言を与えてくれます。あなたが転機や困難にぶつかり別れや終わりのつらさを味わっているとき、人生の方向を見失ってしまったときには、本書を頼りに一歩ずつ前に進んでみてください。

好評発売中

人生が変わる発想力

人の可能性を伸ばし
自分の夢をかなえる12の方法

ロザモンド・ストーン・ザンダー ／
ベンジャミン・ザンダー【著】
ISBN 9784775941072　272ページ
定価：本体価格 1,500円＋税

欲しいものはすでにあなたの手のなかにある！

「思い込みを抜け出し、発想を転換し、新しい視点を得る12の手法」を発見したエピソードを実例とともに紹介する。12の手法は、誰かに変化をうながしたり、自分を矯正するのとは違う。ありのままを受け入れ、視点を少しだけ変えることで、競争や不足、自分や世間を縛る常識から解放されて、新しい枠組みを作り上げることだ。

一生モノの人脈力

キース・フェラッジ ／ タール・ラズ【著】
ISBN 9784775941089　265ページ
定価：本体価格 1,300円＋税

デキる人はみんな知っている！　人脈作りの重要なコツ

6つの帽子思考法

視点を変えると会議も変わる

エドワード・デ・ボーノ【著】
ISBN 9784775941492　262ページ
定価：本体価格 1,400円＋税

世界のトップ企業から子供まで誰もが使えるシンプル・メソッド

好評発売中

苦境(ピンチ)を好機(チャンス)にかえる法則

ライアン・ホリデイ【著】
ISBN 9784775941584　288ページ
定価：本体価格 1,500円＋税

人生で出合う逆境こそが、力を与えてくれる。2000年の時を超えた、ピンチをチャンスに変える思考法

古代ギリシャでは、人生の苦難を不屈の努力と気力で克服するためにストア哲学が生まれた。これらはけっして教室や書斎で生まれたものではない。人生という過酷な戦場から得られた教訓の集大成なのである。それは時代を超えて私たちに語りかけてくる。

エゴを抑える技術

賢者の視点を手にいれる

ライアン・ホリデイ【著】
ISBN 9784775941690　310ページ
定価：本体価格 1,500円＋税

謙虚さと自制心が 人生を成功に導いてくれる

モノゴトがうまくいかない原因は外部の世界にあると思いがちだ。お金がないとか上司に恵まれていないとか運が悪いとか。しかし実際は内に潜むエゴこそが、最大の障壁なのである。本書を読むことで自身のエゴに気づき、そのエゴを排除する方法を学ぶことができる。そして自制心や謙虚さを習得できれば、人生の成功への足がかりをつかむことができるだろう。

The 48 Laws Of
POWER

権力を手中に収めたい
権力に立ち向かう人のための実践集

ロバート・グリーン
ユースト・エルファーズ

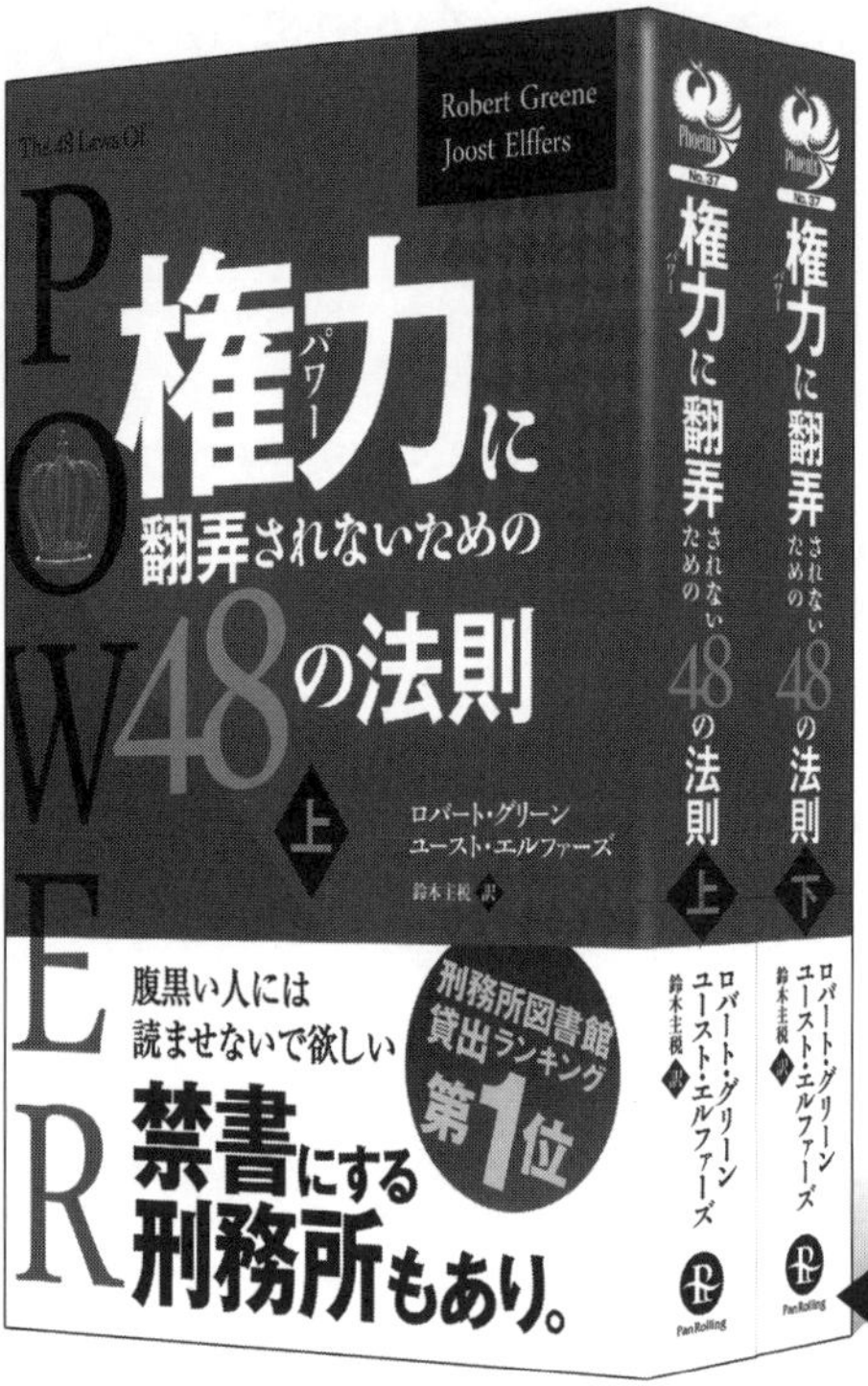

全2巻

権力《パワー》に翻弄されないための48の法則

◎ 訳：鈴木主税

各定価：本体1,600円＋税

【上】ISBN 978-4-7759-4156-0　【下】ISBN 978-4-7759-4157-7

マキャベリ・孫子・クラウゼヴィッツ・ビスマルク・カザノヴァ、歴史に名を残す偉人たちの言葉から、権力の扱い方を学ぶ。「不道徳・人を巧みに操る」と酷評される世界的ロングロセラー

ロバート・グリーン【著】『Art of Seduction』　2017年 刊行予定